U0861620

全国高校安全工程专业本科规划教材

安全学原理

（第二版）

教育部高等学校安全工程学科教学指导委员会组织编写

主　编　张景林　吕春玲

中国劳动社会保障出版社

图书在版编目(CIP)数据

安全学原理/张景林，吕春玲主编. -- 2 版. -- 北京：中国劳动社会保障出版社，2022

全国高校安全工程专业本科规划教材

ISBN 978-7-5167-5574-7

Ⅰ.①安… Ⅱ.①张…②吕… Ⅲ.①安全科学-高等学校-教材 Ⅳ.①X9

中国版本图书馆 CIP 数据核字(2022)第 163823 号

中国劳动社会保障出版社出版发行

(北京市惠新东街 1 号　邮政编码：100029)

*

北京瑞禾彩色印刷有限公司印刷装订　　新华书店经销

787 毫米×960 毫米　16 开本　17 印张　294 千字

2022 年 10 月第 2 版　　2025 年 11 月第 2 次印刷

定价：48.00 元

营销中心电话：400-606-6496

出版社网址：http://www.class.com.cn

内 容 提 要

《安全学原理（第二版）》是由中国劳动社会保障出版社出版的全国高校安全工程专业本科规划教材。本书共分八章，主要介绍了安全科学的发展、研究对象和安全科学体系；从安全属性入手，重点阐述了安全观、安全认识论和安全方法论等安全理论；从人类社会学和经济学的角度，阐述了安全社会学原理和安全经济学原理，以提高人们对安全的重视和安全投入；最后介绍了研究安全动态特性和发展趋势的学科——安全动力学，为研究安全、安全系统提供各种科学手段和方法。

《安全学原理（第二版）》适用于高等院校安全专业本科教学，也可供相关专业的研究生和工程技术人员参考。

前　言

安全科学不仅是一种重要的、不可缺少的生产力，而且是生产和社会发展的一种动力和基本保障条件。安全学原理是以安全科学为基础，论述人的因素、物的因素和环境因素的控制原理和方法。《安全学原理（第二版)》运用先进的安全科学原理和方法指导并开展安全领域中的工作和研究，可为后续相关安全课程奠定坚实的理论基础，同时为实际的安全工程应用提供重要的理论指导。

《安全学原理（第二版)》是安全工程专业必修的主干专业课。通过本课程的学习，学生能够在掌握安全学基本原理和方法的基础上，树立正确的安全观；能够获得安全科学发生、发展规律的识别能力，事故分析、预防能力，基于特定工程背景条件分析和解决安全问题的能力。

党的十九大以来，习近平总书记就安全生产多次做出重要指示。习近平总书记关于安全生产的重要论断，体现了党对我国经济社会发展规律的深刻认识，对企业安全生产工作提出了新的要求，不断加大对安全生产工作的投入和支持，使安全科学理论和安全生产工艺得到长足发展。基于此，我们在《安全学原理》的基础上对原有内容进行了修订。

《安全学原理（第二版)》在内容编写上力求做到立德树人、系统全面、重点突出。全书由张景林、吕春玲统稿、主编，共分八章，其中第二章、第四章和第八章由张景林编写；第一章和第六章由吕春玲编写；第五章由林柏泉编写；第三章和第七章由杨继华编写。本书还引用了大量的文献资料，涉及许多中外学者，在此也一并向他们表示衷心的感谢。

由于编者水平有限，书中不免有疏漏不当之处，竭诚欢迎读者批评指正。

编　者

2022 年 8 月

目　　录

第一章　安全与安全科学概述……………………………………………………（1）
第一节　安全的基本概念及特征……………………………………………（2）
一、安全的基本概念…………………………………………………………（2）
二、人类对安全问题的认识过程……………………………………………（3）
三、安全的基本特征…………………………………………………………（3）
第二节　安全科学的产生和发展……………………………………………（6）
一、安全科学的产生…………………………………………………………（6）
二、我国安全科学的发展与现状……………………………………………（7）
三、我国安全科学的发展趋势………………………………………………（9）
第三节　安全科学的研究对象和研究内容…………………………………（10）
一、安全科学的研究对象……………………………………………………（10）
二、安全科学的研究内容……………………………………………………（11）
三、现阶段我国安全科学的主要研究任务…………………………………（11）
第四节　安全科学的学科体系及其与相关学科的关系……………………（13）
一、安全科学的学科体系……………………………………………………（13）
二、安全科学的学科分类……………………………………………………（16）
三、安全科学的学科地位及与其他相关学科的关系………………………（17）
本章小结………………………………………………………………………（18）
复习思考题……………………………………………………………………（19）

第二章　安全属性…………（20）

第一节　人的属性与安全属性的相关性…………（20）
一、人的生命与安全…………（21）
二、人权与安全…………（22）
三、人的属性与安全的关系…………（23）
四、安全的本质…………（24）
五、对安全本质的分析…………（25）
第二节　安全的自然属性…………（28）
一、安全的天性与安全的伴生性…………（29）
二、安全的自然规律…………（30）
三、安全自然属性的嬗变…………（30）
第三节　安全的社会属性…………（31）
一、人的社会属性…………（31）
二、以人为本的安全的社会属性…………（32）
三、社会安全…………（36）
第四节　安全的自然属性与社会属性的耦合…………（41）
一、安全的自然属性是其社会属性的基础…………（41）
二、安全的社会属性对其自然属性的制约和指导作用…………（42）
本章小结…………（43）
复习思考题…………（43）

第三章　安全观…………（44）

第一节　安全观的定义及哲学基础…………（45）
第二节　安全观的确立依据及其价值…………（47）
一、世界观主导安全观…………（47）
二、安全观是人生观的基本目标…………（48）

三、安全观是实现人生价值观的基本保障 …………（48）
四、生命价值是安全观的核心 …………（49）
第三节　安全观的演变过程 …………（51）
一、早期的安全宿命观 …………（51）
二、安全知命观 …………（52）
三、系统论与安全系统观 …………（52）
四、大安全观 …………（53）
第四节　大安全观 …………（54）
一、大安全观的提出 …………（54）
二、大安全观的发展阶段 …………（56）
三、大安全观的内涵 …………（58）
第五节　安全价值观及安全价值 …………（61）
一、安全价值观 …………（61）
二、安全价值及其特点 …………（61）
三、安全社会价值及其评价方法 …………（62）
四、安全经济价值及其评价方法 …………（67）
本章小结 …………（73）
复习思考题 …………（73）

第四章　安全认识论 …………（75）

第一节　安全科学的指导思想 …………（76）
第二节　安全哲理 …………（78）
一、安全的相对性 …………（78）
二、安全第一，预防为主，综合治理 …………（79）
第三节　系统安全与安全系统 …………（82）
一、安全系统的特性与客观性 …………（82）
二、系统安全与安全系统 …………（83）

第四节　安全与事故……………………………………………………（84）
一、安全和安全性……………………………………………………（84）
二、事故隐患和风险…………………………………………………（85）
三、安全和事故隐患、事故的对立统一……………………………（87）
第五节　事故的基本特征及事故预防……………………………（88）
一、事故的基本特征…………………………………………………（88）
二、主动预防和被动预防……………………………………………（90）
三、事故的预防原则…………………………………………………（91）
本章小结……………………………………………………………（94）
复习思考题…………………………………………………………（94）

第五章　安全方法论…………………………………………………（95）

第一节　本质安全化………………………………………………（95）
一、降低事故发生概率的措施………………………………………（96）
二、降低事故严重度的措施…………………………………………（97）
第二节　人机匹配法………………………………………………（98）
一、防止人的不安全行为……………………………………………（98）
二、防止物的不安全状态……………………………………………（99）
三、人机相互匹配……………………………………………………（100）
第三节　生产安全管理一体化方法………………………………（102）
一、全面安全管理……………………………………………………（102）
二、安全目标管理……………………………………………………（104）
第四节　系统方法…………………………………………………（116）
一、系统………………………………………………………………（117）
二、系统工程…………………………………………………………（117）
三、采用系统工程的方法解决安全问题的理由……………………（120）

第五节　以人为本的安全教育方法 …… (120)
一、以人为本的安全教育方法的种类及应用 …… (121)
二、安全法规与安全教育 …… (123)
三、要我安全和我要安全 …… (124)
第六节　奖惩相结合的经济激励法 …… (125)
一、激励 …… (125)
二、经济激励法和奖惩相结合的经济激励法 …… (126)
三、奖惩相结合的经济激励法的功能 …… (127)
四、奖惩相结合的经济激励法的原则 …… (128)
第七节　高技术系统安全管理方法 …… (128)
第八节　风险分析与评估 …… (130)
一、风险概述 …… (130)
二、风险分析 …… (132)
三、风险评价 …… (133)
本章小结 …… (136)
复习思考题 …… (136)

第六章　安全社会学原理 …… (137)

第一节　安全文化 …… (138)
一、安全文化的概念及体系结构 …… (138)
二、安全文化的基本特征 …… (142)
第二节　企业安全文化 …… (143)
一、企业安全文化的内涵和功能 …… (143)
二、企业安全文化模式及测评 …… (148)
三、企业安全文化建设 …… (153)
四、企业安全文化与安全氛围 …… (155)

第三节　安全的社会效应……………………………………………（156）
一、安全与社会稳定的相关性……………………………………………（156）
二、安全与社会文明和进步的相关性……………………………………（157）
第四节　安全法规与法制……………………………………………（159）
一、安全法规…………………………………………………………（159）
二、安全法制…………………………………………………………（164）
三、我国安全管理体制构成……………………………………………（167）
四、我国安全生产法律法规体系…………………………………………（176）
本章小结……………………………………………………………（178）
复习思考题…………………………………………………………（179）

第七章　安全经济原理………………………………………………（180）

第一节　安全经济学…………………………………………………（181）
一、安全经济学的研究对象……………………………………………（181）
二、安全经济学的内涵…………………………………………………（182）
三、安全经济学的特点…………………………………………………（182）
四、安全经济学的基本术语……………………………………………（184）
第二节　安全投资与安全效益…………………………………………（185）
一、安全投资…………………………………………………………（185）
二、生产投资…………………………………………………………（188）
三、安全投资与生产投资的关系…………………………………………（189）
四、安全效益…………………………………………………………（189）
五、安全效益评价………………………………………………………（195）
六、最优化安全投资确定方法……………………………………………（201）
第三节　安全经济管理………………………………………………（204）
一、安全经济管理的特点………………………………………………（205）
二、安全经济管理的分类………………………………………………（206）

三、安全经济管理手段……………………………………………………（207）
本章小结……………………………………………………………………（208）
复习思考题…………………………………………………………………（208）

第八章　安全动力学……………………………………………………（209）

第一节　安全系统建模与预测…………………………………………（210）
一、灰色动态模型…………………………………………………………（210）
二、BP 神经网络模型 ……………………………………………………（224）
三、两种预测模型的评价…………………………………………………（231）
第二节　安全系统的运行机制…………………………………………（232）
一、安全系统是以耗散结构形式存在的…………………………………（233）
二、安全系统耗散结构的演变……………………………………………（239）
三、安全系统耗散结构的破坏——非线性灾害学………………………（244）
四、安全熵…………………………………………………………………（247）
五、安全熵与灰熵…………………………………………………………（252）
本章小结……………………………………………………………………（253）
复习思考题…………………………………………………………………（253）

参考文献……………………………………………………………………（255）

第一章　安全与安全科学概述

本章学习目标

1. 理解安全的基本概念及特征。
2. 了解安全科学的由来及发展趋势。
3. 掌握安全科学的研究对象和研究内容。
4. 了解安全科学的学科体系及其与相关学科的关系。

安全，是人类生存和发展的最基本要求，是生命与健康的基本保障。一切生活、生产活动都源于生命的存在，如果人们失去了生命，也就失去了一切，所以安全就是生命的保障。从人类对科学需要的角度来说，科学大致有两个方面：一是人类为满足物质生活和社会文化生活的需要，而对物质生产和精神生产及其规律进行的认识活动和认识的结果，我们称其为生产科学；二是人类为保全自己身心的需求，而对客观事物及其规律进行的认识活动和认识的结果，我们称其为安全科学。在这里，“安全”是广义的，其中包含着人的健康、舒适、愉快乃至幸福。由于安全现象极为普遍地存在于人类生产和生活的所有活动时间和空间领域，使之司空见惯，反而不易被人们认识其中统一的科学规律性。同时，尽管这门科学和人类利益联系极为密切，但人们对其的研究甚少，更缺乏自觉。因此，需要人们广泛地进行研究，以认识和掌握其中的科学规律，使人们能够更安全地工作和生活。

第一节　安全的基本概念及特征

一、安全的基本概念

安全通常是指各种事物对人不产生危害、不导致危险、不造成损失、不发生事故、运行正常、进展顺利的状态。即安全是指使人的身心不受到危害、感到有保障、平安、圆满等的事物存在与变化状态。安全与否是从人的身心需求的角度或着眼点提出来的，是针对与人的身心存在状态（包括健康状况）直接或间接相关的事或物而言的。对于与人的身心存在状态无关的事物，根本不存在安全与否的问题。此外，对于该事物自身可靠性问题，有人习惯性地归入“安全”的范畴，严格地讲不恰当，因为该问题不能界定在安全科学所研究的安全内涵和外延范围之内。这里所指“相关的客观事或物”的外延，包括人的躯体和心理存在状态，也包括造成这种存在状态的各种外界客观事物的保障条件。

“人的躯体和心理存在状态”是着眼于外界客观事物（或称环境因素）作用下的存在状态。如果只是单纯着眼于人的自身，它属于医学范畴并被医学界界定为“健康”。关于健康的概念，早在1948年就被世界卫生组织做了定义并取得了科学界的公认：“健康是在躯体、精神和社会上的一种完满状态，而不仅仅是没有疾病和虚弱。”因此，安全首先是指外界条件使人处于健康状况。具体地说，安全是指在外界不利因素作用下，使人的躯体及其生理功能免受损伤、毒害或威胁，以及使人的心理不感到惊恐、危机或害怕，并能使人健康、舒适和高效能地进行生产、生活、参与各种社会活动，而不仅仅是使人处于一种不死、不伤或不病的存在状态。另外，安全也指使人的身心处于健康、舒适和高效能活动状态的客观保障条件，即物质的或者与物质相联系的客观保障因素。我们将人的存在状态和事物的保障条件有机结合起来，就得出了整个安全的科学概念：安全是人的身心免受外界（不利）因素影响的存在状态（包括健康状况）及其保障条件。换言之，人的身心存在的安全状态及其事物保障的安全条件构成安全的整体。人的身心安全程度及其事物保障的可靠程度构成安全度（即安全量）的概念。确立安全量的概念是确立安全的科学概念的具体表现，也是安全达到科学分析高度的必要前提。

安全分为狭义安全与广义安全。狭义安全是指某一领域或系统中的安全，如生产安全、机械安全、矿业安全、交通安全、消防安全、航空安全、建筑安全、核工业安全等，狭义安全具有技术安全的含义，即人们通常所说的某一领域或系统中的安全技术问题。广义安全，即大安全，是以某一领域或系统为主的技术安全扩展到生活安全与生存安全领域，形成生产、生活、生存领域的大安全，广义安全是全民、全社会的安全。

二、人类对安全问题的认识过程

自人类诞生以来，就离不开生产和安全这两大基本需求。然而，人类对安全的认识却长期落后于对生产的认识。随着生产力和科学技术的高度发展，保障安全的必要性、迫切性和实现安全的可能性都在同步增长。人类对安全认识的历史发展过程，大致可以分为以下四个阶段。

第一个阶段是工业革命前，生产力和仅有的自然科学都处于自然和分散发展的状态，人类对自身的安全问题还未能自觉地去认识和主动采取专门的安全技术措施，从科学的高度来看，还处于无知（不自觉）的安全认识阶段。

第二个阶段是工业革命后，生产中已使用大型动力机械和能源，导致生产力和危害因素的同步增长（如汽车的发明，导致交通事故的增长；采矿业的发展，导致矿业灾害事故的增加），迫使人们对这些局部人为危害问题不得不进行深入认识并采取专门的安全技术措施，于是发展到局部的安全认识阶段。

第三个阶段是由于形成了军事工业、航空工业，特别是原子能和航天技术等复杂的大生产系统和机器系统，局部的安全认识和单一的安全技术措施已无法解决这类生产制造和设备运行系统中的安全问题，必须发展与生产力相适应的生产系统、安全技术措施，于是进入系统的安全认识阶段。

第四个阶段是当今的生产和科学技术发展，特别是高科技的发展，静态的系统安全技术措施和系统的安全认识即系统安全工程理论，已不能很好地解决动态过程中随机发生的安全问题，必须更深入地采取动态的安全系统工程技术措施和进行安全系统认识。这就是当前正在进入的动态的安全认识阶段，这个阶段不仅要创立安全科学，还要使安全科学与技术在人类的大科学技术整体中确立自己独立的科学技术体系，在人类整个生产、生活以及生存过程中显示出它的巨大作用。

三、安全的基本特征

安全科学是研究安全的本质及其运动规律的科学。安全的本质是实现人—物—环境之间的相互协调。要认识安全的本质，首先就需要探讨其基本特征，安全的基本特征主要表现为以下几个方面。

1. 安全的必要性和普遍性

安全是人类生存的必要前提，安全作为人的身心状态及其保障条件是绝对必要的。而人和物遭遇到人为的或天然的危害或损坏极为常见，因此，不安全因素是客观存在的。人类生存的必要条件首先是安全，如果生命安全都不能得到保障，生存就不能维持，繁衍也无法进行。实现人的安全是普遍而基本的需要。在人类活动的一切领域，人们必须尽力减少失误、降低风险，尽量使物趋向本质安全化，使人能控制和减少灾害，维护人与物、人与人、物与物相互间协调运转，为生产活动提供必要的基础条件，发挥人和物的生产力作用。

2. 安全的随机性

安全取决于人、物和人与物的关系协调，如果失调就会出现危害或损坏。安全状态的存在和维持时间、地点及其动态平衡的方式等都带有随机性。因而保障安全的条件是相对的，限定在某个时空，条件变了，安全状态也会发生变化，故实现安全有其局限性和风险性。

3. 安全的相对性

安全标准是相对的。因为人们总是逐步揭示安全的运动规律，提高对安全本质的认识，向安全本质化逐渐逼近。影响安全的因素很多，以明显和潜隐形式表征客观（宏观）安全。安全的内涵引申程度及标准严格程度取决于人们的生理和心理承受的范围，科技发展的水平和政治经济状况，社会的伦理道德和安全法学观念，人民的物质和精神文明程度等现实条件。安全标准应当成为保护公众的安全规范，并以严格的科学依据为基础。公众接受的相对安全与本质安全之间有差距，现实安全标准是有条件的、相对的，并随着社会的物质和精神文明程度的提高而提高。

4. 安全的局部稳定性

无条件地追求绝对安全，特别是追求复杂巨系统的绝对安全是不可能的。但有条件地实现人的局部安全或追求物的本质安全化，则是可能的、必需的。只要利用系统工程原理调节、控制安全的要素，就能实现局部稳定的安全。安全协调运转正如可靠性及工作寿命一样，有一个可度量的范围，其范围由安全的局部稳定性所决定。

5. 安全的经济性

安全与否，直接与经济效益的增长或损失相关。保障安全的必要经济投入是维护劳动者的生产流动能力的基本条件，包括安全装置、安全技能培训、防护设施、改善安全与卫生作业条件、劳动防护用品等方面的投入，是保障和再生生产力的前提。安全科学技术（含安全管理）作为第一生产力，不仅可提高生产效率，而且对维护和保障生产安全运转、人的生命和健康具有重要作用。一方面它作为生产力投入有其馈赠性的经济价值，包括创造的产品本身的安全性能同样含有安全的潜在经济价值，另一方面安全保障不出现危险、伤害和损坏就等于创造了经济效益。

6. 安全的复杂性

安全与否取决于人、物、环境及其相互关系的协调，实际上形成了人（主体）—机（对象）—环境（条件）运转系统，这是一个自然与社会结合的开放性巨系统。在安全活动中，由于人的主导作用和本质属性，包括人的思维、心理、生理等因素以及人与社会的关系，即人的生物性和社会性，使安全问题具有极大的复杂性。安全科学的着眼点是从维护人的安全角度去研究某系统的状态，最终使该系统成为安全系统。

7. 安全的社会性

安全与社会的稳定直接相关。无论是人为的还是自然（天然）的灾害，生产（工人）中出现的伤亡事故，交通运输中的车祸、空难，家庭中的伤害及火灾，产品对消费者的危害，药物与化学产品对人的健康的影响，甚至旅行、娱乐中的意外伤害等，都给国计民生（包括个人、家庭、企事业单位或社团群体）带来心理上和物质上的危害，成为影响社会安定的重要因素。安全的社会性的一个重要方面还体现在国家领导人或政府高层决策者以及各级政府行政部门的决策。“安全第一，预防为主，综合治理”的安全生产方针，体现在国家的法律、各部门的法规及职业安全与卫生的规范、标准中，从而使社会和公众在安全方面得到保障。

8. 安全的潜隐性

对各类事物的安全本质和运动变化规律的把握程度，总是受人的认识能力和科技水平的局限。广义安全的含义，不仅考虑不死、不伤、不危及人的生命和躯体，还必须考虑不对人的行为、心理造成精神上的伤害。如何掌握伤害程度的界限及确定公众能接受的程度的安全标准有待研究，各种产品（特别是化工产品）、医药、人工合成材料、生物工程产品、遗传工程产品等均有许多潜在危害，尚有待人们去做深入探讨。客观安全由明显的和潜隐的两种安全因素组成，它客观存在而不以人的意识为转移。当今人们认为安全的概念，只能是宏观安全，它包括能识别、感知和控制的安全以及无法把握控制的模糊性安全。安全的潜隐性是指控制多因素、多媒介、多时空、交混综合效应而产生的潜隐性安全程度。人们总是努力使安全的潜隐性转变为明显性。因此，安全的潜隐性问题亟待人们研究，只有通过探索、实践才能找到实现安全的方法。

第二节　安全科学的产生和发展

前面已经说明了“安全”是指人的身心免受外界（不利）因素影响的存在状态（包括健康状况）及其保障条件。“科学”是人类认识和揭示客观事物的本质及其运动、变化规律的活动过程及其系统的成果，最终目的是解决客观事物是什么和为什么的道理。安全科学是认识和揭示人的身心免受外界（不利）因素影响的安全状态及保障条件与其转化规律的学问。即安全科学是专门研究安全的本质及其转化规律和保障条件的科学。

一、安全科学的产生

安全科学的发展以安全技术为先导，而安全技术则随着工业革命而产生。众所周知，以蒸汽机为标志的工业革命，使生产力飞跃发展。机器首先在纺织工厂使用，随后便迅速扩展到冶金、采矿和交通运输等领域，大机器不像手工工具那样简单，广泛使用的结果使工人的伤亡事故和职业病日益增多。针对机器生产造成的危害，安全技术便应运而生。1730 年，英国设计出煤矿井下通风换气方法；1754 年亨克利出版了《矿工肺病和冶金工疾病》一书；1815 年，戴维发明矿工安全灯；蒸汽动力的发展，相应引出了安全阀、压力表、水位计及高压锅炉水压检验等安全装置和措施。为了防止事故，1817 年英国创建检验公司；1833 年美国制定《蒸汽船检验规则》；1844 年英国修订《工厂法》，规定机器设备安装安全装置；1864 年英国创办锅炉保险公司；电力的应用，引起安全用电的研究，于是产生了保护接零、保护接地、绝缘防护、避雷针等，进而产生防爆电气设备和安全仪器仪表，防护装置得到广泛应用。

安全科学是现代化生产与现代科技发展的需要与结果。安全的实质是能量控制问题，事故的发生多为能量失控所致。现代化生产中的高能给安全造成严重威胁，高能能源（如核能、高能火箭燃料、高压系统等）的发展，使事故的灾害程度大为增加。与高能的发展相适应，安全科学日益重要。现代化生产为安全创造了条件，提供了新的保障手段和技术措施。现代化生产具有高能量、系统化、连续作业的特点，一旦发生事故，较之传统工业，其规模、危害程度、经济损失更大、更严重。例如，印度博帕尔农药厂毒气泄漏事故；美国三里岛核电站放射性物质外泄事故，航天飞机“挑战者”号点火升空爆炸；墨西哥液化石油气爆炸；秘鲁首都利马商业中心大厦发生的重大火灾事故；广西南丹“7 · 17”特大透水事故；江西省万载县潘达烟花爆竹厂特大连锁爆炸事故，以及世界上不断发生的重大空难、海运、交通、火灾爆炸等事故，都向安全科学技术提出了严肃的研究课题。专业的安全技术向高层次发展，安全科学技术从纵向分科，逐步向系统的高层次横向综合发展。系统论、信息论、控制论为现代安全科学奠定了基础，由于导弹系统和核武器系统要绝对保证安全，为适应其安全要求而采取的控制措施导致了系统安全在20世纪50年代末诞生，系统安全科学也得到了迅速的发展。

现代生产科学技术的发展与安全科学技术的发展密不可分。自动化技术就是生产技术和安全技术统一发展的例证。如果说事故是由物的因素、人的因素和环境构成的，那么自动化则恰恰大量减少了事故的人为失误因素。20世纪50年代，自动化形成热潮，自动化技术广泛用于汽车工业、飞机制造业，可以在许多方面代替体力劳动，从事危险和危害的作业，如高速自动瞄准、高温或放射性环境下操作等，这种自动化技术的广泛应用，提高了安全生产水平。

信息论的发展，使灾害和事故的数据库产生，灾害与事故的预测与预防技术获得发展。同时，安全科学的理论研究也发展很快，1973年，美国出版了《安全科学文摘》；1979年，英国哈克顿和多滨斯发表了《技术人员的安全科学》；1981年，德国库尔曼发表了《安全科学导论》。

从中可以看出，安全科学从应用技术发展到理论研究，逐步形成了自己的理论体系。

二、我国安全科学的发展与现状

我国安全科学技术，主要是在中华人民共和国成立以后逐步发展起来的，目前大致可以划分为三个阶段，既初步建立阶段、迅猛发展阶段和新的发展阶段。

1. 初步建立阶段

中华人民共和国成立初至20世纪70年代末，国家把劳动保护作为一项基本国策，安全技术作为劳动保护的一部分而得到发展。这一阶段，为了满足我国工业发展的需要，国家成立了劳动部劳动保护科学研究所、卫生部劳动卫生研究所、冶金部安全技术研究所、煤炭部煤炭科学技术研究所等安全技术专业研究机构，开展了矿山安全技术、工业防尘技术、机电安全技术、安全检测技术、毒物危险控制技术等研究工作。我国安全技术主要在两个方面发展，一是作为劳动保护的一部分开展的劳动安全技术研究，包括机电安全、工业防毒、工业防尘和个体防护技术等；二是随着产业生产技术发展起来的产业安全技术，如矿业安全技术（包括防瓦斯突出、防瓦斯煤尘爆炸、顶板支护、爆破安全、防水工程、防火工程、提升运输安全、矿山救护及矿山安全设备与装置等）是随着采矿技术、装备水平的提高而提高。冶金、建筑、化工、军工、航空、航天、核工业、铁路、交通等产业安全技术都是与生产技术紧密结合，并随着产业技术水平的提高而提高。

2. 迅猛发展阶段

20 世纪 70 年代末至 2000 年，随着改革开放和现代化建设的发展，我国安全科学技术得到迅猛的发展。在此期间，建立了安全科学技术研究院、所、中心等 50 多家，拥有专业科技人员 5 000 余名。1983 年，中国劳动保护科学技术学会正式成立；1984 年，教育部将安全工程本科专业列入《高等学校工科专业目录》；20 世纪 80 年代中期，我国学者刘潜等提出了建立安全科学学科体系和安全科学技术体系结构的设想；1986 年，中国矿业大学首次获得了安全技术及工程学科硕士、博士学位授予权，使我国在安全科学领域形成了从本科到博士的完整的学位教育体系；此外，在企业，数以万计的科技人员工作在安全生产第一线，从事安全科技与管理工作。可以说，我国已经形成了具有一定规模和水平的安全科技队伍和科学研究体系。

（1）综合性的安全科学技术研究已经具备了初步基础。一方面为劳动保护服务的职业安全卫生工程技术继续发展，另一方面开展了安全科学技术理论研究。在系统安全工程、安全人机工程、安全软科学研究方面取得了开拓性的进展，如事故致因理论、伤亡事故模型的研究，事件树、故障树等系统安全分析方法在厂矿企业安全生产中的推广应用等。在防止人为失误的同时，把安全技术的重点放在通过技术进步、技术制造提高设备的可靠性、增设安全装置、建立防护系统上。

（2）以保障劳动者安全健康和提高效率为目的而开展了安全人机工程的研究。在研究改进机械设备、设施、环境条件的同时，进一步研究预防事故的工程技术措施及防止人为失误的管理和教育措施。

（3）产业安全技术得到发展。传统产业如冶金、煤炭、化工、机电等都建立了自己的安全技术研究院（所），开展产业安全技术研究，高科技产业如核能、航天航空、智能机器人等都随着产业技术的发展而发展。国家把安全科学技术发展的重点放在产业安全上，核安全、矿业安全、航空航天安全、冶金安全等产业安全的重点科技攻关项目列入了国家计划。特别是我国实行对外开放政策以来，随着成套设备和技术的引进，同时引进了国外先进的安全技术并加以消化。例如，冶金行业对宝钢安全技术的消化，核能产业对大亚湾核电站安全技术的引进与消化等取得显著成绩。

（4）国家对劳动保护、安全生产的宏观管理开始走上科学化的轨道。1988 年劳动部组织全国10多个研究所和大专院校200名专家、学者完成了“中国2000年劳动保护科技发展预测和对策”的研究。这项工作使人们对我国安全科技的状况有了比较清晰的认识，看到了我国安全科技水平与先进国家的差距，对进一步制定安全科学技术发展规划、计划提供了依据。

3. 新的发展阶段

21世纪以来，我国安全生产科学技术研究有了突破性的进展。主要表现在安全科学体系和专业教育体系基本形成，安全科学技术发展纳入国家科学技术发展的规划，安全科学技术研究机构形成网络，取得了一大批科研成果。近二十年来，已有数百项安全科技成果获得国家、省（市）和部门的奖励，“煤层瓦斯流动理论”“矿井瓦斯突出预测预报”“防静电危害技术研究”“高效旋风除尘器”等多项成果获得了国家级奖项，并相继建立了国家级和省部级重点实验室，如在北京理工大学建立的“爆炸灾害预防、控制国家重点实验室”，在中国科技大学建立的“火灾科学国家重点实验室”，在中国矿业大学建立的“矿业安全工程部级重点实验室”。

随着企业管理的现代化，安全管理也逐步实现现代化，现代管理科学的预测、决策科学和行为科学以及系统原理、反馈原理、封闭原理、能级原理、人本原理、动力原理正逐步应用于现代安全管理。

另外，国家在安全生产政策和管理体制方面也有了长足的发展和进步。2002年11月出台了《安全生产法》，是中国安全生产立法史上的里程碑；2003年国家安全生产监督管理局（国家煤矿安全监察局）成为国务院直属机构；2004年国务院发布《关于进一步加强安全生产工作的决定》；2005年国家安全生产监督管理局升格为总局；2006年成立了国家安全生产应急救援指挥中心。2018年，中华人民共和国应急管理部正式挂牌成立，新组建的应急管理部整合了9个单位的相关职责及国家防汛抗旱总指挥部、国家减灾委员会、国务院抗震救灾指挥部、国家森林防火指挥部的职责。

三、我国安全科学的发展趋势

尽管我国安全科学的研究和应用技术取得了显著的进步，但还存在着许多不足之处。例如，安全科学的基础理论研究表现为分散状态，安全科学技术专家、医学家、心理学家、管理学家、行为学家、社会学家和工程技术专业人员等从各自的研究立场出发，研究工作比较分散，在安全科学的研究对象、基本概念等方面缺乏一致性；工伤事故和职业危害还未得到有效控制；企业的安全管理体系还不够完善等。

今后，安全科学的研究将在现有基础上进一步向宏观和微观两方面发展，向高度分化和高度综合方面发展，逐步形成安全科学理论体系，并在吸纳其他学科分析方法的同时形成自己的方法体系。

安全科学技术研究内容将继续深化和扩展，具体表现在：一方面，将继续发展和完善事故致因理论、事故控制理论、安全工程技术方法，并在更大程度上吸收其他学科的最新研究成果和方法；另一方面，随着生产和社会发展的需要，将会深入研究信息安全、生态安全等问题。

安全管理基础理论与应用技术研究将以建立和完善市场经济条件下的我国安全生产监察和管理体系为中心，形成完整的安全管理学、安全法学、安全经济学、安全人机工程学理论和方法。安全工程技术研究将以预防和控制工伤事故与职业危害为中心，一方面产业安全技术将继续得到发展，另一方面将会大力发展安全技术产业，以满足我国经济发展和人们生活水平大幅度提高的需要。

第三节　安全科学的研究对象和研究内容

明确安全科学的研究对象以及研究内容是科学建立安全科学学科体系的前提。

一、安全科学的研究对象

人类对安全科学概念和内涵的认知程度决定了不同的阶段对安全科学研究对象的理解不同，主要可以归纳为以下四类。

1. “事故”即为安全科学的研究对象

这种认识是片面和不准确的，主要表现在两个方面：一是把安全科学归结为事故研究过于狭窄；二是相对于安全状态的动态转化过程和发展趋势而言，事故只是其中的一种极端状态。

2. “技术应用中的安全问题”即为安全科学的研究对象

库尔曼对安全科学的研究对象提出过明确定义，即安全科学的对象是“技术应用中的安全问题”，它不涉及军事和社会的安全或保安。这种认识忽略了安全的社会属性赋予安全科学的研究内容和对象。

3. “安全工程研究对象”即为安全科学的研究对象

相对“事故”和“技术应用中的安全问题”而言，“安全工程”对象论提出以人—机—环的研究模式，用系统理论和方法对安全的运行结构和机制进行探索研究，扩大了安全科学的研究对象范畴。

4. “自然的、社会的与人有关的安全问题”即为安全科学的研究对象

交叉科学的发展和大安全观理论的建立促进了人类对安全科学研究对象的认识和深化，人类的生活、生存和生产领域中的所有安全问题均成为安全科学的研究对象和范畴，即安全科学的研究对象是自然的、社会的、与人有关的安全问题，其包含了三个层面的含义：一是安全科学的研究对象包含了人的安全和与人有关的所有安全问题；二是涉及自然和社会两大领域；三是自然领域和社会领域中的安全问题不是独立割裂存在的，而是交叉相互作用的共存问题。

因此，安全科学是以人们在生活、生产、生存领域的安全问题为研究对象，分析该安全系统结构的复杂性和巨系统特性，探究其安全态的势垒跃迁转化和突变规律，研究风险控制和消除理论与技术的一门交叉学科。

二、安全科学的研究内容

科学是人类对现实世界认识成果的系统总结，任何科学都有特定的研究内容。安全科学是以灾害事故的预测、防治和评价为研究目标，以基础学科和工程学科等相关学科的事物或系统综合功能丧失理论为分析研究手段，研究安全与危险的发生发展过程、事物安全与危险的原因及后果，揭示事物安全与危险矛盾运动规律的科学。

具体地说，安全科学的研究内容包括以下几个方面。

1. 安全科学的基础理论

人类面临的安全问题是各种各样的，各自都有自己的特殊规律，但在安全的本质问题上有其共性的规律。安全科学的基本理论就是在遵循事物自然规律的基础上，应用现阶段各基础学科的成就，建立事物共有的安全本质规律。

2. 安全科学的应用理论与技术

研究安全科学的应用理论与技术问题，包括安全系统工程、安全管理工程、安全信息工程、安全人机工程和各专业领域的安全理论与技术问题。

3. 安全科学的经济规律

研究安全经济的基本理论，职业伤害事故经济损失规律，安全效益评价理论，安全技术经济管理与决策理论等。

三、现阶段我国安全科学的主要研究任务

中国劳动保护科学技术学会自 1981 年成立筹备委员会以来，曾分别多次专门组织召开过劳动保护和安全科学学科体系学术研讨会。在 1985 年的研讨会上，部

分学者初次提出安全科学的学科概念和安全科学的学科体系结构，得到了中国学术界的关注。在有关综合性学术交流活动中，常有专门的安全科学学科的学术交流。经过广泛、深入的学术研讨，在中国的学术界，对安全科学这一新兴学科主要有以下初步认识：安全科学应该研究人类在生存与发展的活动中，外界对其危害的产生、传播、作用机理以及控制危害的理论和方法，以达到保护人类的身心安全与健康、财产免遭损失、环境免受破坏。也就是说，安全科学的研究领域应当包括生产领域、生活领域、生存领域。

虽然我国的安全科学研究与应用取得了可喜的进展，但与先进的工业国家相比，尤其在工程技术和技术科学上，仍有较大的差距，并且对安全科学的定义、目的、手段以及它所研究的领域尚待进一步明确。因此，为了发展现代安全科学技术，解决安全生产重大科技问题，原国家科委委托原劳动部组织有关专家编制了《安全生产中长期科技发展纲要（1990—2000—2020年）》，提出了我国工业安全科学技术的发展战略、奋斗目标、支撑条件和技术政策，确定了以下重点任务。

1. 工业安全技术的研究与应用

工业安全技术的研究与应用着重研究重大恶性事故及多次重复发生事故的预防和控制技术。

（1）研究防止及控制矿井瓦斯、煤尘爆炸、煤炭自燃、煤与瓦斯突出灾害预测、预报及控制技术，矿山顶板、冲击地压、透水事故的预测及控制技术。

（2）研究重大火灾爆炸事故的预防及控制技术，如工业粉尘爆炸性能、粉尘爆炸控制技术；锅炉压力容器爆炸预防、失效分析和安全评估；危险化学品生产、运输和储存中的火灾和爆炸事故的预防及控制技术。

（3）研究剧毒物质、放射性物质生产与储运过程中，大规模外泄引起的恶性事故的预防及控制技术。

（4）研究建（构）筑物破坏及倒塌事故的预防及控制技术。

（5）研究提高防灾能力，防止事故扩大救护技术，事故快速勘查和紧急救援技术。

（6）研究重大危险源（危险区域或大型联合装置）安全监控网络和虚拟现实技术。

2. 职业卫生工程的研究与应用

职业卫生工程的研究与应用着重研究危害职工的尘肺病等职业病的预防及控制技术。

（1）研究粉尘控制技术，新型高效除尘技术及装备、移动尘源的除尘技术等。

（2）研究毒物和致癌物控制技术，重点是有毒物质的净化吸收、集中回收处理技术，无毒低毒代用技术和各种密闭防护技术等。

（3）研究物理性危害因素的控制技术。

（4）研究粉尘理化性质和检测、标定技术，研究与开发新型、多功能劳动防护用品。

3. 安全管理的研究和应用

（1）研究工矿企业生产事故致因及其预防对策，研究以设备安全和作业安全为重点的安全管理技术。

（2）开展系统安全工程、安全经济学和安全人机工程学等的研究，应用系统安全分析技术、风险分析技术等。

（3）建立和完善事故信息采集、分析和安全科技情报系统，重（特）大事故应急指挥与救援信息系统，伤亡事故数据库。

4. 高技术应用及特殊环境中的安全技术

（1）研究开发设备运行中的状态监测、故障诊断技术和事故追忆装置。

（2）研究能在有毒、有害、易燃易爆场所正常作业的经济型机器人和在紧急危险情况下排险的智能人。

（3）研究核电站、核燃料和放射性同位素的安全生产和管理技术等。

第四节　安全科学的学科体系及其与相关学科的关系

要形成完整的学科体系，必须具备本学科的基础理论、基础科学、技术科学、工程技术等相关完整的学科。安全科学经过几十年的发展，已经初步形成了自身的学科体系。

一、安全科学的学科体系

为了把握安全的本质及其变化规律，必须首先研究安全问题到底由哪些要素构成，各要素如何相互作用。无论在日常生活、生产活动还是社会活动中，与安全问题直接或间接发生关联的不外乎是人、物以及人与物的联系。人是安全的主体和核心，也是研究一切安全问题的出发点和归宿。人既是保护对象，又可能是保障条件或者危害因素，没有人的存在也就根本不存在安全问题。物是指物质，它可能是安全的保障条件，也可能是危害的根源。能够保障或危害人的物质存在的领域极其广泛，形式也极复杂，甚至可以说它散布在人类身心之外的所有客观事物之中。人与物的关系从广义上讲是人安全与否的纽带；它既包括人与物（含人与人、物与物）的存在空间和时间，又包括能量和信息的相互联系。为了体现以安全为主体的概念，在这里称“人”为“安全人体”，称“物”为“安全物质”，称“人与物（包括人与人以及物与物）”为“安全人与物关系”，其中“安全人与物”的时间、空间与能量联系为“安全社会”，而“安全人与物”的信息与能量联系为“安全系统”。通过对安全与否的全面深入分析，不难得出安全人体、安全物质和安全社会构成安全三要素，加上安全的整体性因素——安全系统，形成安全整体的四类不同性质的组成部分（即四要素）。

安全要素是指在特定的（即理想的）状态下，仅自身就能独立成为实现安全的充分条件。例如，“安全人体”，如果能对危害因素具有绝对抵抗能力；“安全物质”，对人如果绝对无危害；或者“安全人与物关系”，如果在时间、空间和能量及信息上与人绝对不发生危害性的联系；只要三者能具其一，结果都是安全的。因此称这三者为“安全三要素”。但是，上述理想状态在现实中是不存在的，为达到和保持安全状态，需要在现有的三要素基础上，通过安全系统的信息对各安全要素进行能量的运筹、调节、匹配和控制，使之达到和保持整体上的安全状态。

根据安全人体、安全物质、安全社会和安全系统四种安全要素的不同属性和作用机制，对安全进行纵向学科分类，可区分为安全物质类（即自然科学性的安全物质因素）、安全社会类（即社会科学性的安全因素，指人与人、人与物或物与物的时间、空间和能量联系因素）、安全系统类（即系统科学性的安全信息与能量的整体联系因素）、安全人体类（即人体科学性的安全生理、安全心理等因素）四种不同类型要素的安全分支学科。同时根据理论指导实践和从实践上升到理论的双向作用原理，完成安全从工程技术到技术科学，又到基础科学，再到哲学桥梁的理论升华，把每类安全分支学科的理论与工程技术实践紧密地衔接起来，以达到对安全的本质及其运动、变化规律的全面系统认知。这种不同理论高度的纵向联系，又被区分为四个横向层次，即：为解决安全保障条件和把握人的安全状态，需要发展的工程技术层次，称为安全工程；为获得安全工程技术的理论依据，需要发展的技术科学层次，称为安全工程学；为掌握安全工程学的基础理论，需要发展的基础科学层次，称为安全学；为把握安全的本质及其科学思想方法，需要发展的哲学层次，称为安全观。将这种纵向不同因素的学科分类及其横向不同认识高度的理论分层，进行全面有机的联系并加以全面展开，便构成一个功能完整的安全科学学科体系。这个体系结构的基本内容由以下几部分组成。

1. 安全科学学科体系中的哲学层次——安全观

它是安全科学的最高理论概括，也是安全的思想方法论和认识论，指导人们科学地认识和解决安全问题，揭示出安全的本质即回答安全是什么。

2. 安全科学学科体系中的基础科学层次——安全学

它是由安全技术学（含安全的灾变物理学和灾变化学）、安全社会学、安全系统学（包括安全灾变理论）和安全人体学（含安全的毒理学）四类基础科学的分支学科构成。其中安全系统学虽然不是由安全的独立要素组成，但它是研究和实现安全所不可缺少的联结因素和科学方法论；同时在理论上与其他三要素组成的分支学科同样具有完整的横向四个理论层次。安全学是研究安全基础理论的，它的任务是发现安全的基本规律（即反映安全的运动、变化机制），从根本上揭示安全的机理问题。

3. 安全科学学科体系中的技术科学层次——安全工程学

它与基础科学的分支学科相对应，是由安全技术工程学、安全社会工程学、安全系统工程学和安全人体工程学四类技术科学分支学科构成。除安全系统工程学要在本层次额外为各分支学科提供科学方法外，各自都为本分支学科的工程技术层次提供理论依据，或将其工程技术成果升华为科学理论（即上升到技术科学）。根据安全因素的性质及其作用方式不同，各分支学科又细分为若干组成部分。

（1）根据设备因素对人的身心危害作用方式的不同，安全技术工程学分为针对解决直接损害人的躯体相关问题的安全技术工程学和针对解决破坏人的机体或危害人的心理相关问题的安全卫生工程学。

（2）根据调节人与人、人与物和物与物联系的不同原理和采取不同方法（手段或措施），达到安全的目的，安全社会工程学分为安全管理工程学、安全教育（工程）学、安全法学和安全经济学等。

（3）根据安全系统内各因素的作用或功能的不同，安全系统工程学分为安全信息论、安全运筹学和安全控制论。安全系统工程学不仅是安全系统工程层次的理论基础，同时也为整个安全工程学层次提供安全方法论。

（4）根据外界危害因素对人的身心内在作用机制影响的不同以及人机连接的方式不同，安全人体工程学分为安全生理学、安全心理学和安全人机工程学。安全人体工程学不仅为采取各种安全工程技术措施提供必要的安全人体理论依据，同时还是一切安全活动的出发点和归宿。

4. 安全科学学科体系中的工程技术层次——安全工程

它直接为实现安全服务，是进行安全预测、设计、施工、运转、总结、反馈和提高等一系列具体安全技术活动与方法的总称。

在安全工程中的安全技术工程，按其服务对象的不同，分为以下几类。

（1）学科方法、手段均有所不同的安全机械工程和安全卫生工程。

（2）与各类专业领域的工程技术匹配的专业安全工程技术，如电气安全工程、锅炉压力容器（机械）安全工程、起重机械安全技术、焊接安全技术、核安全技术、防毒安全技术、防尘安全技术、通风安全技术、噪声与振动控制技术、辐射防护技术等。

（3）具有行业特点的部门综合应用性的安全工程技术，如矿业、地质勘探、石油化工、冶金、建筑、交通运输、航海、航空航天等。

可以说，凡是有人活动的地方，都有保障安全的工程技术需要，都可以针对本领域的特点确立专门的或综合应用性的安全工程技术，所以安全工程技术的应用领域非常广泛。不过各类专业安全工程技术和综合应用性的安全工程技术都不是单一分支学科性的，而是以安全技术工程为基础构成的专业科学技术体系和应用科学技术体系。

通过以上对安全科学学科体系的分析，可以看到安全科学不仅具有自身完整的学科体系结构、作用功能以及与人类的一切活动有着不可分割的联系，而且具有生产力的性质。

二、安全科学的学科分类

根据以上初步建立的安全科学学科体系，在广泛征求有关专家和学者意见的基础上，我国建立了安全科学的学科分类，并被国家标准《学科分类与代码》收录，于1992年11月由国家技术监督局正式发布，并于1993年7月正式实行。在国家标准《学科分类与代码》（GB/T 13745—1992）中，将安全科学技术列为一级学科（代码620），该学科体系由5个二级学科和27个三级学科组成，安全科学技术下属的二级学科包括安全科学技术基础学科、安全学、安全工程、职业卫生工程和安全管理工程。

2009年，国家质量监督检验检疫总局和中国标准化管理委员会联合发布了新的国家标准《学科分类与代码》（GB/T 13745—2009）。在新标准中，“安全科学技术”（代码620）一级学科作了以下重大变动：

（1）新增了安全社会科学、安全物质学、安全社会工程等5个二级学科；

（2）新增了安全哲学、安全科学学、安全文化学、安全生理学等20个三级学科；

（3）取消了灾害物理学、灾害化学等 5 个三级学科；

（4）三级学科安全系统学和部门安全工程变更为二级学科安全系统学和部门安全工程理论；

（5）二级学科安全学和安全管理工程变更为三级学科；

（6）安全心理学、安全模拟与安全仿真学等 8 个三级学科类别调整变更；

（7）安全工程和职业卫生工程两个二级学科变更学科名称；

（8）消防工程、防尘工程、防毒工程等 7 个三级学科变更学科名称。

以上修订标志着“安全科学技术”一级学科在科技飞速发展的今天，从学科的基础理论到各个分支学科，都在不断完善、健全和提升，在科学界逐步占据重要位置，并有力推动了我国的安全生产工作，在科技发展进程中发挥着重要作用。

三、安全科学的学科地位及与其他相关学科的关系

在 2009 年修订的《学科分类与代码》（GB/T 13745—2009）中，“安全科学技术”一级学科由 11 个二级学科和 50 多个三级学科组成，其内容涵盖了自然科学、社会科学和综合科学，也充分体现了安全科学在学科体系中的重要地位以及与其他相关学科的关系，这主要体现在以下五个方面。

1. 安全科学与生命相关学科的关系

安全是人类的共同需求，安全科学的首要任务是解决人类的根本性安全问题，因此安全科学首先与生命相关学科形成交叉学科——安全生命科学，其主要研究生命特征、生命运动规律、生命与环境的相互作用等现象对人的安全状态造成的影响，以顺应生命规律、保障人的安全、实现人的健康和舒适为根本目标。从安全的范畴和视角涉及的主要内容有安全人性学、安全人体学、安全生理学、安全心理学、安全生物力学等，它们构成安全生命科学的核心内容。

2. 安全科学与自然相关学科的关系

人类在自然生态环境中生存，自然环境的安全性与人类生命安全息息相关，因此安全科学与自然相关学科形成交叉学科——安全自然科学，其主要研究自然灾害和生产安全等的类型、状态、属性及运动形式，揭示各种灾害和事故的现象及发生过程的实质，进而把握这些灾害和事故的规律性，并预见新的现象和过程，为预防和控制各种灾害和事故开辟可能的途径。安全自然科学的主要科学问题有很多，如事故灾难致因、安全容量、安全多样性、灾害物理学、灾害化学、安全毒理学等。

3. 安全科学与各技术领域学科的关系

人类在生存及发展过程贯穿着各种物质资源的制造、生产、利用、消费、废弃

及回收再利用等工程，其中各个环节均涉及安全技术，因此安全科学与各技术领域相关学科形成交叉学科——安全技术科学。其以各基础学科为指导，以安全技术客体为认识目标，研究和考察各个安全技术门类的特殊规律，建立安全技术理论，是研究指导安全生产技术的基础理论学科。安全技术科学一方面将安全科学转化为安全技术，另一方面又将安全技术的一些共性原理提升为安全科学。安全技术科学在物质、设备、能量、工程、环境等方面的发展较快，如安全物质学、安全设备学、安全能量学、安全工程学、安全环境学等。

4. 安全科学与社会相关学科的关系

人类生活在社会体系中，个体的安全、国家社会的安全和生产生活的安全均需要安全法律法规、安全管理制度、安全教育培训等约束和保障，因此安全科学与社会相关学科形成交叉学科——安全社会科学。其主要是从文化、法律、经济、教育、伦理道德、社会结构等角度对安全现象、安全规律、安全科学进行研究，探索社会科学诸多方面的变化对人的安全状况造成的影响，从社会科学角度总结保障人的安全的基本规律。核心内容主要有安全文化学、安全法学、安全经济学、安全教育学、安全伦理道德学等。

5. 安全科学与系统学相关学科的关系

人类的生存环境是由人类生产子系统、物质生产子系统以及环境自然生产子系统组成的庞大复合巨系统，保障该系统的安全是保障人类安全的前提，因此安全科学与系统学相关学科形成交叉学科——安全系统科学。安全系统是灾害和事故发生的场所，是安全管理的对象，安全系统思想是安全科学的核心思想，安全系统科学是安全科学学科的主体。安全系统的构成要素包括人、机、环境、信息、管理等，因此其核心内容主要包括安全系统管理学、安全环境系统学、安全人机系统学、安全信息系统学、安全系统协同学等。

本章小结

本章在对安全的基本概念及特征阐述的基础上，介绍了安全科学的由来与发展趋势；对安全科学的研究对象和研究内容进行了详细讲述；对安全科学的学科体系、学科分类及安全学科体系与相关学科的关系等内容进行了详细介绍。

复习思考题

1. 什么是安全？人们对安全的认识可以分为哪几个阶段？
2. 安全有哪些基本特征？了解安全的基本特征有何作用？
3. 安全科学是如何发展起来的？从中可以得到何种启示？
4. 安全科学的研究对象是什么？
5. 安全科学的研究内容是什么？
6. 什么是安全科学？试分析安全科学学科体系和知识体系。
7. 安全科学与其他相关学科的关系都包含什么？

第二章　安全属性

本章学习目标

1. 理解人的属性与安全属性的相关性，理解安全的本质，掌握如何进行安全本质的分析。

2. 理解安全的自然属性。

3. 理解如何分析安全的社会属性，并着重掌握以人为本的安全的社会属性及社会安全。

4. 了解安全的自然与社会属性的耦合关系及其规律。

安全属性是认识安全本质的基础，是安全学理论最基本的内容，也是讨论安全理论的主线。因此，对安全属性的认识在安全学中占有很重要的位置。

由于安全命题的主体是人，正如人具有动物属性和社会属性一样，安全命题也具有自然属性和社会属性。安全的这两个属性是紧密相关的，我们要从整体的、系统的角度对两者的属性进行认识。

本章以人的属性和安全的属性的相关性讨论为起点，分别论述安全的自然属性和社会属性，最后讨论安全的两种属性的联系，从而全面认识安全的本质规律，为树立科学的安全理论奠定坚实的基础。

第一节　人的属性与安全属性的相关性

自人类诞生以来，安全与生命就相伴而生。安全的产生、发展不仅取决于人类的产生、发展，而且也影响着人类的发展过程。因此，对安全属性的认识，是从对人的属性的认识开始的，并以人的属性与安全的属性的关系为基础来讨论安全属性的特点和规律。

一、人的生命与安全

生命对于每个人只有一次，因此生命的宝贵是不言而喻的。这就决定了应该珍惜人的生命，保护人的生命，人的生命安全对个人、社会、国家都是头等大事。

安全的主体是人，人命安全并不是安全的全部，但是没有安全的人命，或者说没有安全保证的人命，将会是一场灾难，这样的社会是不可能存在的。从这个意义上讲，安全即人的生命。从人生哲理的角度来分析，人不是为活着而活着，也就是说，人不是为保命而单纯去追求安全，安全是为人的生命的价值而服务的。在长期的历史发展过程中，人类对于自身的生命与命运以及生命与安全的互动关系也是不断发展变化的。

人类早期，由于生产力水平低下，科技尚未发展，人们对于危害自身的诸多因素，或者是不了解，或者是无力解决，故而多采取回避、忍耐、听天由命等消极态度，表现出对自然的无奈，此时，人们对人的生死是没有办法的，不可抗拒的，显然这是一种消极的宿命论。

到了封建社会，关于人的生死问题的封建思想进一步占据了主导地位。一方面，认为人的生死是神的安排；另一方面，认为人的命运好坏也是由神来主宰，也就是说，人的一生是神早就安排好了的，什么时候时来运转，什么时候有灾有难，都是神说了算，人掌握不了自己的命运。

在宿命论盛行的时代，人们对自己生命的安全完全失去了主动权，这个时期的安全只不过是空想、企盼，或者是一种偶然，因为安全的主动权不在人们手中，所以人们只能靠碰运气、靠拜神、靠算命、靠占卜等来乞求安全。实质上，此时的安全对于生命是可望而不可即的。

当人们的思想长期处于封建思想的束缚下，就会把人自身的安全寄托于神的保佑，此时的安全思想实际上是被动的、消极的，也就否定了人对自身安全具有主动性的一面。

以辩证唯物主义的观点来分析，人与自然的关系应从两个方面来认识。一是人是自然的一部分，人的生命与生存离不开自然界，人不可能脱离自然社会，所以人类通过认识自然本身的规律，按照自然规律办事，做到人与自然的和谐共处，这样才能使人类的生存安全得以实现。如果人类不顾自然规律，盲目地、过分地满足自身的欲望，对自然界进行疯狂的采掘和掠夺，必然遭到自然界无情的报复和惩罚，这样人类的生存安全也就没有保障。人类这一属性就决定了安全的物质属性。二是应该看到人是有思想、有能动性的，人通过科学和经验的总结可以找到自然界的变化规律，并从中找出避免和减轻某些自然灾害的办法，找到减缓某些不利于人类生存的自然变化的办法，从这个角度说，人类可以部分解决某些不利于人类生存条件的不安全因素，体现了人在解决自身安全方面的主观能动性。人类的这一属性正是安全具有能动属性的基础。

安全的物质属性源于人是自然的一部分，人首先是物质的。自然界（包括人）都有着自身的发展规律，生老病死的自然规律对整个自然界都是无法抗拒的，安全的物质属性就体现在它对自然规律的正确认识和运用，从而提出客观的安全规律。

安全的能动性源于人的能动性，安全能动性的大小即是与一定时期的经济发展、科技水平相对应的安全水平。所以安全的能动性在不同的时期是不一样的，从另一个角度讲安全的能动性表现为人的主动思考。可以理解为只要人期望有多安全就可以做到有多安全，这是一种误解，这里所讲的安全的能动性仍然是物质的，是科学的能动性，绝不是主观唯心的空想和虚构。

从上面的讨论可以看出，安全的物质属性和安全的能动性特点和规律都是从天与命这一辩证关系中引申出来的，是天与命的自然关系，是辩证关系在安全属性中的表现和反映。

二、人权与安全

人权是指在一定社会历史条件下，每个人按其本质和尊严享有或应该享有的基本权利。而又有人进一步解释人权的含义就是人人自由平等的生存和发展的权利，或者说，就是人人基于生存和发展而必需的自由平等的权利。所以，人权具有以下特点。

1. 人权具有普遍性的原则——即人权是一切人都应当享有的权利，人权的原则和人权的内容具有普遍性。

2. 人权不仅包括政治权利，还包括经济权利、社会权利、文化权利；不仅包括个人人权，还包括集体人权。

3. 生存权和发展权是人类首要的基本的人权。

4. 人权是权利与义务的统一。

5. 稳定是实现人权的前提，发展是实现人权的关键，法律是实现人权的保障。

从以上人权的特点来看，人权的实质内容应包含生存权、发展权以及政治权利、经济权利、社会权利、文化权利、安全这些重要组成部分，其中安全是实现这些人权的重要保障。

人权是指人具有自然和社会两方面所需要的物质和精神的权利，而安全需求则是人的物质和精神需求的基础。没有安全保障的要求是不可靠的，也是不完整的。

在人权和人的生命的关系中，生命是人权的基础。没有生命根本谈不到人权，因为人的一切活动、生存、发展都是建立在生命的基础上。当然，没有人权的生命也是不现实的，一个被剥夺人权的生命也是不能存活的，因为人权包括最基本的生存权利、生活权利。在现实社会中，丧失了这些基本权利，人的存活也就成了问题。

因此，在人权、生命、安全的辩证关系中，生命是人权和安全的前提，没有生命，人权和安全就无从谈起。安全则是生命和人权的保障，没有安全的生命和人权，最终会导致人权的丧失、生命的消亡。

三、人的属性与安全的关系

人的属性表现为人的自然属性与社会属性，人的自然属性是人的社会属性的基础，人的自然属性也称为动物属性，是人自有生命以来先天就具备的本能反应，如人自有生命开始就惧怕危险，具有怕痛、怕跌落、寻求安全的本能，这是自我保卫的本能，这是天性。人的自然属性虽然也会在后天随着社会的发展而变化，而且人的自然属性对安全的追求带有一定的盲目性，是自发的追求安全，但人的自然属性决定了对安全的需求是永远也不会消失的。

唯物史观科学地揭示了人的本质，从而也就科学地说明了人所具有的特性和属性。

首先，人的属性是自然属性与社会属性的统一。人既是自然的人，受自然规律的制约，具有自然属性，同时人又是社会的人，受社会规律的制约，具有社会属性。一方面，自然属性与社会属性的统一是内在的、有机的统一，人的社会属性以自然属性为基础，人的自然属性又处处渗透着人的社会属性，既不能只知其一，不知其二，也不能以为二者是简单的机械相加。另一方面，自然属性与社会属性两者相比较，社会属性是人更为主要的、本质的属性。

其次，人的属性是个性与群体性的统一。一方面，人是作为一个单独的个体，以个人意志的主体而存在，具有自己的个性。另一方面，人又是社会性动物，不能离群索居，总是作为某个群体的一员，与群体发生千丝万缕的联系，因而具有其所属群体的共性。所以，我们说个体性与群体性是统一的，既要反对只想着个人而不顾及社会或集体，也不能只讲集体，只讲阶级、阶层等群体性意识而无视个性发展。

再次，人的属性是自觉能动性和受动性的统一。人是历史过程的主体，人类自己创造自己的历史，人是唯一没有让自然界规定生活内容的存在物，自觉能动性是人的根本属性之一。然而人的自觉能动性的发挥不是随心所欲的，受到一定的自然条件和社会历史条件的制约，表现出受动性的一方面。

最后，社会性是人的本质属性。一是社会性揭示了人区别于其他动物的特殊本质，社会性是人特有的属性，如语言交流、思维、生产活动、社会生活都是人类特有的属性。二是人的社会属性制约着人的自然属性。

四、安全的本质

安全的本质是人们通过抽象思维而确立的一个概念或理念。目前，对安全概念的诠释普遍存在两个问题：一是缺乏科学严密性，二是内涵不全。

那么，安全这一概念到底说的是什么？安全描述的只是一种客观存在的状态吗？回答并非是肯定的。因为描述安全状态的主要特征是什么，在安全科学领域尚难统一。有人说无事故的状态就是安全状态；也有人从动力学出发，提出系统是从无序到有序、渐变与突变的统一，用非时变来描述安全状态。这样的表述虽然有一定的科学性，但是由于安全因素的高度复杂性和极强的时间依赖性，上述两种表述具有很大的局限性或过于理想化。

如果承认安全一词描述的是一种状态，但这种状态也绝非是一种事故为零的所谓“绝对安全”的概念。从科学的角度讲，“绝对安全”的状态在客观上是不存在的。平安也好，安全也好，其本身就带有模糊性、不确定性和相对性。同时，“安全状态”具有动态特征，就是说“安全状态”所描述的状态是要随时间变化而变化的。

安全的动态特征还体现在安全所描述的不只是一个相对稳定的状态特征，“安全”还可以作为对事故——安全过程的一种表征。过程表征和状态表征最本质的区别在于前者描述事物的发展趋势，后者描述的是一种目标。从这个角度讲，“安全”表述的特征可以认为是动态过程，渐变对应于灾害过程的孕育、维持，突变对应于灾害过程的剧烈扩展。但突变不仅是灾害发生，也是系统由不稳定向新的稳定（安全）跃迁的触发器。

当然，从技术的角度讲，已提出并应用的安全失效率、安全度、安全系数等量化计算方法及有关标准所表征的安全技术状态或安全与否的结论是比较科学和严密的，但是这只是安全概念内涵的一部分。上述从状态过程技术角度讨论的“安全”都是客观的，是有背景对象的，虽然其表述的“安全”可能仍然有局限性，可能会带有理想化色彩，也可能与实际相差甚远，但又与人们想象中的平安无事不是一回事。

状态、过程、技术安全、理念都是定义安全这个概念应该考虑的内涵。所以，如何把安全如此丰富复杂的内涵表述清楚是很困难的事情。

从科学原理出发，定义事物多采用两种办法：一种是从事物的组成考虑，另一种是从事物的功能考虑，或两者兼顾。

综上所述，我们对安全做出如下定义。

安全表述的是一个复杂系统的动态过程或状态，过程的趋势或状态是人和事物受到的伤害（包括身体的、精神的）或遭受的损失是在当时人们可以接受的范围内。安全表述的也可以是一种特定的技术状态，即满足一定安全技术指标要求的物态。安全所表述的也可以是人们的一种理念，即人和物不会受到伤害和损失的理想状态。

从上述对安全的讨论我们可以看出，安全的本质主要在于人的安全，或者说安全的本质在于人的安全问题的高度复杂性。从不同领域的安全问题的层次上看，安全的本质主要在于影响人的安全问题的主要因素不同，或者说不同领域人的安全问题的影响因子关系不同。所以，安全的本质在现实性上，是一切影响因素相互关系的总和，这种关系是动态的。因素与目标、因素与因素之间的关联度随现实系统的不同而不同。安全的本质属性一方面把安全科学与其他科学区别开来，另一方面又把不同时代或同时代不同领域的安全问题区别开来。

五、对安全本质的分析

1. 安全概念是抽象和具体的统一

安全这一概念，是通过现实生活中种种具体的事物安全加以抽象和概括，经过理性思维来界定和定义的，反言之，具体事物的经验安全与抽象事物的安全概念应该是统一的，也就是说，理性思维产生的概念来源于经验常识，且高于经验常识并指导经验常识。

而局部的或一时的经验得出的安全认识不具有普遍意义，对其进行总结提升，才具有理性的指导意义。在安全领域，常有人把具体的、经验的安全当作普遍性原理来看待，认为在某一部门或行业得出的某些安全规律对所有行业都实用，这是对安全领域缺乏更深入的认识所导致的。

2. 安全概念的物质性

安全概念的物质性，也可称为安全问题的客观性。安全概念建立的首要条件是安全条件的客观存在，包括安全的设备设施、安全的产品、安全的环境以及安全的氛围；另外就是人的安全意识，即对安全与否的认识程度和判断，并据此建立安全的信心和安全感。

唯物辩证法认为，物质是精神的基础，物质也决定着精神，但也承认精神的反作用。在安全的本质问题上，人们安全概念的建立仍然遵循这一基本原则。就是说，安全概念的建立必然具有其客观的物质基础，必然具有客观的物质和技术实体。人们在观察、分析、提炼思维之后建立起安全概念，并找出其不足，反馈到实际客体并进行补充完善，从而指导建立更加安全的体系。

所以，精神安全来源于物质安全，而且高于物质安全并指导物质安全的进行，而精神安全的引申则表现出人们的安全理念。虽然安全理念带有某些理想化色彩，但它的基础仍然是建立在物质安全上的。例如，人们在经济技术落后时期和经济技术发达时期所期盼的“平安”和“安全”在内涵上是有很大区别，前者期望的安全可能主要针对生命存亡，后者要求的安全可能不止于生命的存亡，还包括舒适、健康。

应该指出的是，正确的安全概念应该是主观与客观的统一，应该把主观的认定水平与客观实际相统一，脱离实际的主观要求事实上是一种空想。虽然人们对安全的期盼可以理解，但不能把期望的东西当作现实来要求。当人类社会处在生产力不发达时期，人类无力抗拒天灾人祸的时候，就把安全寄托于神，期望神赐予平安、幸福，这种脱离社会客观实际的要求是无法实现的。

还应该指出的是，我们说安全概念的本质在于人的安全，进一步说，安全的本质在于人的身体安全和心理安全的统一。因此，如何把人的身体安全与心理安全联系起来是一个很重要的课题。人的心理为什么会有安全与否的感受呢？这首先是人对身体安全与否的直接反应，因为精神的、心理的需求是以身体这个实体为客观背景的，也就是心理安全来源于身体安全，而不是主观因素造成的。同时心理安全了，也会促使安全水平的进一步提高，也能更好地处理一些意想不到的情况。但是心理安全是个复杂的问题，复杂是因为影响心理安全的因素很多，特别是在人的情绪受某些偶然因素影响而产生偏激时，此时的心理安全就占据了主导地位。我们强调人的身体安全与心理安全相统一，就是强调保障人的身体安全是第一位的，是最基础的，同时强调心理安全的反作用，即强调心理安全是进一步提高身体安全的重要作用。当然心理安全的建立主要与人对安全的认识程度及对安全知识的掌握水平有关。

3. 安全是内因与外因的统一

当我们要确认某一系统是否安全时，主要是根据系统内在的因素来判断其安全的程度。同样，我们对某类物质的危险性进行认定时，也是要根据物质的理化特性来评定的，所以内因是事物安全的决定性因素，这种内在的安全是本质的。此时事物内在安全与外在安全是统一的，但是我们也应该看到，某些内在安全的事物通过一定的条件也可转化为外在的不安全，或外在的危险。例如，水作为一种物质，在对物品进行分类时，没有理由把水划为危险物质，但是水在特定的条件下就是危险物质，当洪水泛滥时，水就变成了不安全的物质。同样火的不合理利用会造成火灾，石头在某一固定位置时很安全，当其运动时就可以伤人。

因此，事物的内在安全是事物内在的本质属性，其具有稳定性，也是事物安全概念形成的主要依据。然而，事物的外在安全与内在安全并非是一致的，事物的外在安全与外在条件存在很强的依赖关系。当外界条件变化时，或随时间的推移或物质的积累，使得本来安全的事物转化为不安全的状态或事物，所以我们讨论事物安全的本质应该把内因和外因联系起来考虑。

4. 人、物安全的统一性

人对物的安全，一般是由人的内在安全而表现出的对物的外在安全性，从而产生对物的安全效果。进一步说，人对物的安全是人在掌握物的内在安全性的基础，同时创造条件，使物的内在安全性与外在安全性统一。

同样，物的内在安全性也是通过物的外在安全性表现出的对人的安全效果，并进一步转化为人的内在安全性——精神。例如，一个安全技术措施、安全防护装置很完善的设备，操作工人就有安全感，也就有了安全的保障。

当人们只考虑物对人的安全时，强调物的内在安全性，而不考虑人的内在安全与否，则会出现人的内在不安全性（失误）造成物的不安全性，并最终导致人的安全受到损害。例如，人的误操作，或在不清楚设备的性能或在不掌握事物的客观规律时所进行的操作就可能出现这样的情况。

因此，我们在安全的定义中，要把人的安全和物的安全同时列出，即人的安全是首要的，同时人的安全与物的安全具有统一性。

5. 安全是状态与过程的统一

在安全的定义中，我们说安全可能表述的是一种状态，也是一种过程，一种趋势。

安全状态是指人在某一时间处于该状态下，人的身心不会受到伤害。这种状态是各种事物的安全、环境的安全、管理的安全等有机组合在一起的状态，它表示的是静态的安全。

而安全过程或趋势，则是指按时间序列组合起来的安全状态或若干具有一定安全度的安全状态按时间顺序发展，安全度越来越高的趋势的一种集合。

这里强调安全状态与过程的统一，主要体现在安全具有动态特性。不同时代对安全的要求是不同的，而且，随着时代的发展，人们对安全的要求也会越来越高。每一时代都有其安全状态的表现和要求，而历史则成为各个时代相对应的安全状态的组合。

因此，人们不仅要求现实的状态要符合安全要求，而且要求状态的发展趋势也要符合安全的发展规律。安全的发展目标则表示未来的安全状态。既要满足现实的安全要求，也要考虑未来的安全要求，这是可持续发展战略对安全的要求。

安全是状态与过程的统一，安全是动态与静态的统一，安全是现实与未来的统一。综上所述，我们应该把安全作为一个完整的、辩证的、统一的概念来理解，从而为树立正确的安全观打下基础。

第二节　安全的自然属性

安全的自然属性是指与自然界物质及其运动规律相联系的安全现象和过程。

然而，这里讲的安全的自然属性，则是首先侧重于人的自然属性在安全方面所表现出来的现象和过程。并且在这个基础上，扩展到自然界的物质及其运动规律在安全方面表现出来的现象和过程。

人的自然属性是人在生理学上区别于其他动物的特点，包括生理结构、生理机能和生理需要等，这是人的生理基础。人的自然属性的最基本表现就是以人的生理结构为物质前提的食欲、性欲和自我保存这三种基本机能，其中食欲和性欲都是自我保存的基础，自我保存的底线就是安全。所以，人对安全的需求是本能。但是人身上这些自然属性已不是原来意义上的自然属性，而是“人化”了的自然属性，即深深地打上了社会烙印的自然属性。从而人的自然属性的表现形态和生理需求的满足方式等方面，已注入了社会和安全文化的因素。

同时，人在生产过程中所使用的能量（能源）、设备、设施、原材料和自然环境或生产、生活环境等物质因素发生的机械的、物理的、化学的和生物学运动、变化及由此带来的对人的不利影响，以及人们为控制危险因素所采取的物质技术措施，都遵循物质的自然规律。安全的自然属性，也反映了人与物在自然关系中物质的自然属性和规律。

所以，安全的自然属性可以从以下两个方面来讨论：其一，安全是人的生理与心理需要，这是由人的生命、生活的欲望决定了的自我保存机能，这是先天的，是安全存在的主动因素；其二，安全是人类对天灾、生老病死、新陈代谢等自然规律的无奈，使人们不得不把生命安全经常提到议事日程。这虽然是被动的因素，但它与前一个主动因素相结合，就决定了安全是自古以来人类生活、生存、进步的永恒主题。

安全的自然属性是决定安全规律的基础，是安全命题以及安全科学发展的基础。没有安全的自然属性，就谈不上安全的社会属性，更谈不上安全的命题。因此，对安全的自然属性的正确认识是认识安全科学的基础。

一、安全的天性与安全的伴生性

安全的天性是指安全是天生的。因为任何一种生物、一种物质在世界上诞生本身就是一种安全的诞生。这种安全是与物质、生物一一对应的。虽然世上万物相互之间可能存在矛盾的不安全因素，但是世间万物的平衡与生态本身就是一种安全态。对某一物种来讲，它的存在本身就是一种天生的安全。

安全的天性与安全的物质性是密不可分的，安全的物质性能是客观的，同时也体现以物质为基础的精神性，所以，安全性与物质性也始终具有伴生性。伴生性就是与物质同生同在，脱离物质，安全也就不存在了，但是安全的伴生性并不是说安全是可有可无的。其理由是失去安全的物质或物种也就失去了物质本身。

生态平衡是最典型的安全态。因为生态平衡是指生态系统内两个方面的稳定：一方面是生物种类（即生物、植物、微生物）的组成和数量比例的相对稳定；另一方面是非生物（包括空气、阳光、水、土壤等）保持相对稳定。虽然生态平衡是一种动态平衡，即平衡态不是一成不变的，但是这种平衡态的最初构成和以后不断调整所形成的新的平衡态绝对是自然的，是按照自然规律运行的。平衡态的存在本身就说明其表现的安全性是天生的。生态系统之所以能保持动态平衡主要是由于其内部具有自动的（自然的）调节能力。但是，一个生态系统的调节能力再强，也是有一定限度的，超出了这个限度，调节就不再起作用，生态平衡就会遭到破坏。此时，自然安全态就转化为不安全态。这里转化的原因同一般安全问题一样，有自然的原因（技术原因），也有人为的原因。自然原因来自自然界的异常变化或自然本身就存在的有害因素，如火山爆发、山崩海啸、水旱灾害、地震等。人为原因主要是指人类对自然资源的不合理利用，以及工农业发展带来的环境问题。

在涉及人的生态平衡系统中，在我国早就形成天人合一的正确理念。天人合一可以说是人与自然安全规律的正确总结。天人合一也就是人与自然的合一，是人类适应自然的和谐统一。在处理与自然和谐共处的过程中，人们在无力抗拒自然风险的情况下，还可采用回避风险的办法来解决自身的安全问题。回避风险是一种变被动为主动的安全策略。

二、安全的自然规律

以物质为基础的安全有自身的规律。任何一个自然系统（包括世间万物）都有一个重要的运动趋势或方向，这就是趋向稳定态。从能量的角度讲，系统处于稳定态时，其能级最低。从运动角度讲，是系统由无序到有序的渐变。从生物的进化——优胜劣汰、生老病死、物质的宏观运动规律、物体的自由落体、水从高处往低处流、高温物体自然散热以降低温度、高浓度溶液会自动地稀释成低浓度溶液这些现象看，安全态同自然系统的稳定态一样，并非是一成不变的，一种安全态变化或进化为另一种安全态，也要通过突变越过势垒而进入另一种安全态。大自然的每一次地震，每一次太阳磁暴都是一次突变，生产系统的每一次事故也都是一次突变，越过一个势垒而进入另一个稳定态。这些物质的运动变化规律正是安全的自然规律。

自然规律就是存在，即能存在的就是规律。安全的客观存在说明安全的规律也是客观存在的。地球的诞生、生命的诞生、人类的兴起，以及它们的发展、进化、产生新的物质及其运动规律都证明了与其相伴生的安全规律的客观性。所以，任何物种体系能够存在的就是安全的。

三、安全自然属性的嬗变

1. 安全自然属性的社会文化因素

我们前面谈到的安全的自然属性，强调它与物质的天生性和伴生性，强调它与物质同在的客观性。但是安全的自然属性并不是一成不变的，特别是因为安全以“以人为本”为主要内涵。由于人的自然属性随着人类社会的发展，已经不是原来意义的自然属性，而是“人化”了的自然属性，即打上了社会烙印的自然属性。人的自然属性的表现形态和生理需求的满足方式等方面，已注入了社会文化因素，所以安全的自然属性也必然会体现社会文化因素的影响。如物种的延续和发展，在很大程度上取决于人类社会的科技文化的发展水平。一些物种能否继续存在，即存在的就是安全的概念是在内容上不断更新的一个概念。同样，社会关系处于不断变化之中，作为社会关系的总和，人的本质也不是凝固不变的抽象物，而是随着社会关系的变化而不断变化，是具体的、历史的，所以安全的自然属性也是具体的、历史的。

2. 安全的自然属性并非是安全目标的绝对化

安全的自然属性包括安全目标的客观性。一方面，我们说能存在的就是安全的，并非指安全的目标的绝对化，也并非指能存在的就是绝对安全的，因为安全同世间万物一样，也具有历史性、极限性和相对性。另一方面，由于人的生理需求和心理需求是永无止境的，这种需求是主观的，并不代表安全的本性。

第三节　安全的社会属性

安全的社会属性主要包括与人的社会属性相关的安全特征以及与社会安全相关的安全内涵。因此，我们先来讨论人的社会属性。

一、人的社会属性

人的社会属性是在改造自然和社会的实践活动中逐渐形成和发展起来的。人的社会属性主要表现在人类共生关系中的依存性、社会生活中的道德性、生产活动中的合作性和人际关系中的社会交往性上。

上述人的社会属性，揭示了社会生活的本质以及人与社会的关系，同时也揭示了安全是人的社会属性的共性内容。因为依存性、道德性、合作性、社会交往性都以社会的人的共同安全为基础，都有着各自的安全内涵和要求。

1. 人的本质

人的本质与人的社会性密切相关。从人与动物相区别的层次上看，人的本质在于以制造和使用工具为标志的劳动；从人与人相区别的层次上看，人的本质在于社会关系，或者说人的本质在其现实性上是一切社会关系的总和。这就是说，人的本质不是每个人天生就具有的东西，也不是从所有个体的人身上抽象出来的共性。现实的人总是处在特定社会关系和特定历史条件下的人。在社会关系中，经济关系即生产关系在社会关系总和中起着支配作用。

2. 人的价值

人的价值从根本上说，仍然是人与社会关系的问题。人既是有需要的从事实践活动的主体，又是以自身的实践来满足社会和他人需要的客体。因此，人是价值主体和价值客体的统一。

人的价值表现在相互关联的两个方面：作为主体，社会对个人的尊重和满足是人的自我价值；作为客体，个人对社会的责任和贡献是人的社会价值。人的社会价值和自我价值是统一的，个人正是在为他人和集体服务的同时，满足个人的需要，在实现其社会价值的同时，实现自我价值。

人的价值具有以下四个特点：第一，人的价值具有创造性，因为人不仅是价值的承担者，而且是价值的创造者。第二，人的价值具有多样性，即人创造的是既能满足物质生活需要，又能满足精神生活需要的物质价值和精神价值。第三，人的价值主要体现在社会价值。第四，人的价值具有历史性，即随着人类实践的发展，人的自我价值和社会价值也会不断发展。

二、以人为本的安全的社会属性

安全的社会属性，首先是与人的社会属性紧密相连的安全规律，即安全课题研究中那些基于人的社会属性而产生的安全现象和运动规律。

人与人的依存性、道德性、合作性、交往性等都是以共同安全为基础的人的社会属性，而且人的本质和人的价值主要取决于人的社会属性，所以“以人为本”的安全课题，其社会属性的内涵主要源于人的社会属性。

同时，从社会学的角度来分析，社会的人是一定劳动生产力的承担者，一定生产关系的承载者，一定政治关系和意识形态的体现者。这些体现为一定的社会经济利益关系，并通过经济基础反映到社会意识、政治上层建筑和一般社会生活，在社会结构众多层面形成与安全紧密相关的社会活动、社会过程和社会关系。这些社会活动、社会过程、社会关系是整个社会结构的组成部分，同时也受社会运动规律的制约。而且从社会发展的总趋势来看，生产力运动的安全需要是不断向前发展的，安全的经济利益关系、安全观、和谐的政治上层建筑也必然要相应进行调整。认识和利用安全的社会属性，认识安全的社会地位、作用，对调整社会机制、推动社会进步具有重要作用。

1. 安全的生产力属性

唯物史观认为，生产力是整个社会发展的最终决定因素。生产力发展的根本原因和动力是生产力内部的矛盾运动，即人的需要和自然之间、劳动者和生产资料之间的矛盾运动。

而安全问题，正是生产力内部矛盾运动中始终存在的突出矛盾或主要矛盾。人们为了满足对物质资料的需要，就要不断地创造和改进技术与工具，以扩大生产力。新技术一方面提高了劳动效率，另一方面又会产生某种潜在危险性，成为人们的需要与自然之间、劳动者与生产资料之间的新矛盾。人类从学会使用火，使用石制工具到利用现在的石油化工、核电站、航天等技术开发的同时，带来的新的事故隐患或潜在危险性是层出不穷的，特别是一些高能量能源、高技术含量的设备工艺和材料的应用，安全问题也就更加突出。

安全是推动生产力发展的基本途径，是通过劳动者与劳动工具（设备）之间矛盾的不断产生和不断解决来实现的。劳动者包括体力劳动者和脑力劳动者，是生产力要素中唯一的能动因素。劳动者能够不断地积累和总结经验，创造或改进有利于安全的生产工具（设备）和劳动条件。随着社会对安全需要的不断提升，影响和改变着技术设计（包括设备与工具的设计）的指导思想和价值取向，使技术设计从以经济效率为中心转向以人为中心，强调人性化设计，强调安全性与经济性的统一，促使工艺和设备向安全化、无害化和宜人化演变；促使劳动者在改造客观世界的同时改变自己，不断提高自身素质和操作技能，推动生产力资源的合理配置，加强分工协作和科学管理；劳动者掌握了安全科学知识并应用到生产劳动过程中，又进一步促进了生产力的发展。

安全与生产力的关系表明生产力与安全之间存在着内在的、稳定的本质联系，即存在着生产力运动的安全规律。这种规律与社会经济运动规律紧密联系，与生产力的技术属性和状况有着密切的联系，社会经济越发达，经济发展速度越快，人们对安全的要求也越高；生产工具（设备）越先进，生产规模越大，生产力结构中安全的重要度越高。在现代高能、高速、规模庞大、高度自动化的生产运行系统中，一旦系统安全失控，产生能量意外释放，系统将会通过事故（势垒）跃迁到一个新的安全态。事故的结果不但会造成巨大的人员伤亡和财产损失，同时还会造成巨大的社会灾难。所以也可以说安全就是生产力。

2. 安全是生产力利益关系的平衡点

生产力的发展是在一定的生产关系中实现的。因此，生产力的安全需要体现为社会经济关系中不同经济地位人们之间的利益关系。安全的实现受到利益关系的制约和影响，同时安全也成为推动生产关系适应生产力发展需要而不断调整变化的因素。

安全是生产经营单位经营者与职工之间利益关系的首要因素。生产过程中的安全卫生条件，关系职工的生命和身心健康，是劳动者生存和劳动的必要条件，也是劳动者以健康心态高效率工作的需要。

然而处于被雇佣和被领导地位的职工却无权决定自身安全卫生的保障条件，应该提出安全卫生条件的只能是单位的、公司的领导者或经营者。对经营者来说，安全是保障生产经营活动正常进行和防止事故损失的必要条件，因而也是经营者所需要的，是经营者的一种利益。由于提供安全卫生条件，必须投入一定的资金，从而增加预付资本，并可能在一定时期内降低资本利润，所以要权衡得失，要找到合适的利益关系平衡点。

在流通和浪费中也存在涉及安全的利益关系问题。例如，危险性较大的设备、危险化学品、电气产品的供应商和用户之间，交通运输工具、公共服务设施的经营者和消费者之间，危险化学品生产经营单位与周边社区之间，经营者用于产品安全的投入，也涉及双方的利益得失。因此，如何调节生产、流通、消费过程的安全利益关系，也是生产力发展的关键因素之一。

3. 安全的社会生活属性

社会生活属性是指在普通社会学意义上的社会因素和社会过程。人们常用“安居乐业”表达对幸福生活的基本要求。“安居乐业”就是安定地生活，愉快地劳动。而生活安定，除战乱、治安、经济危机等影响因素外，还涉及生产、生活中的技术安全问题。而现代社会生活安全已成为社会生活质量的重要标志，成为影响社会关系和稳定社会秩序的重要因素。

家庭稳定是生活安全的必要条件。家庭既是人生第一个，也是终身参与的社会群体，又是现代社会的基本细胞。家庭对个人生存和社会发展影响很大。现代社会中，交通和公共设施事故、生产安全事故成为破坏家庭生活和家庭关系的重要杀手。事故伤亡者多数是家庭“顶梁柱”或主要劳动力。发生事故不仅使家庭亲情和经济遭受严重损失，而且对家庭成员的心理和身体健康以及婚姻、老人和子女赡养等带来很多负面影响。年轻人的伤亡，特别是独生子女的伤亡，更是老年人难以承受的心理压力和实际困难。此外，随着一些未经使用安全鉴定合格的新能源、家用电器、化学材料等越来越多地进入家庭，也对家庭安全构成直接威胁。

安全是行业社会形象和人们择业取向的重要因素。随着人们生活水平的提高，人们选择职业时，安全卫生条件已成为优先考虑的因素。安全卫生条件好的行业、职业具有更大的吸引力和凝聚力，能吸引高素质人才。安全卫生条件的好坏不仅对职业结构、职业发展、人才流通和队伍建设具有不可忽视的影响，也成为行业之间或行业内部的竞争力量。

4. 安全的文化属性

这里所说的安全文化属性，是与经济、政治并列的狭义文化概念，即安全精神文化。安全作为一种社会生活内容，是由有意识、受一定思想支配的人的活动构成的。安全活动，不仅包括人们的物质关系和经济技术活动，而且包括人们的思想、观念、意识的活动，这体现了安全活动的精神方面和人们的思想意识关系，构成安全文化属性的主要内涵。

安全文化表现为有关安全的哲学、伦理道德、科学、艺术和政治法律思想构成的思想观念系统及相关制度。安全思想观念是社会意识的一部分，即人们对安全活动所依存的社会生活过程和条件在观念上的反映。它是历史的、具体的，随着社会文明的进步而不断进步的。

在安全文化的发展历史中，有两个主要内容：一是安全价值和道德观念；二是安全科学基础和安全常识，或是安全经验的积累。

安全价值和道德观念主要是指对于人的生命价值和尊严的认识，以及对于安全相关的行为的道德判断。这与人天生的自我安全保护意识有质的区别，后者是由生理需要决定的、天生就有的，前者是由社会经济地位和利益决定的社会意识形态，不同的社会和社会阶段占统治地位的意识形态是不同的。

安全科学基础、安全常识、安全经验是安全文化发展的又一重要方面，主要涉及人们对安全、事故的本质及规律性的认识。人类在开始制造工具进行劳动的同时就产生了安全问题，以后随着生产力的发展和生产水平的提高，人们在总结多次事故的经验教训的基础上，提出了许多行之有效的安全警句、格言和客观规律性的认识，这些是构成安全文化精神层面的重要内容。同时，也成为人们与把事故当作“神的意志”“命中注定”的封建迷信思想抗衡的精神武器，从而形成了安全科学的基础或安全常识。

5. 安全的政治属性

政治是建立在一定的经济基础之上，并为经济基础服务的上层建筑，表现为国家权力机构、政党和个人在国家内政和国际关系方面的活动。现代政治文明的核心是民主与法制。安全涉及广大人民群众切身利益，涉及社会和谐和政治稳定，自然也就成为事关国计民生的政治性问题。

安全是国民生命健康权、劳动权、人权的体现。这一基本权利能否得到国家确认和保护，是衡量作为国家主人的人民群众能否行使基本权利的一项重要内容。目前在国际上，发达国家都把职业健康、安全生产作为体现民意的一项重要政策。

国家要维护人民的安全，必须要把安全工作和要求法律化、制度化。安全涉及经营者与职工的经济利益，还涉及经营者和消费者，以及周边地区相关者的利益关系。正确调整这些关系，既是维护生产关系的需要，又是保证经济社会生活正常运转的需要。由于不同利益主体的价值取向存在差异，对安全条件的水平也会有不同的要求，这就需要国家从维护人民财产安全的角度出发，兼顾多方利益，提高社会允许的安全水平，作为利益各方遵守的尺度，由国家法规明确各方的安全职责、权利、义务，形成由法律所规定的安全工作秩序。安全工作法律化和制度化是现代国家运用政治力量，维持经济基础，提供公共服务，调节社会矛盾，促进社会稳定和经济发展的重要活动。

安全还是国家行政管理的重要职责，表现为政府机关依法对安全工作进行规划指导、组织管理、监督执法和信息服务。在现代经济技术条件下，企事业单位的重大危险源或重大事故所造成的危害往往并不局限在所属单位，而是会殃及整个城市的社会性灾难，因而需要政府组织协调多方面力量，建立预警机制及应急处理机制和方案。生产安全也是重要的社情民意。“群众利益无小事”，说的就是政府官员需要关心群众的冷暖疾苦，需要把人民的安危时刻放在心上，要认真在各项工作中做到安全第一，要亲自处理重大安全问题。

安全的政治性，还表现在职工和人民群众对安全工作享有的知情权和参与权上，国家应支持和保护其争取和维护自身安全。

三、社会安全

安全的社会属性之一就是社会安全。社会安全是众多利益关系的平衡点，换言之，社会要处于整体安全状态，一味追求利益最大化是不可能达到的，甚至会破坏整体的社会安全。同时我们也应该知道成为一个社会的结合体，没有利益关系的纽带，也是不可能存在的。因此，社会要存在，必须有利益关系作驱动，然而社会要安全，就不能只追求利益最大化。因为追求利益最大化，必然会导致人们不顾安全，并以牺牲安全为代价去换取所谓的最大利益，其最终结果将会适得其反。

因此，社会安全，就是社会要利益和社会要安全的矛盾的结合体。社会安全是社会众多利益关系的取向，这一取向不是趋于利益最大化，而是趋于利益与安全的双赢，也就是说，社会安全体现社会众多利益关系的平衡点。

1. 安全是社会发展的必要条件

社会发展以社会的存在为基础，以社会的安全为条件。也就是说，没有社会的安全，社会是不可能发展的。然而，社会的发展反过来又促进了社会的安全。所以，社会的发展与安全存在是辩证统一的。

人类是社会的主体，人是社会存在的主要标志，或者说社会的存在是以人类存在为前提，没有人类的存在，社会是不可能存在的，而安全是人类存在的必要条件，所以，安全也是存在的必要条件。

安全是社会安全的必要条件。当然社会的安全取决于社会的多方面因素，其中家庭的安定是社会安全的重要因素之一，而安全又是安定的家庭的重要标志。生活安全、生活质量的好坏首先要有一个安全舒适的家。同样，安全的环境、安全的交通、安全的经济、安全的军事都是社会安全的重要因素。

所以说有了社会的安全，社会的存在和发展就有了保障。

2. 安全社会属性的多样性

社会的复杂性决定着人的社会属性的复杂性，人的社会属性的复杂性又决定着安全社会属性的多向性。

安全社会属性的多向性主要是从人的安全意识方面来讨论，即安全文化、安全伦理、安全素质和安全法规。

（1）安全文化。安全文化是人类在生产、生活、生存活动中，为身心安全与健康所创造的物质的和精神的安全器物、安全警句、格言、安全经验、概念等的总称。安全文化涉及的领域范围很宽，我们着重从企业安全文化和公共安全文化角度来阐述，安全文化泛指以安全为目的或者围绕安全的人文内涵（或在安全方面的社会人性），是人类文明在安全方面的经验积累和积淀。

企业安全文化是指企业为保证职工身心健康而创造的以安全生产为目的的文化，它包括企业在长期安全生产经营活动中形成的，有意识塑造的，又为全体职工接受的，具有企业安全特色的企业领导者的安全思想意识、安全作风态度、安全管理机制、安全行为规范、企业安全形象和氛围，以及为保障职工身心安全与健康而营造的安全、舒适的生产、生活环境与条件，还应包括职工的安全价值观、安全审美观、安全素质和习俗等。

公共安全文化是指在公共活动的场所和空间范围内以公共交往中人们的身心安全与健康或活动、交往安全为目的的文化。它包括社区安全文化、交通安全文化、休闲娱乐安全文化、服务安全文化、信息安全文化、饮食安全文化和保健安全文化等。

上述两个领域的安全文化对整个社会的发展和状态至关重要，安全文化的社会功能就表现在它对经济社会的经济活动和社会政治具有一定的调控和创新作用。安全文化同其他文化一样是把人的自然安全需求提升，注入了品位、交流等人文内涵，从而使安全与人们知识文化水平的提高同步，与社会政治经济的发展水平同步，与社会文明的发展同步。

（2）安全伦理。安全伦理是人们的信念或信仰，也是规范行为的准则。许多安全哲理跟伦理是相通的，有的就是从伦理道德里面引申出来的。

安全伦理体现了安全的价值和安全道德观念。安全的价值和安全道德观念主要是指对于人的生命价值和人格尊严的认识以及对于安全相关行为道德的判断，这与人生的自我安全保护意识有质的区别。后者是由生理需要决定的个人心理，前者是社会经济地位和利益决定的社会意识形态。

在安全伦理中，“人的生命价值和尊严”，并不是抽象的人的价值和尊严，在封建社会和资本主义社会，劳动人民并无真正意义上的人格尊严，只有在现代的文明社会中，在劳动人民能够当家作主的情况下，人民的生命价值和尊严才真正成为安全伦理中的安全道德和判断标准。

资本主义生产关系产生以后，资产阶级为了反对封建等级制度和发展资本主义，提出了自由、平等、博爱的口号，提倡利己主义、人道主义和天赋人权。这比封建思想前进了一大步，也为尊重人的权利和尊严、保障职业安全健康、改善劳动者的生存状况等安全伦理观的形成打下了基础。

无产阶级登上历史舞台以后，社会主义运动的发展和社会主义思想体系的传播，从劳动人民是社会和历史的创造者方面，从人类思想高度解放方面进一步推动了社会安全意识的进步。

在当代社会，人们对安全价值和道德的理性思考已经形成时代精神。“安全发展社会”“红线意识”“发展经济的目的是为了人类自身幸福和社会全面发展”“安全第一，人命关天”“生命安全是最基本的人权”“能够保障职工身心健康的工作条件是最基本的工作条件”等已经成为主流思想观念。重视和保护人民的安全健康，要自身安全，更要关注他人的安全，这是符合社会道德的高尚行为；单纯追求经济利益，牺牲劳动者的安全与健康，被认为是违法的、践踏基本人权的行为。

安全伦理是透过理性思维与人们多年获得的安全经验总结提升构成的安全道德原则和方法，它高于简单的经验，但不一定强调原则和方法的系统性，但也可能在特定的实践领域中构建一套完整的安全道德规范，以及在面对具体的安全道德困境时，如何进行道德判断。可见安全伦理形成的基础，是经过多年的积淀，安全伦理的模式大多是简洁而清晰的。

安全伦理学涉及的研究范围则是人与自然和人与人安全道德的理论基础，它根据生态学揭示的人与自然的相互作用规律，强调的是“天人合一”，对人与社会、人与自然进行深层次的哲学思考，强调的是“己所不欲，勿施于人”。从伦理道德的角度分析研究人与社会、人与自然的整体关系。也就是说，安全伦理学是把人的行为规范和道德准则从人类社会关系领域扩展到人与自然关系领域。同时，安全伦理学也提倡对地球自然生态、对人类之外的更大范围的关注，试图推动人与自然的和谐化，主张把权利和价值的概念扩大到自然界，既承认人的价值和权利，也承认整个自然界的内在价值和权利。也就是说，在生存和发展过程中人类安全与自然界的安全是统一的，同时，安全伦理学的另一个重要概念是当代人与未来人在安全资源的共享和安全环境的传承上是既平等又具有保护的义务。

（3）安全素质。从物质与精神的辩证关系看，物质决定意识，意识能动地反映物质，意识的直接来源则是客观世界的物质。意识不仅反映物质，而且高于物质，指导物质。同样安全意识与安全事物也具有物质与精神的辩证关系。安全意识来源于安全事物，决定于安全事物。然而安全意识并不是被动地反映安全事物，而是能动地反映，并且反过来指导安全事物的运作。

安全意识虽然是从人的本能，从人的动物属性发展起来的。然而这种天生的求生本能是一种无意识的本能活动，而安全意识是人经过大脑产生的，是对客观事物能动的反映。因为人不仅有感觉能力，而且有思维能力。人在获取若干安全现象后，通过思维、总结和认识安全的本质和规律，并据此指导人们的安全行为，因此，安全意识是人类所特有的，与惧怕危险的本能反应有本质上的区别。

在安全领域，安全意识是作为广义的安全社会属性的一部分。安全意识的具体反映就是安全语言、安全思维方式和安全意识指导下的安全行为或在具体工作中、行动中表现出的安全理性。因为思维相对于具体事物而言，是指意识、精神，有时思维特指理性认识、思想或指理性认识的过程——思考。语言是人类表述思维的工具，语言的内容是通过思维产生的，它是人所特有的，所以语言与思维不能并列，语言是为意识所包含。自觉能动性应该是人的意识的特性，是人类意识不同于动物心理的根本所在。如果不谈意识的能动性，就不能从根本上说明意识的本质。

因此，我们这里所说的安全意识，应该包括人的安全思维的种种具体表现，如安全语言、安全思维、人的安全自觉能动性以及安全理性等。

人的素质是人在先天禀赋的基础上通过教育和社会实践活动而发展形成的人的主体性的品质，即人的品德、智力、体力、审美等方面品质及其表现能力的系统整合。

所谓安全素质，是指人在安全领域内表现出来的素质。安全素质是人的素质的一个重要组成部分。若一个人缺乏安全素质，则可以断定，这个人具有内在的不安全性，很容易给周围的人、物或者环境造成不安全的状况。可见这种人的素质是不健全的。

安全素质是人们通过长期实践，形成安全意识并有意识地把其转化为自己的能力，转化到实践中而形成的。可以看出，安全意识是安全素质的基础，没有安全意识或缺乏安全意识就不可能具有良好的安全素质。安全素质的好坏体现在一个人的能力中，体现一个人在工作中对安全问题的思考和处理能力，体现在一个人对待突发事件的应急处理工作中。还应该指出，一个人整体素质的好坏在很大程度上与安全素质有关。因为人的素质既可以在日常工作中体现，同时往往又体现在突发事件中。

(4) 安全法规。安全法规是安全管理工作的依据和准绳。安全法规制定的基础是人类的生产实践活动，安全法规制定的依据是安全生产、生产安全事故及其运动规律；而安全法制体系的形成，则是根据我国多年来安全管理工作的实践，并借鉴国外的先进经验，在不断的改革发展中完善的，是贯彻落实安全法规的有力保证。

安全法规是一种社会规范，是社会存在和发展的内在需要，社会是由各种发展的社会关系组成的动态系统，为了保证这个系统有秩序地、安全地运行并向前发展，必须有一种强制的手段来调整各种社会关系，以维持一定的社会秩序，即安全法规。

安全法规是法中的一类，它具有法的通性，又具有它的特殊性。安全法规的特性是：劳动者意志的体现；社会关系的调节器；与经济基础相适应。

安全法规体现了劳动者的意愿，能保护劳动者的基本权益。安全生产是保障人民幸福、社会安定、经济繁荣的重要前提，安全生产是每一个劳动者的意愿，因为每一个劳动者都希望自己有一个舒适、安全的工作环境。因此，保障劳动安全也是保护劳动者的基本权益。

安全法规是社会的调节器，安全法规可以调节社会生产、生活中人与人的关系，特别是人与自然的关系，保证了整个社会生产、生活和其他活动所必需的安全环境和正常秩序，使社会作为一个整体协调发展。安全法规将调整人类与自然关系的安全技术规范用法律体系进行规定，意味着遵守和执行这些安全技术规范是一种义务。由于安全法规包含劳动保护法规、安全技术规范、劳动卫生规范、环境保护法规以及劳动关系法等多方面，从而使安全法规在社会关系各方面之间具有调节作用。

安全法规是建立在一定的经济基础之上的，是由一定的社会经济基础决定的，有什么样的生产力状况及其生产关系，也就有什么样的安全法规。离开一定的物质条件，劳动者的生命安全与健康要求也就无法满足，但随着经济的发展、科学技术的进步，安全法规也要进行相应的调整，不断提高规范的水平。

第四节　安全的自然属性与社会属性的耦合

安全的自然属性与社会属性既有区别，又有联系。对安全这两个属性的总体把握，还应该进行辩证分析，以得出对安全属性系统的、整体的认识。

一、安全的自然属性是其社会属性的基础

安全的自然属性和社会属性存在着辩证关系，安全的自然属性是社会属性的基础。

从哲学的角度考虑，马克思明确指出，任何人类历史的第一个前提无疑是有生命的个人存在。因此，第一个需要明确的具体事实就是这个人的肉体组织以及受肉体组织制约的其他任何与自然界的关系。这说明马克思认为自然属性是人的本质的一个规律性，满足人的自然需要是人以及人类社会存在的根本前提。

自然属性是“现实的人”的前提规定性就决定了离开人的自然属性，社会属性就失去了基础。这一前提规定性包含三个方面的内容：人是自然界的一部分，人的生存离不开自然界提供的各种资源和生存环境；人作为自然界的生物有机体，必然受新陈代谢、万有引力、生态平衡等生物发展和其他自然规律的支配；人有生存欲望等动物性要求。

这些都是个体生命存在的前提条件，也就是“现实的人”和现实的人类社会存在的前提。正因为不满足人的自然需要就不能有人和人生活在其中的人类社会的存在，所以，“有生命的个人的存在”就是研究人的本质问题必须面对的事实和根本出发点。从这里出发研究人的本质，就必然要承认自然属性是人的本质的规定性。

虽然，人的本质在于人的社会属性，然而人的社会属性的基础是人的自然属性。人的社会属性是在人的自然属性的基础上，通过实践发展起来的，并建立起人与人之间的关系，从而形成人的社会属性。因此，人的自然属性是社会属性的基础。

由于安全的自然属性与社会属性是由人的自然属性和社会属性在安全领域内表现出的安全属性。同时，也正是由于人的自然属性是社会属性的基础，因此，安全的自然属性是社会属性的基础。

二、安全的社会属性对其自然属性的制约和指导作用

我们不能否认人的自然属性是社会属性的基础，就不能否认个人的存在和个人的活动总是以社会整体的存在和发展为背景的，抽象和脱离社会的个体是不存在的。

人的自然属性受社会属性的制约，是社会化了的自然属性。人的自然本能总是受一定的社会关系、社会意识的制约，具有社会意义。

真正意义上的人是在实践过程中形成的，而实践活动从初始阶段就是具体的、社会性的活动。同时，任何个人都不能脱离他人、脱离社会孤立地成为“现实的人”。马克思认为“现实的人”不仅具有自然属性、实践属性，更重要的是还具有社会属性。社会属性是指在自然属性的基础上和实践性同时形成人与其他动物相区别的规定性。也就是说，人的社会属性是在自然属性的基础上通过实践性形成的。生产关系是人们之间最基本的社会关系，这种社会关系是由生产力决定的，也就是由人们的社会实践决定的。

马克思说：“一开始就表明人们之间是有物质联系的，这种联系是由需要和生产关系决定的。”这一论述说明自然属性和实践属性又共同制约着人的社会属性。离开自然属性和实践属性的社会属性是抽象的、难以理解的，不是“现实的人”具有的社会属性。同时，实践活动又使社会属性得以实现和显现，是人的社会属性实际存在于实践活动的过程之中，而不是存在于实践活动之外。

因此，当我们讨论以人为本的安全的属性关系时，则很自然地会得出安全的自然属性是基础，但安全的自然属性是受社会属性的制约和指导的。而且，安全的社会属性随着社会的发展，在安全的本性中越来越占主导地位。

安全的自然属性占主导地位时，人类追求的安全是盲目的，安全问题的解决是被动的，当安全的社会属性占主导地位时，人们对安全问题的解决就变为主动了，对安全目标的追求就变为理智的。

同样，在安全科学中安全的自然属性是安全命题成立的源，并以安全的社会属性为核心进行安全科学研究。在安全科学与社会发展中，安全的社会属性也就占有主导地位。

从哲学的角度上讲，安全的自然属性与社会属性的耦合，本质上就是矛盾的统一。安全的自然属性和社会属性，就是安全在自然和社会方面表现出的属性，即安全的自然属性与社会属性是安全客体中的两个方面。

然而，任何一个事物都是有条件的矛盾的统一体，我们这里讲的安全的自然属

性与社会属性的耦合，也是有条件的。从人的角度讲，人的属性是以人的社会属性为主导的人的本质属性，对安全来讲，安全的本质属性则是以安全的社会属性为主导的，用安全的社会属性作指导，约束安全的自然属性的社会的、人群的安全特征。

但是，也应该看到，安全的自然属性与社会属性是不可分割的，因为对影响安全问题的因素和解决的途径要用历史的、系统的、动态的方法和观点去分析，而不能用隔离的、孤立的、静态的方法去处理。因此，也可以说安全的系统属性也正是安全的自然属性和社会属性的耦合点。

随着生产力水平的不断提高和科学技术的不断进步，人们解决安全的能力也在不断提高。在一定历史条件下，不断更新、创造新的耦合条件，也就是安全的自然属性与社会属性的耦合过程。

本 章 小 结

本章在对人命与安全、人权与安全、人的属性与安全的关系等内容阐述的基础上，对安全的自然属性和安全的社会属性的内涵进行了剖析，对安全的自然属性与社会属性的耦合关系及其规律进行了详细分析和阐述。

复习思考题

1. 人的自然属性与安全属性的关系是怎样的？
2. 人的社会属性与安全属性的关系是怎样的？
3. 人的属性与安全属性的本质联系如何体现？
4. 安全的自然属性体现在哪些方面？
5. 安全的社会属性体现在哪些方面？
6. 为什么说安全的社会属性是安全的本质属性？
7. 安全的自然属性与安全的社会属性的辩证统一关系是怎样的？它们的耦合条件是什么？

第三章 安全观

本章学习目标

1. 了解安全观的定义和哲学基础。

2. 理解安全观的确立依据，掌握安全观作为一种观念时的价值所在。

3. 理解大安全观的内涵及发展阶段。

4. 掌握安全观基础的认定，包括安全的社会价值与安全的经济价值，掌握安全价值观的基本概念和理论。

5. 理解和掌握安全社会价值的定义、特点、本质及其评价方法。

6. 理解和掌握安全经济价值的定义、特点、本质及其评价方法。

安全是人类生存和发展的最基本要求，一切人类的生产生活活动都源于生命的存在，如果人失去了生命，也就失去了一切。从原始社会的洪水猛兽到近现代工业社会所造成的各种灾难，都对人类生存造成了极大的威胁。特别是随着工业生产的不断集中化、大型化，人类所使用的能量级别越来越大，造成的群死群伤事故也越来越多。因此，自从人类产生，安全就一直是人类共同面对的问题。而人类为了自身的需求，对客观事物及其规律进行认识活动并总结认识结果，由此就产生了安全科学。

安全科学是研究安全的本质和运动规律的科学，它的指导思想是安全哲学。哲学是把人们的世界观加以系统化并用理论的形式予以论证和表述的学问，是在理论的基础上进行高度抽象概括，通过一系列特有的概念、范畴、系统的逻辑论证而形成的思想体系，也是科学的世界观和方法论。人们把安全哲学称为安全观。安全哲学是人们在生产中形成的对安全问题的总体认识。从安全科学的发展历史可以看出，安全观一直伴随着人们世界观的发展而发展，伴随着人们世界观的改变而改变，可以说，安全观是世界观的一个重要组成部分。因此，只有树立正确的世界观才能建立与时代特征相适应的科学的安全观。

科学发展观是坚持以人为本、全面、协调、可持续的发展观，是关于发展问题的世界观和方法论，以发展为第一要义，核心是以人为本，满足人们全面协调可持续发展的需要，为建立具有鲜明时代特征的安全观，尤其是具有中国特色的新型安全观提供了基础性保障。如何以科学发展观为指导，全面系统地分析和把握与经济全球化、国家多边化、国际恐怖主义相关的国际、国内安全问题，科学地研究包括与自然灾害、大范围突发传染病等突发事件相关的公共安全问题，正确理智地对待经济增长与资源环境保护相矛盾的环境安全问题，进一步深入研究科技生产水平不断提高的情况下，如何解决以人为本的生产安全与工程安全问题等，解决上述各种问题的首要条件是树立与科学发展观相适应的安全观。

安全问题是一个涉及内容非常广泛的大问题，所以安全观也是一个覆盖众多领域、多学科交叉的大概念。为了能更好地、全面地统一对安全观的认识，可以通过分析各个领域提出的安全观，以找出安全观发展的历史规律和安全观的共性问题。正像人们可以用安全科学的基本理论统一人们对生活领域、生产领域乃至生存领域的安全问题的认识一样，用科学的安全理论统一人们对安全观概念的认识也是切实可行的。

第一节　安全观的定义及哲学基础

安全观是指在一定的时代背景下人们对安全问题的主观认识，是围绕如何确认和维护安全利益所形成的，它一般包括对威胁的来源，安全的主体、内涵及维护手段等方面的综合判断。一方面，随着威胁来源和安全主体的变化，安全观的内涵也随之发生相应的变化，在某种意义上来说，安全属于历史观的范畴。因此，安全观在不同的时代背景条件下，有不同的内涵和外延。另一方面，安全观是行为主体（人）对安全问题的主观认识，这就必将受到行为主体世界观、人生观、价值观的影响。因此，在某种层面上来说，安全属于认识论的范畴，也就是人的需求性。

具体科学是对事物本质和规律的认识、思维，其任务在于透过现象揭示本质，从外部的联系深入内部的联系，从偶然中发现必然的规律。所以，安全科学就是认识和揭示人的身心免受外界（不利）因素影响的安全状态及保障条件与其转化规律的学问，是专门研究安全的本质及其转化规律和保障条件的科学。具体科学研究的基础是马克思主义哲学对自然、社会和思维发展普遍规律的论述。所以，安全科学研究也必然以马克思主义哲学为指导思想。虽然马克思主义哲学作为一门科学与具体科学一样，都是客观规律的反映，都是关于客观规律的科学，这是它们的共同点。但是，任何具体科学领域中的矛盾和其规律，不但具有自己的特殊性，而且包含普遍性，都是普遍和特殊、共性和个性的对立统一。揭示贯穿在自然、社会和思维的一切领域中的普遍规律，是哲学这门科学的任务。所以，哲学与其他科学虽然同样是研究事物的规律，但它们的研究对象和内容却又有普遍和特殊之别。哲学以具体科学为基础，具体科学又以哲学为指导。

马克思主义哲学既是世界观又是认识世界、改造世界的方法论，是最高层次的思维方法，它提供了处理主观思维与客观规律的最高理论和原则。马克思主义哲学对具体科学的指导作用还表现在：以关于世界观和人类思维的一般规律的知识，为科学研究提供了正确的思维理论和研究方法；它是排除唯心主义和形而上学干扰的思想武器，使具体科学的研究不致偏离方向。安全科学作为一门新兴的交叉学科，在分析与认识问题上一定要以马克思主义哲学思想作为指导，并需要做到以下四点。

（1）一切从实际出发，以客观对象的全部事实及事实之间的相互关系作为认识的出发点。每一次灾害的前因后果都要客观分析，达到主观与客观的统一，引证事件从发生、发展到灭亡的全部过程。

（2）在普遍联系中把握事物的本质。任何一个事件的发生都不是孤立的，它同周围事件有着密切联系。这其中包括横纵联系，直、间接联系，内、外部联系，本质与非本质联系，必然和偶然联系。要正确认识安全问题，就必须全面了解和具体分析事物客观存在的复杂联系，在众多的联系中找出事物直接的、内部的、本质的、必然的联系，从而把握安全活动规律。事故有其必然性和偶然性，只要我们掌握了事故的必然性和偶然性，就能有效防止事故的发生。

（3）掌握在动态中把握规律的方法。唯物辩证法不仅是联系的学说，而且也是运动发展的学说，绝对静止和不变的事物是不存在的，整个世界就是一个永不停息的运动发展过程。因此在安全科学研究中，必须加入时间的概念，在动态中加以认识，打破僵化的思维模式和各种陈腐陋见，善于抓住安全发展的趋势和苗头，不断研究新情况和新问题，紧紧抓住对事物未来的分析，以加深对事物安全的现状认识。

（4）掌握矛盾分析法。矛盾分析法就是运用唯物辩证法关于矛盾学说的观点，对客观事物进行辩证分析的方法。安全科学就是讨论安全与危险这一对矛盾运动变化发展规律的科学。区分主要矛盾和次要矛盾、矛盾的主要方面和次要方面十分必要。矛盾在不同时期具有不同的特殊性，这就使安全的发展显示出过程性和阶段性。在这里必须用质和量两个方面加以分析，矛盾的质发生了变化，使同一事件的发展显示出阶段性。如果能深刻认识到安全领域中的各种矛盾，并能正确解决矛盾，就会促进安全科学的迅速发展。

安全世界观认为，安全是一种“天人合一、天人调谐”的境界。人类只有遵循自然规律，充分认识、掌握、利用自然规律，才能实现安全、维持安全。违背自然规律，以自我为中心，以“万物之灵”、自然界的征服者和最高主宰自居，一味地向自然界索取，肆意掠夺、破坏自然，并过分陶醉于每一次与自然界作斗争的胜利，人类必然遭到自然界通过事故、灾害等形式给予的一次又一次残酷无情的报复。所以，我们要做到意识和形态统一，人类和自然之间和谐共处，“以人为本”和“安全生产”协调、全面和可持续发展。

第二节　安全观的确立依据及其价值

安全观并不是孤立的、静止的，而是不断发展、进步的，它是世界观的重要组成部分，是受世界观主导的一种观念。世界观由人生观、价值观、安全观共同组成，这是安全观确立的依据。同时，安全观和人生观、价值观又有着内在的联系，可以说安全是人生观的基本目标之一，又是实现人生价值的重要保障，这些是安全作为一种观念存在或者确立的价值所在。

一、世界观主导安全观

世界观是指人对世界总体的看法，包括人对自身在世界整体中的地位和作用的看法。因此人生观、价值观、安全观等共同构成了世界观的主要内涵。世界观与人生观、价值观、安全观是辩证统一的，其中起决定作用的是世界观。世界观是人生观、价值观与安全观的基础，它决定着个人、集体与国家对目标的追求、现实生活的价值选择、安全地位和作用的看法。

马克思主义世界观的科学性、先进性在于它揭示了自然、社会和人们思维发展的一般规律。马克思主义理论是严密而完整的思想体系，也是一个开放的思想体系，具有与时俱进的理论特征。这一科学的世界观和方法论，为我们认识真理开辟了道路，随着时代前进又引导时代前进。这一科学的世界观一旦同人民群众认识世界、改造世界的实践活动相结合，就会转化为强大的物质力量。因此，只有以科学发展观为指导，掌握和运用科学发展观所蕴含的马克思主义世界观和方法论，充分理解和把握人生观、价值观与安全观三者之间的关系，才能对各类安全观及安全问题的共性理论和方法进行提取。

二、安全观是人生观的基本目标

人生观是指人们对人生目的、价值和道路的根本观点和态度。人生观决定一个人的人生走向。人们的思想和行动，不论自觉与不自觉，总是受某种人生观的指导。人生观体现在人生的各个方面。人生的目的（即人为什么活着），在人生观中始终起着核心和主导作用。

人生观与现实生活之间存在着内在联系，人生观具有了新的内涵，即对人生目的、人生价值和人生态度有了新的思考和表述。最大的变化就是人们结合现实生活，把对人生观的思考表述为“生涯”或“生计”，或进一步引申为个人一生的道路与发展路径的思考。这其中价值观的澄清和确认，以及寻求社会需求与个人需要的最佳结合点成为人们所关注的焦点。

人生的目的依个人的不同而不同，但所有人最低的、最基本的目的都是生存。而且理想的生活状况或追求的生活目标就是安全、舒适、健康。人们不管经历怎样的人生道路或发展路径，其最基本的需求就是生命安全。如果没有了生命，其任何的理想、目标都是一句空话。因此，从生命的角度讲，安全观是人生观的最基本的目标之一。

三、安全观是实现人生价值观的基本保障

人生价值的本原含义是“人作为人存在的意义”，是人对于人的价值，而不是物对于人的价值。这里的人生价值也可以称为人的价值。人的价值的实质内涵是指客体人的存在及其属性、实践活动及其物化成果对主体人的需要的满足，也可以说，人的价值在于其能否以及多大程度上满足包括自身在内的整个社会物质、精神和文化生活的需要。人对他人和社会的价值包含于自身的存在和发展中，人生价值就是社会价值和自我价值的统一，目的与手段的统一，贡献与索取的统一。人生价值包括自我价值和社会价值两个方面。

1. 人生的自我价值

人生的自我价值是一个人一生通过自食其力、自力更生对自己的生命、生活的积极作用，是指人对于自身的意义和作用，也是人对自己需要的自我满足。这里的人，可以指个人、群体和人类。个人的自我价值是相对个人的社会价值而言的，是个人对于自身需要的满足。这种满足是在个人对社会作出贡献的基础上，然后通过

社会对个人的生存、发展提供物质保证和精神保证实现的。

换言之，自我价值是个人与社会关系的一个方面，是指在社会生活和社会活动中，社会对个人和自己对自己作为人的存在的一种肯定关系，这既是个人的自我关照，也是社会对个人的尊重和满足。

2. 人生的社会价值

人生的社会价值，是指一个人一生中所创造的物质和精神财富，对他人、集体、社会需要的满足程度，所以人生的社会价值的实质是个人对社会的意义、作用和贡献，是人对社会的价值的简称。个人的社会价值是个人与社会、他人的关系的一个重要方面。在人的社会价值中，价值关系的主体是社会，客体则是个人或群体。就个人来说，其价值表明的是个人的活动对于社会存在和发展所起的作用，因此，一个人的社会价值的大小，取决于个人对社会所做奉献的多少，也就是说从人的社会价值来讲，人的价值在于为社会提供财富的多少，表现在创造物质财富、精神财富和社会变革的作用上，表现在满足社会进步的需要和人民群众需要的程度上，表现在适应和满足社会存在和发展的要求上。

人是最宝贵的财富，是价值的创造者。因此，社会必须关心人、尊重人，保障人的基本的生存权益、保障人的安全等。离开个人的需要满足去强调个人的贡献，离开个人的发展谈社会的发展和进步是抽象的、片面的、非历史的。

生命对每个人来说只有一次，爱惜生命不仅是人的本能，也是人的基本权利之一。只有珍惜自己的生命，才能渴望未来的美好生活，实现自己的人生价值。所以，安全是实现人生自我价值和社会价值的保障。上升到观念，即安全观是实现人生价值观的基本保障。

四、生命价值是安全观的核心

安全观的历史演变告诉我们，安全围绕的主体与客体最终还是人命，所以生命价值应当是安全观的核心。在现实市场经济条件下，安全观的认定取决于安全的现实价值。在商品社会中，一切事物本身的价值决定了它的社会地位和存在，安全现实价值的高低决定了人们对安全的态度，所以安全价值观是安全观认定的现实基础，其主体内容是其社会价值和经济价值的实现过程。

1. 生命价值的形成过程

生命价值的形成过程就是人的能力开发和产生过程，就是把投资通过人的消费把工作或服务转化为人的能力的过程。生命价值的形成过程与个人的成长过程是统一的，是紧密结合在一起的。生命价值的形成过程就是人的年龄不断增长的过程，人的智力、体力不断发育成长，人的生命价值也就不断增加，最终在一定的年龄或年龄段形成并达到最大值，然后随着年龄的进一步增长开始逐步降低。

生命价值的形成是需要投资的，或者说是需要资本的，资本的来源主要是抚养人、国家社会或投资人。我们通常讲的抚养、人才培养、智力开发所花的费用就是为投资生命价值付出的成本。该成本的付出一方面是用来支付个人生活消费，消费场所主要是家庭、学校、医院等服务性场所，另一方面则是用来支付人从事生产、工作时所获得的报酬或收入，因为人们在工作过程中，同时也是知识、能力素质积累、充实、提高的过程，此时，伴随生命价值形成的过程更为重要。

2. 生命价值的内涵

生命价值涉及人怎样认识自身的价值，怎样实现自身的价值，怎样有意义地度过人的一生，这是一个既古老又年轻的话题。人类六七千年文明史就是人类对自身生命认识的历史。由于自然科学的发展程度和人类对自身认识的局限性等多种原因，长期以来，人们把自身的生命看成是一种“天命”，看成是大自然的一种必然。其实不然，生命不是无价的，而是有价的，生命价值的大小在于人自身，在于每一个人的生命活动对自身、对社会的满足程度。生命的内在价值诉求，除了健康价值和生态价值外，还有完成天命、善终天年的价值。对生命价值的哲学和伦理学方面的研究，对于人们清楚地认识自己、完全发挥生命的价值有重要的意义。

人的生命是人的生物性和社会性相统一的过程。从广义的角度来讲，人的生命价值具有自然属性和社会属性，人是自然存在与社会存在、肉体与精神的有机统一体，生命的价值就是一个人的生命对于作为主体的自身需要和作为主体的社会需要的满足。因此，可以从两个方面来把握生命的价值。一方面是生命的自我价值即生命活动对自身的存在和发展的满足；另一方面是生命的社会价值即生命存在对他人和社会的存在和发展的满足。也可以说，生命（人命）包括自然生命和社会生命两个方面的含义。

3. 生命价值的具体表现

生命价值从表面上看似乎和人的价值一致，其实有区别。第一，人的价值中的人是泛指的人，既可以是个体也可以是群体、社会甚至人类。而生命价值中的生命是指每个具体的个体人的生命存在。人的价值强调的是人的社会属性，而生命价值既强调人的社会属性又强调人的生物属性。第二，在于自我价值，人的自我价值是他人、社会对个人的需要的满足，是主体人向社会索取，而生命的自我价值，是自己的生命活动对自己的满足，即自满自足。

人的生命价值具体表现为：第一，生命存在的价值。这是指人的生命存在本身就是有价值的，人的生命存在价值也是最基本的人格价值。第二，生命延续的价值。从社会角度看，这是人类的繁衍发展。从个人角度看，这是寿命的延长对于个人创造和发展的意义。第三，超越生命的价值即牺牲的价值。牺牲不是对人的生命价值的否定，而是生命价值的升华、确证和增值。

生命价值的独特性决定了社会对生命的态度的高度慎重性，决定了不能以功利主义和契约主义对待利益的方式来看待生命。每个人都拥有生命权，它是人权理念的最高体现。人的生命是一次性的、不可逆的、无可补偿的、无价的，人对其生命只有自己才有决定与支配的权利。因此人既有权承受也有权拒绝自我牺牲，有权在必要时对自己的生命施予自救。但生命权的维护不应以牺牲他人性命为代价，也就是说不得以伤害他人的方式来拯救自己。

总之，在人生的一切价值中，生命价值是最基本的价值，其余一切价值都以生命价值得到确认为前提。因此，法治理论的终极出发点就是寻求一种能够最大限度保障每个人生命权利的社会秩序，由此主张规则下的自由，即一方面人人享有实现其生命权利的充分自由，另一方面不允许任何人侵犯他人的此种相同自由。

综上所述，生命的价值是人们对人的一生为自己和社会所创造的物质和精神财富的一种肯定，生命是人的价值的本源与起点，在一个普遍对生命冷漠的环境中，人是不可能有安全感的，无人能保证偶然的灾祸不会落到自己头上，而安全最主要的内涵就是“以人为本”，就是保障人的生命健康顺利延续，从而实现人的生命价值。因此，安全是围绕着生命价值而运动的，即生命价值是安全的核心，上升至观念范畴，也可以说，生命价值是安全观的核心。

第三节　安全观的演变过程

观古通今，只有找出安全观发展的历史规律，理顺安全观的发展脉络，才能树立与科学发展观相适应的安全观，进而建立具有鲜明时代特色的新型安全观。安全观的发展历程大致可以划分为以下四个阶段。

一、早期的安全宿命观

安全宿命观的产生由来已久，所谓的安全宿命观简单地说就是“听天由命”。这种安全观的产生在远古时期是很自然的，因为当时生产力低下，科技水平尚处在初始阶段，人们面对天灾人祸无能为力，表现出人们的一种无奈、无知和软弱，因而只能听天由命。

从历史过程来看，面对大自然，人的力量是有限的，所以无论到何时，人要顺应自然，才能是安全的。直到今天，中华民族仍然强调“天人合一”“无为而治”“以民为本”，这代表了中华民族早期的安全宿命观，其所构建的安全文化氛围具有典型的时代特点，但安全宿命观也不是一成不变的。安全宿命观并不只具有消极的一面，它的积极意义就在于它追求的是天人的和谐统一，强调的是人要适应自然，要遵循自然规律改造自然并突出了以人为本的核心理念。当然“宿命论”所强调的命运的决定支配作用或服从命运的主张并不能代表安全宿命观的主流，因为人们早就发现所谓命好的人也并非是事事都安全。

二、安全知命观

安全知命观里的“命”说的是天命。随着人类社会的发展，人们开始能够依据经验把握安全的特点和规律的认识。人们通过自己的实践活动，总结积累事故的经验教训，从而得出与某事相关联的命的好坏和安全活动的局部预知。

我国早在战国或秦汉时期，就出现了朴素的辩证的儒家作品《周易》。《周易》通过八卦形式（象征天、地、雷、风、水、火、山、泽）的自然现象，推测自然和社会变化，认为阴阳两种势力的相互作用是产生万物的根源，提出“刚柔相推，变化其中矣”等富有朴素的辩证论的安全活动预知观点。

到了欧洲工业革命时代，人类在生产活动中，又总结了农业、工业、工程技术和管理的相关安全经验，掌握了保护自身安全的技术、防护方法和措施，人们也就成了安全生产活动的有知者。

与早期的安全宿命观一样，安全知命观既具有时代特点，同时也不是一成不变。经验在不断总结，不断升华。经验是指导安全工作的宝贵财富，我们常说的吸取事故教训以指导安全工作就是安全知命观的具体体现。

三、系统论与安全系统观

系统论的理论与系统方法的提出和应用大大推动了安全系统论的发展，实践证明，这是处理复杂系统工程问题的好方法。一方面，任何事故不可能百分之百地重演，另一方面，某些从未发生过的事故也可能发生，所以凭经验预知事故并不能完全避免事故。

正当人们面对极端复杂的安全问题而一筹莫展的时候，系统论的提出及其在高端武器系统中的成功应用为安全工作者提供了非常重要的技术手段，解决了安全工作者凭经验不能完全解决的事故预测问题，并从此树立了事故是可以预知的这一科学的事故预测观。

系统安全观对安全认识的首要观点是认为事故的发生和发展是有规律的，是有先兆的，因而用科学的方法是可以预知的。从这一点上说，它已经摆脱了安全宿命观和安全知命观以命（天命）为主导的对天灾人祸因果关系的原始认知。

系统安全观是科学的哲学观，它对事故的预测是按照事故的特点和规律提出预测模型和解析结果。因为事故的发生具有随机性，所以目前事故预测结果大多是事故发生的概率大小。

四、大安全观

大安全观是指针对人类生活、生产、生存的各个领域，关注安全的综合性、共同性、普遍性、合作性等特点，对安全的内涵、目标和解决安全问题的手段所得出的安全问题总的认识。

大安全观的“大”包含“现代”和“全局观念”，从安全概念的动态发展可以看，大安全观是一个发展的新的安全观念。传统安全观的安全来自国家安全、社会安全、个人人身安全等内容。所以，大安全也可以称为人类安全，即以人为核心的安全，大安全关注的是所有给人造成不安全感的因素，是以人为核心的高度综合性的安全。大安全观是人们对不同时期安全问题的全新认识而产生的新安全观念。大安全观对国家、社会和环境等各个发展要素的全面关注大幅提升了安全问题在国家、区域发展中的地位，安全和发展也将作为两个同等重要、密切相关的部分，相互制约，相互促进，以保证社会发展的可持续性。大安全观的内容十分丰富，但其中“人的安全”之所以重要，是因为它既危及国家的安全，又引起社会的关注和干预。

从安全观的历史发展脉络中不难看出，安全观的建立过程不过是追求个人目的的人的活动而已。也就是说，安全观的建立离不开主体（人）有意识、有目的的实践活动。从客体角度来看，人的实践活动要受各种物质条件及其所构成的客观规律的制约；从主体角度来看，又具有主观能动性和选择性。因此，安全观的建立是客观因素与主观因素相互作用的结果。这就使得安全观的形式是多种多样的。但究其本质又是统一的，统一于人的价值活动。因此，只有坚持以人为本的核心理念，构建人与自然、社会与自然的和谐，才能不断完善对安全的认识，进而建立科学的、发展的新型安全观。

第四节　大安全观

一、大安全观的提出

目前，有关大安全观的提法可以归纳为以下四个方面：第一是把人文、科技、环境，或是把人类生活、生产、生存领域的安全问题归纳起来而提出的大安全观；第二是随着经济全球化、国家多边化、国际组织多样化而使国家国际安全注入了新的内涵而提出的大安全观；第三是提出了不仅只关注21世纪议程中的环保主题及自然灾害问题，而且应充分关注安全、减灾为一体的大安全观，即强调可持续发展战略的集安全、减灾、环保为一体的安全观；第四是提出“公共安全”的大安全观。因为“公共安全问题”涉及社会一切领域，是社会公众及各行各业生存和发展的前提和基础。随着社会的发展，许多传统的技术性安全问题社会化倾向日趋明显，越来越多地演化为社会问题，使得现代安全问题纷繁复杂。小到社会中的违法犯罪问题，大到民族冲突、宗教冲突、文化冲突、地区冲突，甚至国家冲突使安全问题的程度提升到国际层面。大安全观不仅包括传统的劳动保护和职业卫生，还有现代科技和文化的全部内容，突出以质量、安全、环保、减灾、保险等保障技术为一体的科学精神及世界观、方法论。

大安全观的提出，是当今社会发展的必然产物，也是安全科学发展的重要阶段。大安全观的提出不只是内涵的扩充或范围的外延，更重要的是安全科学平台的提升和对安全问题达成的最广泛的共识和认定。大安全观是在以下四个背景下提出的。

1. 树立科学大安全观

树立科学大安全观具有深刻的时代背景。随着科技进步、社会发展和人们对安全认识能力的提高，就需要扩展对安全认识的视野，就需要把安全的探索和认识拓展到人类生产、生活、生存的领域，这是时代的变革对人们认识安全的要求。要适应这种转变，最根本、最关键的是树立科学大安全观，而科学大安全观又取决于大众安全文化意识的深化和崭新的安全价值观念的形成。

在当今社会发展中，人类遇到影响人类生存、生产和生活的安全问题，如能源、生态环境、健康和自然灾害、社会性灾害以及两者的结合性灾害等，就是现实意义上的大安全问题，也就是大安全科学应当进行研究的对象。寻究这些问题的发生原因，不难看出它们并不是简单的一个学科或技术就能够解决的，而且科学技术迅速发展促进了多种学科和新兴领域相继涌现，不断产生新的交叉点和生长点，如核技术的安全、网络技术、克隆技术、基因重组所产生的系列伦理问题等，都给安全领域带来了新的课题与挑战，即前面已经提及的安全科学是自然科学、社会科学、技术科学的交叉，它已经形成由各个部门、研究领域合作共同解决的态势，由此必须树立科学的大安全观。

从科技发展的持续性、整体性、协调性以及创新性的角度上来评价这些问题，发现传统安全观越来越无法与之相适应，所以，以大安全观为认识背景来研究安全学是正确理解和解决人类生存、生产、生活安全问题的基础。

2. 安全文化体系的构建需要大安全观的指导

安全文化是随着社会发展而发展的。在经济快速发展的社会中，人们生活的需求越来越广，人们为了更好地生存、生活，安全就成为第一需要。狭义的安全文化观已不适应社会发展需要。这就要求我们把倡导大安全观作为安全文化建设的主旋律，以安全文化的大视野、多领域、不同角度去反映大众的安全与健康问题，通过各种方式和途径，弘扬和倡导大安全观，把劳动者生活、生存和在生产中的安全问题引导为对安全文化的认识，大力宣传安全观、安全思维、安全意识，传播科学的防灾减灾避险方法和技能，提高全民族、全社会的安全文化意识和素质。

3. 大安全观是构建质量、环境、职业健康安全管理体系一体化的理论基础

随着 ISO 9000（质量管理与保证体系系列标准）、ISO 14000（环境管理体系系列标准）与 OHSAS 18000（职业安全与健康管理标准）的相继出台，大大地推进了现代企业管理改革步伐。但在实践中，从不同的角度都发现了三者的个性和共性的差异及要素的交叉、重叠问题，因此寻求和探讨设计一个新的构架来保证大众的安全与健康，并形成一体化标准成为当务之急。这种需要，使得必须为安全、质量以及环保构建一个共同的理论基础，而这个理论基础正是大安全观。

4. 国际安全、国家安全、社会安全的紧密相关是大安全观产生的必然

现代人类社会的不断融合与一体化促使了国家与国家之间的安全问题、国家本身的安全问题、社会安全问题的交叉与紧密相关。就经济安全来说，经济安全涉及国际、国家、社会安全的全部内容。经济安全之所以越来越成为世界各国所关注的主题，原因主要包括以下三个方面。

（1）国际竞争的重点转向了经济。冷战以后，国家之间竞争的重点由军事竞争转向综合国力的竞争。经济和科技是综合国力中的决定性因素。一个国家要想在综合国力较量中取得优势，必须集中精力和资源发展本国经济，不断增强经济实力，而经济发展的首要条件或者说基本前提是确保安全的经济环境。21 世纪初，

经济安全成为国际社会关注的核心。早在1994年，美国在国家安全战略报告中就将“经济安全”确定为国家安全战略的三大目标之一，并在后来的国家安全战略报告中，一再重申经济安全的核心地位。日本、俄罗斯等世界众多国家也将经济安全视为国家安全战略的重中之重。

（2）维护经济安全的难度比维护其他安全的难度大。经济安全涉及面广，内容复杂，其中主要有金融安全、产业安全、贸易安全、生态环境安全、技术安全和信息安全等。这些领域不确定性大，动态性强，维护难度大。例如，一个国家信息技术落后、信息权意识淡薄就会造成对别国的信息依赖，这样不仅可能造成经济利益的损失，而且会给国家的信息安全和整个经济安全带来严重隐患。

（3）经济不安全将导致严重后果。当代经济的核心是金融，经济安全的核心是金融安全。随着经济全球化向深度发展，全球化的客观需要与现行国际金融体系的矛盾将进一步加深，发生金融危机的可能性加大，而且，经济全球化的程度越高，金融危机的破坏性就越大。在经济全球化时代，一个国家或地区发生金融危机，就会产生多米诺骨牌效应，殃及其他国家或地区。经济不安全不仅造成经济利益的重大损失，而且引起社会动荡，威胁国家的政治安全、军事安全。经济不安全对国家安全的威胁是直接的、全面的，往往会引起不良的连锁反应。

综上所述，这三者之间的紧密相关，都体现了安全的综合性、共同性、普遍性、合作性等特点，这就使得大安全观的产生成为必然，人类社会应当以大安全观的视野来解决这些大安全问题。

二、大安全观的发展阶段

人类生存伴随着安全问题存在，而人们对安全的认识，从原始、本能、无知的条件反射，逐渐发展到局部有知、系统有知的阶段，经历了数十万年的漫长岁月。在安全科学技术的发展过程中，人们总是在不断探索、发现和认识安全及灾害的规律。安全工作者从不同的角度出发，对安全科学提出了许多有见解的定义，这些对安全科学的定义伴随着人们对安全科学研究对象的变化，也就伴随着人们安全观念的变化，即人们对安全科学的认识的不断深化，就是安全观提升的过程。

1. “技术安全”是大安全观发展的萌芽阶段

德国科学家库尔曼认为：“安全科学是研究技术应用中可能产生的安全问题。它既不涉及军事或社会意义的安全或保安，也不研究与疾病有关的安全。安全科学的最终目的是将应用现代技术所产生的任何损害后果控制在绝对的最低限度内，或者至少使其保持在可容许的限度内。为实现这个目标，安全科学的特定功能是获取及总结有关知识，并将有关发现和获得的知识引入安全工程中来。这些知识包括应用技术系统的安全状况和安全设计，以及预防技术系统内固有危险的各种可能性。简言之，安全科学是研究安全问题的学说。揭示事故、事故的原因与后果以及它们的发生概率之间特有的相互关系是十分必要的。如果没有安全科学，就认识不到这些相互关系。安全科学必须认清自己的责任是尽其所能回答公众提出的技术安全问题，并且尽力满足预防技术灾害（hazards of technology）的社会要求。”

受这种“技术安全”为核心的安全观的影响，我国很长时间认为安全科学研究的中心是劳动保护，虽然后来又提出生产安全并且包括工业卫生（职业病）是安全科学研究对象这一观念，但基本上没有脱离“技术安全”这一狭义安全观范畴。这一安全观是大安全观发展的萌芽阶段。

2. 以“安全工程”与“职业安全与健康”为中心的安全观是大安全观的初步形成阶段

如果说劳动保护主要是指人的劳动安全（身心安全），那么安全工程的定义就不只是人的安全，还应该包括财产安全，安全观念再次得到扩展与延伸。与此同时，与这类安全相关因素的界定首次提出“人—机—环”的模式，从而使安全科学研究对象以系统的面貌出现，即以系统理论和方法进行结构和运行机制的探索性研究。如“安全科学是研究人、技术和环境之间的关系，以建立这三者的平衡共生态为目的”“安全科学是研究生产中人—机—环系统，实现本质安全化及进行随机安全控制的技术和管理方法的工程学”的安全观，以及由此出现的安全系统工程、安全人机工程、安全管理工程等。

3. 以“自然的、社会的、与人有关的安全问题”为核心的安全观是大安全观的发展阶段

随着交叉科学的发展和大安全观的提出和确立，国际和国家政治、经济、军事的变革，大自然的变化和人们对其认识的深化，安全科学要体现研究对象的全面性，人们提出安全科学的研究对象应该是人类的生活、生存、生产领域的安全问题。安全科学的研究对象是自然的、社会的、与人有关的安全问题，或者说是与天灾人祸有关的安全问题，这一界定实际上是大安全观提出的象征。大安全观揭示了安全科学研究的领域应当是所有与人的安全有关的问题，其界定的范围是社会安全、安全工程与灾害的有机结合。大安全观界定下的安全科学方法提出大安全科学不是要刻意来包含、替代或者覆盖安全领域或者其他学科有关安全问题，也不是人为地把各个领域的安全问题拼凑在一起的主观意念，而是以大安全的面貌来研究人类生活、生产、生存的各个领域，关注安全的综合性、共同性、普遍性、合作性等

特点，研究各个领域各个方面安全问题的共同规律性的东西，探究它们相互影响的关联度。

三、大安全观的内涵

基于“技术安全”安全观、“安全工程”与“职业安全与健康”安全观发展起来的大安全观的内涵主要体现在安全概念的深化、延伸和安全问题时空的扩展。

1. 安全概念的深化、延伸与综合

大安全观的形成与提出是安全概念不断深化、延伸、扩充的过程。当前，安全问题发生领域呈现出以生产为主的生产领域向生活领域不断扩展的特征。

人类社会之初，人们面临的最主要的安全问题是饥饿、疾病、野兽的侵袭和自然灾害，对安全概念的认识只是“人命”，也就是安全即保命，只要生命不受伤害就意味着安全。

随着社会生产力的提高，由这些纯粹自然性破坏因素造成的安全问题越来越少。进入文明时期以后，人类社会长期处于农业社会，生产方式和生活方式单一。随着生产力的发展特别是工业革命的到来，安全问题不再简单围绕衣食住行的狭窄领域发生，而是大大延伸，特别是向生产领域渗透。这一阶段，人们对安全的认识不仅仅只是自然生命的存在，还有更多涉及科学技术所带来的安全问题，即技术安全。人们对于人命安全的理解进一步深化，一切由科学技术所带来的对人的生命存在以及生命健康的安全问题都属于安全的范畴。

随着社会的发展、可持续发展思想和理念的提出，安全问题并不就是单纯地对于生命以及生命健康、技术和工程生产对于人类的其他方面如环境等方面造成的一系列灾害和威胁，其也成为人们认识安全的一部分，这时便出现了环境安全、生态安全等，特别是恐怖活动的猖獗，安全问题进一步社会化、普遍化，安全问题已经超出了原有的范围，这种安全不再仅仅包括生产技术的安全、工程安全等围绕人的安全问题，同时还包括公共安全、国家安全、金融安全、自然灾害等方面，安全概念的外延再一次得到充实和延伸。

2. 时空的延伸

（1）时间历史的延伸。在进入工业化之前，人们对于安全的认识只是对其肤浅层面上的理解。

进入工业化时代，安全观的实质是生产活动中的事故。19 世纪末英国、德国等早期工业发达国家鉴于工业生产中火灾、爆炸事故带来的巨大损失，建立了工厂安全法规，成立了相应的保险机构。1858 年英国成立了蒸汽锅炉保险公司，1885

年德国成立了工伤事故保险协会，开创了有组织的安全保障活动。这时人们对于安全的理解是生产安全对于物质财富的减少或损失所带来的影响的考量。而随着人权立法等的深入人心，英国、美国、日本等工业发达国家成立了安全专业机构，形成了安全科学研究群体，研究工业生产中的事故预防技术和方法。1906 年美国联合钢铁公司提出了“安全第一”的口号，首次指出了安全与生产的关系，通过开展群众性的安全活动，1911 年美国成立了安全工程师学会，1913 年美国成立了国家安全委员会。1916 年英国成立了伦敦安全第一协会；1917 年加拿大成立了工业事故预防协会。同年，日本成立了安全第一协会并发行了《安全第一》杂志。一部分专家学者如海因利希、格林伍德开始研究事故致因理论，其中海因利希法则和事故原因学说，确定了伤害的概率和事故规律的概念，认为事故的发生是可以预测和预防的，首次用科学方法从事故统计中揭示了事故规律，事故模式理论初步形成，被认为是 20 世纪安全科学研究的先驱。

第二次世界大战后，随着新型武器装备、航空航天技术和核能技术的发展，工业生产的大型化和现代化，以及重大工业事故的不断发生，各领域中的安全技术得到广泛关注，同时，系统论、控制论、信息论的发展和应用促进了安全系统分析和安全技术的发展。这一时期发展了系统安全分析方法和安全评价方法。随着系统安全分析方法和安全工程学的广泛应用和发展，人们逐渐认识到局部安全的缺陷，从多学科分散研究各领域的安全技术问题发展到系统地综合研究安全基本原理和方法，从一般安全工程技术应用研究，提高到安全科学理论研究，逐步建立了安全科学的学科体系，发展了本质安全、过程控制、人的行为控制等事故控制理论和方法，此时人们在考究安全问题的时候，已经将工业生产的事故或污染对人类疾病的影响纳入研究范围中。

20 世纪末期，随着可持续发展思想的深入人心，人们开始将安全问题不仅仅局限在所谓的生产安全及其对人类健康的影响研究中，而是开始考虑安全问题所带来的一系列的其他生活问题，如由安全问题引起的环境问题等，安全作为一门交叉学科开始渐渐确立。

经历了恐怖袭击活动的迫害与挑战，安全问题的存在就不再是此前所说的仅仅是生产安全、生存安全，还应包括生活安全，社会公共安全成为研究的热点，而灾害所导致的威胁也渐渐被人们接受为安全问题的一个方面，由此产生了防灾减灾学科。但是这里所说的灾害不只是天灾，也包括人祸。天灾人祸越来越显现出交织在一起的特点，这就使得传统的安全观受到前所未有的挑战，由此，大安全观悄然形成。

（2）空间的扩展。空间的扩展主要体现在安全问题的普遍性、综合性进一步得到加强。传统安全问题只不过是某个学科或者某个行业存在的安全问题，采用本学科或者本行业的技术就能够解决这一类问题。随着社会经济的不断发展，人类文明的不断进步，交叉学科的不断出现和形成，不同领域的安全问题以及不同方面的利益交织在一起，同时安全问题在生存、生活、生产中随时可见。

安全问题越来越具有综合性。首先，安全防护对象具有综合性，它在总体上是国家、社会、经济和环境这些高度关联的安全防护目标的综合。随着安全防护对象由生产安全转为兼顾经济、社会和环境等人类生产、生存、生活安全，从视安全为威胁到视其为风险就意味着，考量一个安全问题不仅看它对人类造成什么样的伤害，还要看它让人类错过了什么样的发展机会。安全的立体空间的扩展体现得更加明显。安全防护的目的不仅是为了维护人类的生存，还为了维护人类的健康、尊严和自由，而且这里的自由不仅包括远离威胁的自由，还包括满足人类需求的自由。

其次，安全问题的解决越来越需要多方参与、合作与联合行动。由于安全问题越来越复杂，越来越综合，任何安全问题需要的是各个学科或行业之间的技术联合，任何安全处理单元（部门、国家或地区）要解决各自层次上的安全问题，必须与其他层次的单元联合，多方参与，同防共治，才能从根本上解决。

再次，安全问题在空间的广度上发生了重要变化。有些安全问题正日益跨越国界、地区界限，呈现出全球性、跨地区性的特点。而涉及结构性、体制性的安全问题，常常有几十年甚至上百年的潜伏期，因此，部分安全问题具有超长期性。

最后，安全问题在空间范围内具有高度相关性，如江河流域下游水灾与上游水土流失的相关性；再就是安全问题在时间范围内也具有高度相关性，如 1997 年的亚洲金融危机。

总之，大安全也可以称为人类安全，即以人为核心的安全。大安全关注的是所有给人造成不安全感的因素，是以人为核心的高度综合性的安全，所以研究安全的共性问题是必然的。

当然，安全观的建立离不开主体——人的有意识、有目的的实践活动。人的实践活动从客体看要受各种物质条件及其所构成的客观规律的制约，从主体来看又具有主观能动性和选择性。因此，安全观的建立包含着客观因素与主观因素相互作用的内容。这就使得安全观的形式是多种多样的。从这一点上来说，这些安全观本质又是统一的，统一于人的价值活动。也就是说，大安全观是安全价值与历史观的统一，是价值与发展内在作用的必然结果。

大安全观对生产、生活与生存等各个发展要素的全面关注，大幅提升了安全问题在国家、区域发展中的地位，安全和发展将作为整个社会的两个同等重要、紧密相关的部分，相互制约，相互促进，以保证社会发展的可持续性。

第五节　安全价值观及安全价值

安全观作为一种观念时，其价值所在以上已经论及。那么安全观作为一种受世界观主导的观念，其核心理念是什么？安全观的发展历史告诉我们，安全围绕的主体与客体最终还是生命，所以生命价值应当是安全观的核心。在现实市场经济条件下，安全观的认定取决于安全的现实价值。在商品社会中，一切事物本身的价值决定了它的社会地位和存在，安全现实价值的高低决定了人们对安全的态度，所以安全价值观是安全观认定的现实基础，其主体在于其社会价值和经济价值。

一、安全价值观

安全价值观是人们对安全是否有价值及价值大小的认识和评定。一切事物本身的价值的有无及大小，决定了它的存在地位和必要性。显然，安全价值观是安全观的重要组成部分，同时也是安全观确定的基础。安全在人们生产、生活、生存中的地位和作用虽然很重要，但对其到底有多大价值，尚难以准确计算。由于没有价值指标，在商品经济时代，以经济效益为中心的生产活动中安全的地位就经常遇到挑战。特别是在人们遇到伤亡事故，造成严重的经济损失，影响生产、生存、生活的质量时，才意识到安全的重要和价值。

二、安全价值及其特点

安全价值作为安全经济学的重要组成部分，与安全经济学本身一样仍处在探索阶段。一般可以把它的定义概括为：安全价值是一种运用价值工程的理论和方法，依靠集体智慧和有组织的活动，通过对某些安全措施进行安全功能分析，力图用最低的安全寿命周期投资，实现必要的安全功能，从而提高安全价值的安全技术经济方法。

安全价值的研究，特别是对于生产领域里的安全价值研究，可以加深企业对于安全经济效益的认识，确保安全生产质量，防止和减少生产安全事故的发生，保障人民群众生命和财产安全，是人民群众的根本利益所在，直接关系到社会的稳定和企业的发展。安全是效益，安全也是服务，是构建社会主义和谐社会的一项基本工作，是坚持和落实科学发展观的具体表现。所以，我们在讨论安全观的时候，有必要对安全价值观的主体作一下简要的讨论。安全价值的特点表现在以下几个方面。

1. 公共性

安全可以产生社会效益，如社会稳定、国民健康水平、国际竞争力等。如果企业做到生产安全，维护职工健康，社会的不稳定因素无疑会大大减少，劳动者的健康水平同样会大幅度提高；如果产品自身本质安全性好，必定具有极强的市场竞争力。

2. 非交换性

安全不是用来投放市场进行交换的。安全是一种实际存在的、不能用质量和实体进行衡量的产品，但通过安全的横向分析，可以清楚地看到安全是通过劳动、技术、投资共同作用所带来的一种产品。它不进入流通领域，不能在市场中交换，无市场价值，因此，社会上就存在安全无价的说法。安全享用者（消费者）不愿一个人支付得到安全所需要的费用而让别人来享用（消费）。由于安全无市场价值的特性，促使许多学者去研究新的方法，以计算安全的经济效益。

3. 安全价值的隐性与显性

国家制定的有关安全标准与职工满意度和职工工作（作业）效率是一个联动的关系。一个负责任的企业达到国家制定的安全生产标准，这本身就是自身价值的体现，国家予以肯定。职工对于自身工作环境的满意会促使其对企业领导、管理、团队以及发展前景有一个高度的评价，对自己的未来有自信，工作中投入极大的热情，企业就会充满了生命力，这就是安全的显性价值。安全的作用在于结合生产的特点，控制生产过程中危害的产生，使生产过程中的人、机、环境免遭损害。安全的隐性价值就是通过避免危害人、机、环境的价值来体现，但绝不是机械地等同。安全这种价值不是直接地、容易觉察地、物态地、可量化地来体现。安全的隐性价值另一个表现方面是在社会的关联影响上，安全的社会价值不可估量，劳动者个体生命健康得到保障，家庭才会获得幸福，社会才会安宁稳定，其国际影响更将深远。对于企业自身来说，可以提高其综合竞争力。

三、安全社会价值及其评价方法

安全的社会价值主要体现在安全的社会效应上，一个安全舒适的生活条件，一个优美、安全的生活环境，一个安全的工作，一次安全的旅行，一个和平、和谐、安定的世界等，总之，在一个安全的社会中，人们的心情、感觉是不一样的。在安全环境里，人们就能够真正做到健康、舒适、长寿、事业有成，这种社会效应是无法用金钱来衡量的。

从生产的角度来讲，一个企业的安全状况好，不但企业受益，而且会对其他企业产生良好的影响。一个事故多发的企业不但威胁着邻近企业的安全，而且会使同类型企业或同专业企业感到恐慌。多数生产企业安全状况良好，就会形成良好的生产氛围，人们在这样的环境中工作才有安全感，这就会为生产发展创造良好条件，由此所产生的价值虽然不易计算，但其影响是客观存在的。

在市场经济中，企业之间的竞争靠的是好的产品，其中产品的安全性好坏是最重要的指标之一，因为这不仅关系到产品能否畅销，能否产生效益，更重要的是它将影响到使用者的安全，特别是某些产品，如家用电器、药剂等的安全关系到人的生命，所以产品安全从正反两个方面影响着社会的安定。

随着经济的发展，人们的生活水平在不断提高，人们在追求生活舒适的同时，也注重生活质量。所谓生活质量的高低，其中很重要的一个基础条件就是安全，这里所说的生活安全包含着健康、舒适、生命安全以及远离精神压力的困扰，生活安全在现代人类发展中的地位越来越重要。

生存领域安全既是安全科学研究的热点，也与环境科学发展紧密相关。生存领域安全是人类与自然和谐共处的大课题，关系到人类的生存与发展。显而易见，一个稳定的社会与一个安全的生存环境是密不可分的。

生产安全、产品安全、生活安全是社会安全的基础，是社会具有良好秩序、和谐、繁荣昌盛的必要条件，所以，没有了安全的社会也就不会有社会的存在。安全的社会价值归纳起来可以通过以下五个方面来进行评价。

1. 安全的战略价值

大多数的安全工作或安全方针具有长远的战略意义，不是一时一地的临时措施。一个企业、组织、国家乃至国际社会的安全目标可以随具体环境、条件的变化而变化，但是安全战略目标却要保持相对的稳定，在相当长的时间里是不会发生改变的。

我国将安全生产纳入“十一五”规划目标体系以来，一直坚持“安全发展”的原则，为安全生产提供了更广阔、更坚实的战略依托。安全生产的目标任务更加明确。安全生产的实现途径更加科学。安全生产的方针内涵更加全面。安全生产的保障措施更加有力。这些必将更加有力地促进安全生产的稳定好转，维护国家安全和社会稳定，保障人民群众安居乐业。从根本上解决我国的安全生产问题，是一项长期而艰巨的任务。“十四五”规划把安全问题摆在非常突出的位置，强调要把安全发展贯穿国家发展各领域和全过程。如果安全这个基础不牢，发展的大厦就会地动山摇。宏观经济方面要防止大起大落，资本市场上要防止外资大进大出，粮食、能源、重要资源上要确保供给安全，要确保产业链供应链稳定安全，要防止资本无序扩张、野蛮生长，还要确保生态环境安全，坚决抓好安全生产。在社会领域，要防止大规模失业风险，加强公共卫生安全，有效化解各类群体性事件。要加强保障国家安全的制度性建设，借鉴其他国家经验，研究如何设置必要的“玻璃门”，在不同阶段加不同的锁，有效处理各类涉及国家安全的问题。

科学发展观认为科学发展首先应当是安全发展。作为一个发展战略，安全发展强调的是以人为本，应当既包括生产安全，又包括防灾减灾、卫生防疫和社会安全等相关方面，广义的安全发展还应当延伸到经济安全甚至国家安全。

但保障人民群众的生命财产安全，始终是安全发展的核心内容和基本任务。作为科学发展观理论体系的组成部分，安全发展与节约发展、清洁发展以及可持续发展，主要是回答和解决经济社会发展应当遵循的方针原则、方法途径、基本政策、目标任务等重大战略问题。发展是硬道理。发展应当具有持久和后续能力，不能以浪费资源、破坏环境、损害劳动者的生命安全和身体健康为代价，来换取短期的、局部的经济发展。“以人为本”首先要以人的生命为本，科学发展首先要安全发展，和谐社会首先要关爱生命。作为一个发展战略概念，安全发展强调经济发展和社会进步必须以安全为前提和保障，把国民经济和区域经济、各个行业、各类企业的发展，建立在安全保障能力不断提高、劳动者生命安全和身体健康得到切实保证的基础上，使安全与经济社会发展水平相适应。坚持安全发展，就是要更加重视安全生产，并真正放到国民经济和区域经济、各个行业、各类企业发展的重要战略位置上来，促进安全与经济建设、产业结构调整优化、企业效益和市场竞争能力等的同步提高。

2. 安全的信誉价值

安全信誉是指某些企业由于安全状况良好，在客户中享有良好的信誉，在竞争中处于有利的地位，因而能够在同行业中获得高于平均收益率的能力。安全在这里起到了无形资产的作用，它能够增加企业的收益。安全的信誉价值主要体现在以下两个方面。

（1）安全信誉对企业商誉的重大影响。企业商誉是指企业由于各种有利条件或历史悠久，积累了丰富的从事本行业的经验，或产品质量优异、安全状况良好，或组织得当、服务周到，以及生产经营效率较高等综合性因素，使企业在同行业中处于较为优越的地位，因而在客户中享有良好的信誉，从而具有获得超额收益的能力。也就是说，商誉是企业在可确指的各类资产基础上，所能获得的高于正常投资报酬能力所形成的价值，是企业的无形资产。企业商誉模块组成如图 3-1 所示。

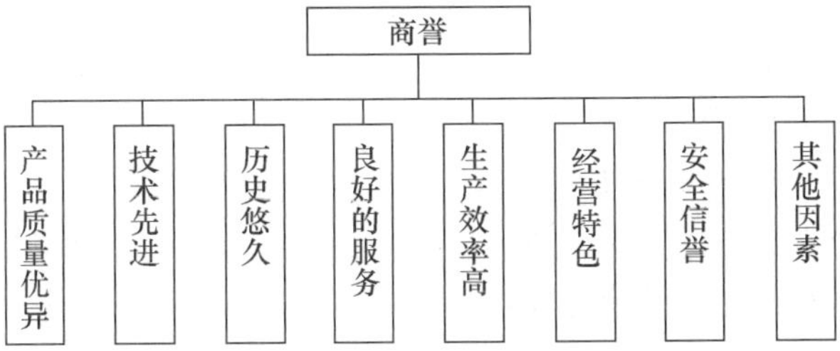

图 3-1　企业商誉模块

由图 3-1 可见，安全信誉是企业商誉的重要组成部分。一个具备良好商誉的企业必定是一个安全状况良好的企业，否则，它不可能在竞争中处于有利的位置，更不可能在同行业中获得高于平均收益率的利润。不同行业的安全信誉在其商业信誉中所占的比重不同，一些特殊的行业，如交通运输（包括民航、水运、公路等）、建筑工程、矿山、石油化工、旅游等行业，安全状况对于企业建立良好的商业信誉具有重大的影响。

既然安全为企业获得高于同行业平均收益率提供了保障，企业良好的商业信誉离不开安全这一后盾，那么安全这一无形资产对于企业商誉的树立和维护就至关重要。换句话说，一旦企业发生安全事故，企业的商誉就会受到很大的影响，甚至于企业积累了多年的良好信誉也会毁于一旦。而一旦企业因为安全事故失去了原有的良好信誉，要想有朝一日在同行中重整雄风，其所花费的代价就要比原来大得多。所以，安全在企业商誉的创建和维护中起到了增加企业收益（增值）的作用。

（2）安全信誉对企业竞争力的显著影响。20 世纪 90 年代以来，在经济全球化的大背景下，国际上出现了职业安全健康标准一体化的倾向。美、欧等工业化国家认为由于发展中国家在劳动条件改善方面投入不够而使生产成本降低所造成的“不公平”是不能接受的，并已开始采取协调一致的行动对发展中国家施加压力和采取限制行为。加入 WTO 后，中国经济的发展进入一个更快的阶段，而作为社会进步重要标志之一的安全生产却滞后于经济建设的步伐。在 2001 年中国上海举行的安全生产论坛就提出，经济全球化必然导致安全生产标准、规范的全球一体化，经济贸易问题无法与社会问题分开，落后的安全生产工作将对参加国际经济活动产生不良影响是显而易见的。

3. 安全的环境价值

安全的环境价值主要包括两个方面的内容：一是安全环境对于技术效能发挥的保障作用，二是企业对外部环境污染物排放量的减少和避免事故状态下对外部环境的破坏，为社会提供一个安全健康美好的环境。

第一，安全环境对于技术效能发挥的保障作用是指良好的安全条件对于生产设备或技术功能发挥的保障作用。劳动环境的好坏，是导致伤亡事故发生与否的重要因素之一。安全与卫生所起的最大作用并不在于降低事故所造成的直接或间接损失，而在于营造企业内部员工们的友好气氛和保持高昂的工作热情。为员工提供一个舒适安全的劳动环境，不但可以减少伤亡事故，而且可以提高员工对工作的满意度，增加企业凝聚力。利用现代科学技术，优化劳动环境，改善劳动环境中的各种危险有害因素，使之有利于劳动者的身心健康，使人—机—环构成最优系统，可以保证劳动者健康、舒适、愉悦和高效率地工作，极大地提高工作效果。此外，一个好的事故和疾病预防计划，能够密切和改善管理部门与员工的关系。

第二，安全的环境价值体现在企业污染物排放的减少和避免事故状态下对外部环境造成的破坏。污染是社会生产所产生的一种令人不快的副产品，要清除它们会给企业带来一定的经济负担，企业基本不存在减少污染的自觉，因为企业不可能向那些从污染减少中得益的其他企业或个人索取报酬。但是，如果从整个社会的角度来看，则其利益是明显的，它既能维护良好环境带来的有形的资源价值，也能维护良好环境带来的无形的生态价值。

4. 安全的社会稳定价值

职业安全健康状况是国家经济发展和社会文明程度的反映。使所有劳动者具有安全与健康保障的工作环境和条件，既是社会协调、安全、文明、健康发展的基础，也是保持社会安定团结和经济持续、快速、健康发展的重要条件，这与当前所倡导的建立和谐社会的目标是一致的。如果企业安全生产工作不好，经常发生工伤事故，职业病得不到控制，这对人民群众的生命健康，对社会的协调发展必将产生极大的损害与威胁，由此可能导致劳动者对企业的发展方向、改革的目标产生疑虑。当这些问题积累到一定程度或突然发生重大事故时，就有可能成为影响社会稳定的因素之一。

5. 安全的生命健康价值

事故的发生常常伴随人员的伤亡，不良的劳动环境往往给员工造成严重的职业伤害。世界卫生组织提出改善人类生命的三个阶段为生命的准备阶段（0~18 岁）、生命的保护阶段（18~60 岁）、晚年生命阶段（60 岁以上），其中保护职业人群的生命质量是最重要的。由于事故伤亡和职业病受害人员多数为青壮年，他们大多是家庭经济来源的主要提供者，因此，工伤事故不仅对遇难者本人造成损害，往往对一个和几个家庭形成灾难，甚至对一代或几代人的生活造成经济和心理上的重大损失，同时也是造成社会贫困人群的主要因素之一。

发生事故或职业危害后，因工死亡者的生命结束了，伤残者、职业病患者的生活质量大打折扣。从遭遇事故个人的角度来看，如果这种伤害妨碍了受害者的事业或工作，则会直接影响其收入。由事故所造成的永久性苦恼，如肢体残缺、失明、疤痕或毁容、智力衰退等，可能缩短寿命，并使身心遭受折磨。受害者为调整生活必然要进一步增加支出，家属为照顾受害者不得不放弃工作，可能造成家庭经济困难。家庭中其他人员由于遭受打击而变得焦虑不安，影响他们的前途，尤其是对家庭中的未成年成员而言，这种影响更大。

四、安全经济价值及其评价方法

由于安全系统具有灰色系统的特点，所以安全经济价值特别是市场经济价值也具有确定性与不确定性、滞后性和反直观性等特点。所谓既有确定性又具有不确定性，是指有确定性的安全投入，必有一定安全价值的回报，不确定性是指安全投入的效益具有不可预知性、滞后性、远期性，或难以量化计算；远期性是指从表面上看安全投入不会立竿见影，但长期效果或长远来看效果是显而易见的；反直观性是指安全投入所产生的间接经济效果，即所谓的不确定性的延伸。

为了说明安全经济价值，人们常从事故造成的经济损失角度说明，认为避免或减少这些损失所做的经济投入是必要的。根据联合国有关资料统计显示，世界各国平均每年的事故经济损失约占国民生产总值（GNP）的2.5%，而预防事故和应急救援措施的投入约占3.5%，合计为GNP的6%。如果没有预防事故与应急救援措施的投入，事故发生率及事故损失将会提高多少，目前尚无可信的统计数据。重大事故及其后果是一项影响经济社会可持续发展的主要阻力之一，不仅造成重大经济损失，同时还损害工业健康良性的形象，而且造成日益突出的社会矛盾。目前，在煤矿、化工、建材等系统已经普遍出现人才引进困难、后续人力资源疲软以及人才外流的现象。这些现象与数据都在一定的程度上说明了安全的经济价值。

安全经济价值是安全价值的一个重要的主体部分。在当前市场经济的背景下，安全所带来的经济效益引起了人们对安全的经济价值的广泛关注。物质经济价值不但是安全价值的重要表现，而且它作为安全其他价值的前提和基础而存在，对于安全哲学的研究具有重要的意义。

1. 安全经济价值的本质与依据

安全经济价值研究的关键是建立在何种价值理论的基础之上。不同的价值理论对安全价值问题有不同的阐述。从经济学的角度，目前主要有劳动价值论、效用价值论等。而这些理论也为安全的经济价值提供了理论依据。

（1）基于劳动价值论的安全价值观。劳动价值论是西方古典经济学和马克思主义经济学的一项伟大成果，论述了使用价值和交换价值之间存在的对立统一关系，首创了劳动二重性理论，其指出，价值与使用价值共处于同一商品体内，使用价值是价值的物质承担者，离开使用价值，价值就不存在了；使用价值是商品的自然属性，它是由具体劳动创造的，价值是商品的社会属性，它是由抽象劳动创造的；价值只是无差别的人类劳动的单纯凝结，是抽象人类劳动的体现或物化。在此基础上，马克思还论述了价值转化为价格的转形理论。马克思认为，生产价格是由市场价值转换而来的，是价值的转换形式。运用马克思的劳动价值论来考察安全价值，关键在安全这一状态中是否凝集着人类的劳动。

在人类社会早期，自然（天然状态）的安全不是人类创造的劳动产品，没有人类的劳动，因而没有价值。如果安全本身不是人类劳动的产品，那么它就不会把任何价值转给产品。它的作用只是形成使用价值，而不形成交换价值，与一切未经人的协助就天然存在的生产资料一样，自然态的安全不具有价值。但随着社会的发展，在生产、生活中人类所面临的安全危机日益严重，自然的安全早已满足不了人类生产、生活的需要，人们必须投入一定的劳动来营造安全的状态，只有在安全的状态下，人们才能劳动、生产、创造，安全价值就是人们为使社会经济、文化的发展处于良性平衡状态所付出的社会必要劳动。因此，从价值补偿的角度来看，安全不再只是自然之物，它包含了人类劳动，所以安全具有价值。

虽然传统的劳动价值论尚不能完全解释安全的价值内涵，但该理论中“若被占有者用以换取货币，诚然也就使其取得了商品的形式，因而在形式上有一个价格”，这一关于非商品物的论述，对于安全为非劳动产品层面上的价值研究来说具有借鉴意义。

（2）基于效用价值论的安全价值观。效用价值论是从物品满足人的欲望能力或人对物品效用的主观心理评价角度来解释价值及其形成过程的经济理论。效用是指物品满足人的需要的能力。效用价值论的发展经历了从一般效用论到边际效用论的历史过程。效用价值论认为，一切生产无非都是创造“效用”的过程，人们获得效用却不一定非要通过生产，效用不但可以通过大自然的赐予获得，而且人们的主观感觉也是效用的一个源泉。边际效用价值论认为价值起源于效用，效用是形成价值的必要条件，且又以物品的稀缺性为条件，效用和稀缺性是价值得以出现的充分条件。因为只有物品相对于人的欲望来说稀缺的时候，才构成人的福利（甚至生命）不可缺少的条件，从而引起人的评价即价值。

运用效用价值论很容易得出安全具有价值的结论，因为安全是人类生活、生产、工作过程中不可缺少的一种资源，对人类具有巨大的效用，根据近年来国内外安全事故的统计数字来看，安全的供给与人们的需求之间已经产生了尖锐的矛盾，安全成了生产过程中一种稀缺的物品。需要注意的是，效用价值论存在以下几个方面的问题。

其一，效用价值论与劳动价值论是对立的，其将交换关系庸俗化，将商品的价值等同于使用价值或物品的效用，忽视了商品价值范畴所固有的社会历史属性。它又将商品交换的必要条件等同于商品交换的基础，忽视了交换比例的确定有赖于不同使用价值中包含着某种共同物的这一事实。

其二，效用本身很难确定。决定价值的尺度是效用，而效用本身是一种主观心理现象，无法从数量上精确加以计量。

其三，无法解决长远的安全实施问题。效用价值论以对当代人的使用价值来衡量安全的价值，从一定意义上讲，是把当代人的价值延伸到后代，这是不可行与不公正的，更会因人类的短视或对未来发展的难以预期而造成低估。

综上，无论是马克思的劳动价值论，还是西方的效用价值论，在作为安全经济价值本质与依据时，都没有提供完全的理论解决模式。但利用两者理论的优点，以劳动价值论为基础，借鉴效用价值论的合理方法，建立安全经济价值观，不失为解决该问题的有效途径。

2. 安全市场经济价值的表现

安全市场经济价值主要表现在两个方面：一是安全作为安全商品、产业时所表现出的经济价值；二是安全在社会生产价值中所体现出的价值。

（1）安全作为安全商品、产业时的市场经济价值。随着我国的体制改革和经济的发展，从事安全技术、安全经济研究的院所，以及专门从事安全产品生产企业的规模不断扩大，必将促进安全经济的进一步发展。

1）安全产业经济。在市场经济的条件下，安全技术产品可以买卖，是一种特殊的商品，同时，营造安全状态的劳动从劳动中分离出来，在社会生产中占有一定的比重，从而成为经济发展的一个重要因素。这些现象充分体现了当前安全的经济价值。

安全产业的经济效益主要体现在两个方面：一是减少了在安全方面的投入；二是减少了事故带来的经济损失。安全方面的投入，无论是对国家而言，还是对企业来说都是一笔很大的开支。在系统危险部位采取安全措施，虽然会增加一些开支，但是它同时大大降低了在安全防护其他方面所必须支出的人力成本、设施成本、管理成本，相对来说还是大大降低了安全防护的投入成本，节约了开支。同时，由于安全防范性的提高，减少和避免了许多安全事故，极大地减少了安全问题所造成的经济损失，从而提高了经济效益。

2）保安经济。保安业是指提供保护客户的人身、财产、信息安全等服务的行业或职业。保安业既不同于承担社会公共安全保卫职能的公安机关，也不同于机关、团体、企事业单位的保卫部门和基层群众性治安联防组织。它以向社会有偿提供安全方面的服务而发展壮大，并在许多发达国家已经成为一个独立、成熟的行业，且有较明确分工，主要由人防、技防和私人侦探等行业组成。

保安业作为一种社会产业形式得以发展的根本原因是社会对安全需求的日益增长，这是保安业发展的内在动力，而它的发展受限于观念的转变。传统的公安或社会治安安全观是建立在国家安全基础之上的，所考虑的问题一般都是主权国家的利益冲突与纷争，或是国家政权的巩固与动员，其行为主要是政府的行为，与此有关的一系列安全行为、法规、政策都是在国家安全的基本框架下形成的。保安业作为一种经济组织，必须要兼顾经济效益和社会效益。在市场经济的条件下，需要首先打破上述传统公安或社会治安安全观念，建立市场机制，综合利用各种社会资源，创造安全、和谐的社会环境。

保安业的发展还依赖于政府在政策、制度、立法层面上的支持。特别要重视保安业的立法研究，明确中国保安业的性质、经营范围、职责权限及与政府之间的关系。保安业立法要特别注意两个问题，一是对一些重大决策要充分论证取得共识，二是要以利于保安业的发展为客观标准。

（2）安全在社会生产价值中的体现。生产活动是人类赖以生存和发展的基本条件，人类通过各种形式的生产活动创造出人类生存与发展所需要的各种物质财富。在商品社会，对这些财富来说表现为生产价值。追求生产价值是商品社会生产经营活动的主要目的，这对任何制度和任何形式的生产活动都是无一例外的。自古以来，所有从事生产活动的人们都尽一切努力争取获得较高的生产价值，而获得价值的高低，主要取决于生产活动过程中的效益系数和安全系数。其计算公式如式 3-1 所示。

$$生产价值=生产活动\times效益系数\times安全系数 \tag{3-1}$$

生产活动是指从事生产的人们通过某种组织形式（人），在特定的环境（环）里，操纵工具设备（机），按照规定的工艺方法（法）对原材料（料）进行加工制造，得出具有使用价值的产品（商品），销售给用户，再从原材料单位采购生产所需要的各种原材料供生产需要。我们把这一整个过程称为生产活动，也就是生产活动的五因素（人、机、环、料和法）相互作业的过程。

不同的生产过程，五因素的基本状况也各不相同，对生产效应（价值）的影响也就不同，概括起来有两大作用：一是对生产的正作用，也就是有利作用，可创造生产价值，作用大小用效益系数表示；二是对生产的负作用，即有害作用，也就是发生事故造成的经济损失，作用大小用危险系数表示。

效益系数是表示再生产过程中创造价值的效率，是生产资本对生产价值的比值，它的大小取决于生产活动过程中五因素的素质，即素质越好，正作用越大，效益越高，系数越大，反之越小。

安全系数表示生产过程中的安全程度，它的大小取决于生产活动过程中五因素的缺陷程度，即缺陷越多、越大，负作用就越大，发生事故概率就越大，事故的经济损失也随之增大，安全系数就越小，反之则大。

当事故损失价值低于净产值时，安全系数可用式 3-2 计算得到。

$$安全系数=1-（事故损失价值/净产值） \quad (3-2)$$

安全系数在 0 到 1 之间变化。安全系数等于 1 的生产过程，是绝对安全的生产过程，这时的生产效益，只随效益系数变化，安全给予了充分的保证，不过这种情况极为少见，但这是安全工作追求的目标；安全系数小于 1 的生产过程，生产效益不仅随效益系数变化，也随安全系数变化而变化；安全系数等于 0 的生产过程，生产过程没有丝毫安全保证，在各种情况下的生产活动无法进行，有生产活动就会发生事故，生产效率再高，生产效益（价值）也小于 0，即出现负效益。

实践告诉我们，安全孕育在生产活动之中。生产离不开安全的保证，这是一个生产过程中不可分割的两个方面。安全不仅是生产价值形成的重要组成部分，同时也是生产价值好坏的决定性因素。实践证明，有安全，就有效益；没有安全，就没有效益。安全不但要保证新创生产价值的安全实现，还要保证原有生产资本不受损失。但是，安全与效益又互为矛盾，企业要提高安全水平，就需要增加投入，就会影响企业的效益，况且事故发生属于小概率事件。当事故没有发生时，对安全所进行的投入往往无法产生效益，这就使得一些企业及相关领导认为安全只有投入、没有产出，导致在企业运行中，只顾抓生产，不重视安全，一旦发生事故，则悔之晚矣。

3. 安全经济价值的评价方法

安全经济价值的评价通常运用价值工程的理论和方法，即安全价值工程。价值工程（Value Engineering，简称 VE），又称为价值分析（Value Analysis，简称 VA），起源于 20 世纪初的美国。

价值在政治经济学中是指凝结在商品中无差别的人类劳动，价值工程所说的并不是政治经济学所说的价值的概念。在价值工程中，价值是作为评价产品经济效益尺度提出来的。价值高的经济效益就大，价值低的经济效益就小。价值工程中价值的概念与人们日常生活中常提到的商品的使用价值的概念很相似。如人们在购买商品时总要考虑买这种商品干什么，质量怎样，价格如何。假设有两种商品的价格相同，功能质量相同，那么功能质量高的价值也高。因此在价值工程中，从其使用的角度来看价值 V 的高低可以用商品的功能和所支出的费用之比值来表示，即：

$$V=\text{功能}/\text{费用} \tag{3-3}$$

价值工程是通过各相关领域的协作，对所研究对象的功能与费用进行系统分析，不断创新，旨在提高所研究对象价值的思想方法与管理技术，其主要思想是通过集体智慧和有组织的活动对产品或服务进行功能分析，使目标以最低的总成本（寿命周期成本），可靠地实现产品或服务的必要功能，从而提高产品或服务的价值。

价值工程并不是单方面追求降低成本，也不是片面追求提高产品的功能，而是要提高它们的功能比值，如果因降低成本而引起产品功能大幅度降低，损害用户利益，则这样的降低成本不是价值工程所提倡的做法。同样如果片面追求提高功能，而使成本大幅度提高，结果用户买不起，以致产品滞销或亏损出售，这样的提高功能也是不可取的。

从理论上讲，安全价值可以参照一般价值工程的计算方法来表述。以价值工程理论为基础，可以定义安全价值工程是运用价值工程的理论和方法，对所研究的系统进行安全分析与评价，通过技术和管理的方法使系统不断改进和完善，提高系统的安全性和效益的一种思想方法和管理技术。其主要思想是对系统的各个单元进行安全价值分析，通过制定相应的整改措施和方案，使各个单元实现最大安全价值，然后通过对整个系统进行分析和计算，实现整个系统的安全价值最大，达到安全、高效生产的目的。则安全价值就可以表示为：

$$\text{安全价值}（V_s）=\text{安全功能}（F_s）/\text{安全投入}（C_s） \tag{3-4}$$

式 3-4 表明，安全价值工程是一种运用价值工程的理论和方法，通过对某种技术管理措施进行安全功能分析，力图用最低安全寿命周期投资，实现必要的安全功能，从而提高安全技术经济，即安全价值的方法。为了提高安全价值，应该尽量以较少的投资获取更大的安全功能。

安全价值工程要以安全功能的优化分析为重点，同时要尽量降低安全寿命周期投资，以充分、可靠地实现必要的安全功能为目标。在安全价值的定量计算中，对安全功能的定量评估是关键，这是因为在安全价值工程活动中，一般从建立、设置某种安全功能入手，找出所需要的安全功能的最优方案，以实现某安全功能为目标，寻求核算好的投资方案，获取高的安全价值。

所以，对安全价值进行分析应遵循四个基本原则：一是经济性，应从经济的角度去看安全体系中每一事件，尽可能把非经济的东西用经济的尺度进行量化；二是系统性，安全价值分析的对象就是一个系统，要用系统方法去分析和解决问题；三是长远性，安全投资的效应时间一般较长，进行安全价值分析不能急于追求近期和短期的效益，应追求长期和综合的效益；四是动态性，安全价值分析要随时间的推移而与对象的变化相适应，动态地分析和解决问题。

诚然，价值工程分析法计算的安全价值是安全功能与安全投入的比值，是一个系数，它是一种尺度的评价，侧重于对某项安全措施对社会的有益程度的分析。所以，在进行安全价值评估时，不能单纯追求降低安全投入，或片面追求高安全功能，而是要求改善两者之间的比值。实际上，如果由于降低安全投入而引起安全功能的大幅度下降，这显然违背安全投资的初衷。相反，如果不顾一切片面追求安全功能致使安全投资大幅度上升，则国家和企业难以承受，同样也不可取。

本章小结

本章在对安全观的定义及哲学基础论述的基础上，对安全观的确立依据及其价值、安全观的演变过程作了详细的阐述。从人类对安全的认识深化过程角度出发，深入阐述了大安全观的提出、形成发展过程及其内涵。在对安全价值观、安全价值及其特点论述的基础上，对安全社会价值、安全经济价值的内涵及评价方法进行了阐述。

复习思考题

1. 什么是安全观？
2. 安全观的确立依据是什么？
3. 安全观作为一种观念时其价值何在？
4. 安全观的核心是什么？
5. 生命价值的内涵与构成要素是什么？
6. 简述安全观的发展历程。

7. 什么是大安全观？其提出背景有哪些方面？
8. 如何理解大安全观的内涵？
9. 安全价值观的含义是什么？
10. 什么是安全价值？其特点是什么？
11. 安全经济价值的本质是什么？
12. 安全经济价值主要表现在什么方面？
13. 如何理解安全价值工程？安全价值工程数学表达式的内涵和意义是什么？

第四章　安全认识论

本章学习目标

1. 了解安全科学的指导思想。
2. 理解基本的安全哲理。
3. 理解安全系统特性与客观性。
4. 理解安全、安全性、事故隐患、风险的概念。

认识论是哲学的一个组成部分，指研究人类认识的本质及其发展过程的哲学理论，亦称知识论。其研究的主要内容包括认识的本质、结构，认识与客观存在的关系，认识的前提和基础，认识发生、发展的过程及其规律，认识的真理性标准等。辩证唯物主义的认识论进一步把实践作为认识的基础，把辩证法运用于认识论。在现代，由于科学技术的迅猛发展，各种精确、严密的技术手段和科学方法被广泛应用于实践和认识领域，人类的认识能力得到了空前的提高。与此相适应，认识的对象也在广度和深度两方面以前所未有的速度扩展着。主体和客体相互作用、相互联系的中介日益复杂化。科学认识的发展，使得理论对实践显示出越来越重要的作用。理论的实际应用、为实践建立观念模型、科学预见、超前反映等，是认识论研究中具有十分重要的理论意义和现实意义的课题。总结现代科学技术的成果，概括现代科学认识的资料，对现代科学技术发展中提出的有关认识论方面的问题进行研究，做出科学的解释，是辩证唯物主义认识论的一项十分迫切而又复杂的任务。这必将会发展和丰富辩证唯物主义认识论。

安全科学的认识论是指研究安全的本质及其变化发展规律的哲学理论。主要研究内容包括人类社会生产、生活、生存领域中技术风险的必然性、安全的相对性、事故的可预防性等。人类在发展和利用技术的过程中，在生产力得到解放的同时，也带来了很多安全问题，安全科学的出现是科学技术发展到一定程度，人类文明提出的必然要求，其次就是安全的相对性问题。安全具有自然属性和社会属性，社会对安全的需求及安全标准随着科学技术、经济和社会的发展而提高，由人、机、环组成的安全系统也是动态变化的，因而安全是相对的，绝对安全是理想状态。事故虽然具有偶然性、随机性，但是也有必然性和规律性。从整体来看，事故是不可避免的，但从局部和单个事故来说，事故是可以预防和控制的。安全科学理论及安全技术为事故预防和控制提供了理论指导和技术支撑。

总结归纳人类过去的安全行为和实践，人类当前安全活动所应遵循的认识论体系如图 4-1 所示。

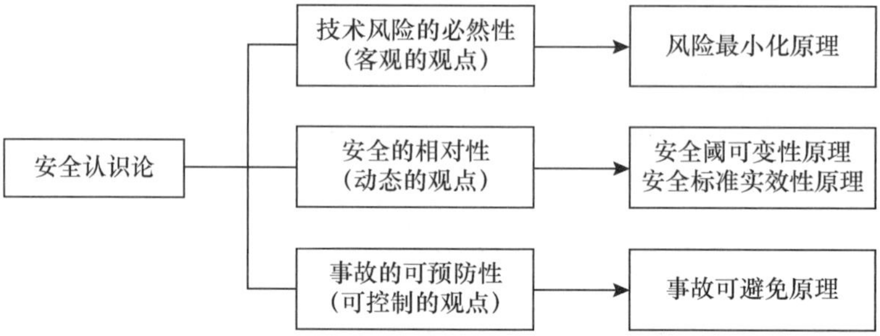

图 4-1　安全认识论体系

第一节　安全科学的指导思想

哲学是把人们的世界观加以系统化并用理论的形式予以论证和表述的学问，是在理论的基础上进行高度抽象概括，通过一系列特有的概念、范畴、系统的逻辑论证而形成的思想体系，也是科学的世界观和方法论。

辩证唯物主义哲学研究的基本问题是思维和存在的关系问题。恩格斯指出："全部哲学，特别是近代哲学的重大基本问题，是思维和存在的关系问题。"思维是主观的、精神的现象，存在是客观的、物质的现象。因此，思维和存在的关系问题也可理解为主观和客观、精神和物质的关系。

实践观点是辩证唯物主义哲学的理论基础，其哲学的根本点在于始终站在现实和历史的基础上，不是从观念出发来解释实践而是从物质出发来解释观念的东西。唯物辩证法是辩证唯物主义哲学的重要组成部分，是贯彻于全部哲学理论中的灵魂，对安全科学也具有重要的指导作用。唯物辩证法的对立统一规律、质量互变规律、否定之否定规律，原因和结果、必然性和偶然性、可能性和现实性、内容和形式、现象和本质五对范畴对安全科学的研究与发展起到了重要的推动作用。例如，安全与危险就是对立统一的两个方面，安全是为了不出现危险，有了危险才需要安全；提高了安全性就等于降低了危险性，事故发生的概率就小；事故有其必然性和偶然性，只要掌握了事故的必然性和偶然性，就能够有效地防止事故的发生。

辩证唯物主义哲学对自然、社会和思维发展普遍规律的论述是具体科学研究的基础。具体科学是对事物本质和规律的认识、思维，其任务在于透过现象揭示本质，从外部的联系深入内部的联系，从偶然中发现必然的规律。辩证唯物主义哲学作为一门科学与具体科学一样，都是客观规律的反映，都是关于客观规律的科学，这是它们的共同点。然而，任何具体科学领域中的矛盾及其规律，不但具有自己的特殊性，而且包含了普遍性，都是普遍和特殊、共性和个性的对立统一。揭示贯穿在自然、社会和思维一切领域中普遍的规律，就是哲学这门科学的任务。所以，哲学与其他科学虽然同样是研究事物的规律，但它们的对象和内容却又有普遍和特殊之别。

哲学与具体科学既同又异，同中有异。哲学是以具体科学为基础，具体科学又以哲学为指导。哲学依赖于具体科学，具体科学的进步推动着哲学的发展。同时，反过来哲学又给予具体科学以世界观和一般方法论的指导，不论科学家是否意识到，他们都不能不在其具体科学研究中以哲学作为指导，依靠哲学所做出的一般结论，运用哲学所提供的一般概念和范畴，按照某种一般方法论进行分析和推理等。历史上很多有重大成就的科学家都比较重视哲学的理论思维，自觉地思考认识论、世界观的问题，如提出量子假说的德国物理学家普朗克曾明确指出："研究人员的世界观将永远决定着它的工作方向。"爱因斯坦也提出这样的观点："认识论要是不同科学接触，就会成为一个空架子。科学要是没有认识论——要是这真是可以设想的——就是原始的混乱的东西。"

辩证唯物主义哲学对具体科学的指导作用，还表现在以关于世界观和人类思维的一般规律的知识，为科学研究提供了正确的思维理论和研究方法。它是排除唯心主义和形而上学干扰的思想武器，使具体科学的研究不致偏离方向。

辩证唯物主义哲学认为宇宙是个普遍联系、永恒发展的巨系统，为研究安全科学提供认识论和方法论。安全科学是专门研究安全原理、安全的本质及其变化规律的科学，其指导思想就是辩证唯物主义哲学。

第二节　安 全 哲 理

第二章对安全本质及属性已做了详尽论述，本节仅对安全的相对性及安全第一哲理等内容进行阐述。

一、安全的相对性

1. 绝对安全观和相对安全观

对安全的认识大体可分为两种，即绝对安全和相对安全。

绝对安全观认为，安全指没有危险，不受威胁，不出事故，即消除能导致人员伤害，发生疾病、死亡或造成设备财产破坏、损失，以及危害环境的条件。由于事故的发生有一定的概率，概率论中存在“没有零概率现象”的理论和偶然独自法则（从本质上将极难发生的现象作为实际问题，就等于现实上不会发生，称为偶然独自法则），因此，严格来说，不应该使用绝对安全的词汇。在现实生活中，绝对安全是不存在的，只是安全的一种极端理想状态。

相对安全观认为，安全是在具有一定危险性条件下的状态，安全并非绝对无事故。由此可以引申出，事故与安全是对立的，但并非是不安全的全部内容，而只是安全与不安全一对矛盾斗争过程中某些瞬间突变结果的外在表观。然而，按照绝对安全观的观点，将安全与事故完全对立，往往导致单纯以事故发生的情况来衡量一个单位乃至一个企业的安全状况，其结果往往是头疼医头、脚疼医脚，使安全工作始终处于被动的局面，难以扭转。安全科学已经揭示，系统故障或事故的根本原因在于系统诸要素及其相互作用中存在着的各种危险或隐患，是这些危险或隐患经过积累或加强并获得适合的条件组合的结果。因此，故障或事故只是系统的危险或隐患在一定条件下的外在表现形式，不出事故不等于就安全了。

2. 安全描述的相对性

人类有了生产就有了安全问题。安全是伴随生产过程而存在的，是与生产过程共存的过程。由此又可以引申出安全不是瞬间的结果，而是对系统在某一时期、某一阶段过程状态的描述，是关于时间的连续函数。然而，在现有技术条件下，要确定某一生产系统的具体安全函数形式非常困难。因此，在对系统安全状态做考察时，求安全函数的做法是不可行的，而采用概率法来估算系统处于安全状态的可能性，或者利用模糊数学来说明在非概率情形下的不精确性是可行的。

3. 安全标准的相对性

安全标准是相对的。人们总是逐步揭示安全的运动规律，提高对安全本质的认识，向本质安全化逐渐逼近。影响安全的因素很多，以明显和潜隐形式表征客观安全。安全的内涵引申程度及标准严格程度取决于人们的生理和心理承受的范围，科技发展的水平和政治经济状况，社会的伦理道德和安全法学观念，人民的物质和精神文明程度等现实条件。公众接受的相对安全与本质安全之间存在一定差距，现实安全标准是有条件的、相对的，并随着社会的物质文明和精神文明程度提高而提高。不同的时代，不同的生产领域、生活领域和生存领域可接受的损失水平是不同的，因而衡量安全的标准也是不同的。

二、安全第一，预防为主，综合治理

“安全第一，预防为主，综合治理”是我国安全生产指导方针，其要求一切经济部门和企业，都应确立人是最宝贵的财富，人命关天，人的安全第一的思想。在组织生产、指导生产时，坚持安全生产作为企业生存与发展的第一要素和保证条件。当生产与安全发生矛盾时，生产要服从安全，首先解决好威胁工人安全与健康的问题，然后再组织生产。所谓“预防为主”，就是要求设计部门、经济部门和生产企业，以积极的态度，从设计上、组织管理上和技术措施上，认真改善劳动条件，增强抗灾能力，为工人创造安全、卫生、舒适的劳动环境，把事故消灭在萌芽状态，做到防患于未然。

1. 安全第一哲理

安全是人生存的第一要素，始终伴随着人类的生存、生活和生产过程，从这个意义上说，安全始终就应该放在第一位。安全是人类生存的最基本需要之一，没有安全就没有人类的生活和生产，这是“安全第一”思想的客观基础。

人类为发展经济，改善生存条件（进行生产活动），往往需要以安全作为代价，这样，“安全第一”的思想在实践中又会受到现实的“干扰”。例如，交通事业的发展给人类生活与生产带来了文明，但同时人类又为此付出巨大的生命代价。人类为了享受交通事业带来的便利，有时又不得不面对这种代价。这种安全需要与利益代价的矛盾，是人类社会生产与生活中的客观存在，也是人们解决安全问题的难点所在。但是，安全的本质是保证职工不受伤害和企业不受损失。“安全第一”是我国企业生产和经营过程中应当自始至终贯彻的安全生产方针，其含义体现在以下几个方面。

“安全第一”是指我国各级政府、一切生产建设部门、交通运输和其他有关部门在生产设计过程中都要把安全放在第一位，坚持安全为了生产，生产必须安全，抓生产必须首先抓安全，真正树立人是最宝贵的财富、劳动者是发展生产力最重要因素的观念，在组织、指挥和进行生产活动中，坚持把安全生产作为企业生存与发展的首要问题来考虑，坚持把安全生产作为完成生产计划和工作任务的前提条件和头等大事来抓。

在现实生产、生存和生活中，人们也同时提出与安全第一相对应的质量第一、效益第一等观点。因此我们有必要弄清楚安全、质量和效益之间的辩证关系。在安全、质量和效益之间，安全是前提，没有安全保障的高质量、高效益都是一句空话。只追求数量、效益，而不顾质量，生产出来都是一堆废品。在保证质量的条件下，才能有好的效益。但如果我们只讲安全第一，而不讲质量、效益，就会走向另一个极端，同样会给人类带来损失。

2. 安全需求

人类的生存、繁衍，社会的文明，工业大发展，科技的进步，如果没有安全作为先决条件，没有人的身心安全和健康的环境，没有安全的物质及精神财富为其奠定基础，就没有当代各国的经济建设所取得的成就，全世界人民所有的物质及精神需求，各国的经济发展，各民族文化的繁荣等一切都无法实现。因此，“安全为本”“安全为天”“安全第一”“安全优先”已成世人公认的“安全第一公理”或“安全优先原则”。

著名的美国行为学家马斯洛于 1943 年在其论著中指出，人类最基本的需求是维持人自身生存和延续的生理需求，其次才是安全需求，以及社交、尊严、自我实现需求，如图 4-2 所示。

马斯洛的需求层次理论对当代人而言，应该有新的解释。由于人类在安全生产、安全生活、安全生存活动方面积累并继承了悠久的安全文化，同时以不同的文化方式生活和工作，因此，需求的内容和层次秩序也不会相同。这种需求是受前人的文化和当代人的文化强烈影响、启迪而产生和发展的。当人们面对生理需求和安全需求时，必须重新审视，在人们掌握一定的科学知识、规律和具有相当经济基础的今天，更重要的是受到每个人的文化程度及科技知识主导，同时也受到当代社会的传统观念、社会习俗、思维方法所限制，还要受到社会人文、伦理道德和法规的约束。

在满足安全需求的前提下，当代人所追求的需求层次是可以改变的，是可以跨越或是超前的。但是，安全是一切活动的基础，是一切活动的前提，是不可超越的先决条件，如图 4-3 所示。

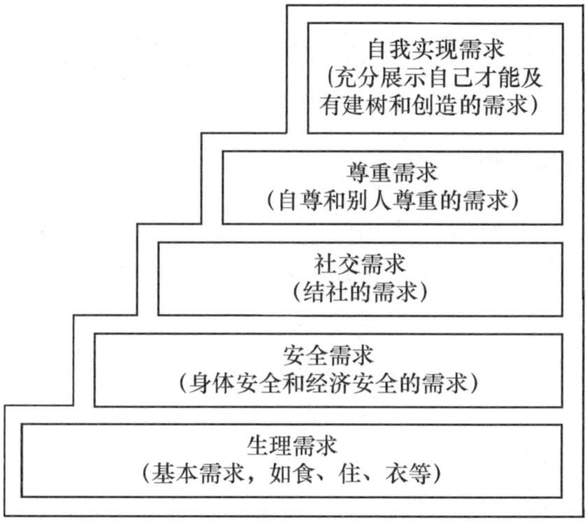

图 4-2　马斯洛的需求层次理论示意图

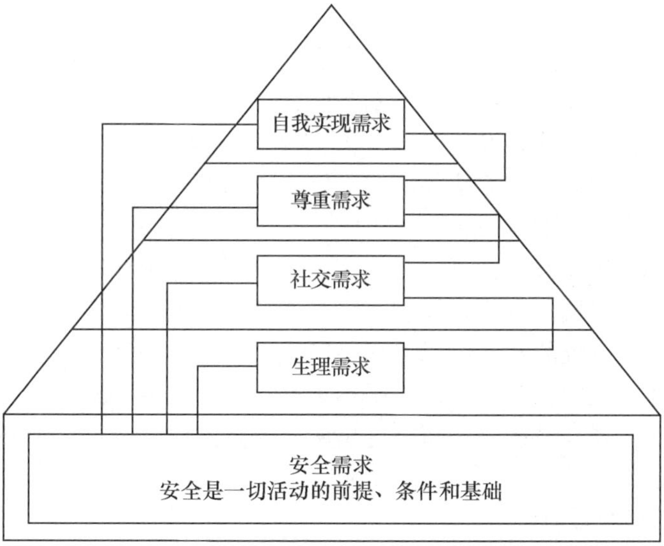

图 4-3　当代人的需求层次示意图

第三节 系统安全与安全系统

一、安全系统的特性与客观性

系统是指由相互作用和相互依赖的若干组成部分结合成的具有特定系统功能的有机整体。安全系统是由人、机、环境、管理等子系统构成的，这些子系统之间相互影响、相互依存，它们之间的关系是动态的，随着时间的变化而变化，人们不可能完全了解和知悉各个子系统的这种动态关系，因而安全系统是一个十分复杂的、灰色的巨系统。

1. 安全系统的客观性

在人们一般的、惯性的思维方式中，客观性一般表现为物质性。安全系统作为一个抽象的系统，其客观性的表现就只能通过把观念性的东西转化为物质性、实体性的东西。

概念性的东西是不会自动表现出其物质特性的，只能通过特定的条件转化为物质的东西，才会表现出其客观性。例如，当消除了一次事故隐患，或者避免了一次事故时，人们才能体会到某些安全技术条件或安全规程存在的必要，而这正是安全系统的构成要素；当事故频发的时候，人们才体会到安全问题是个系统工程问题，即只有用系统工程的理论和方法才能解决好安全问题。

2. 安全系统的本征性

根据是否具有物理模型，可将系统区分为本征性系统和非本征性系统。本征性系统一般不具有客观抽象的物理模型系统，如社会系统、经济系统、农业系统、生态系统等。从安全系统的定义可以看出，安全系统是本征性系统。

对于本征性系统的研究，一般是采用某种观念、某种逻辑思维、某种推导等进行研究的。因此，安全系统一切研究的出发点就只能以安全这一抽象的思维进行定义、判断和推演。

3. 安全系统的目的性

任何系统都有其功能目的，没有目的的系统是不存在的，安全系统也是有其目的的。安全系统的目的或目标就是与系统当时当地条件相耦合的安全度。这里所说的安全度可解释为人们在当时当地条件下可接受的或满意的安全程度。

若以系统的方式研究某一状态的安全问题，则系统的目的就是达到安全要求。具体地说，安全系统研究目的就是研究某种状态中各自因素所表现出的各自的安全，以及各自的安全如何通过各自的载体相互作用所表现出的整体的安全度。

安全系统在具有一般系统共有的目的性的同时，也具有其独特的性质，即综合性和模糊性。其综合性表现在安全系统所追求的目标是整体的安全，而不是局部的、片面的安全，用一般的安全指标难以反映出全系统的整体安全。而模糊性则在于安全系统本身具有灰色性，灰色的安全系统决定其目标必然具有模糊性。

4. 安全系统的环境性

在研究安全系统时，必须指出安全系统所界定的范围。安全系统之所以具有特殊性，就是安全系统把某些特定的环境因素纳入其系统范围之内，即安全系统是由人、机、环境组成的。既然安全系统把环境作为其组成部分，是否可以说，安全系统作为一个系统，就不需要跟外界进行物质、能量、信息的交换呢？答案是否定的。所谓“外界”，即是相对于安全系统的外部环境或相关系统。所以说安全系统仍是处于更广义的“环境”之内，或相邻系统之中，只是“环境”不是安全系统所含的环境，而是处于安全系统之外的环境。安全系统的环境是相对的，随着人类的发展，安全系统所研究的环境将越来越大，必然会使安全系统处于一个更大的环境之内。

5. 安全系统的结构性

安全系统能否完成其整体安全的功能，往往取决于安全系统的结构。不同等级的安全系统结构决定其具有的完成整体安全功能的能力。

安全系统是个多因素、多层次的复杂系统，其结构性必然表现在安全系统因素和层次的有机组合，从而具有一定的功能水平。而这种结构性则往往是以耗散结构的形式表现出来，该论点将在第八章给予说明。

安全系统的功能将随着安全系统耗散结构等级的不同而具有不同的功能水平，耗散结构等级越高，相应的安全功能越强大，系统就越安全，反之则越危险。而且，随着耗散结构的破坏，安全系统将伴随着事故的出现。

二、系统安全与安全系统

安全问题是个系统工程问题。安全系统是把安全的各个要素考虑在内，以系统的观点来研究安全，从而形成安全系统。而系统安全是把安全问题看成一个子系统，它们之间是一种相互依存的辩证关系。换一个角度讲，系统安全是目的，而安全系统是手段。它们之间具有目的与手段的辩证关系。

第四节　安全与事故

一、安全和安全性

1. 安全

顾名思义，“无危则安，无缺则全”，即安全意味着没有危险且尽善尽美，这是与人的传统的安全观念相吻合的。随着对安全问题研究的逐步深入，人类对安全的概念有更深的认识，并从不同的角度给它下了各种定义。

其一，安全是指客观事物的危险程度能够为人们普遍接受的状态。

可以看出，该定义明确指出了安全的相对性、安全与危险之间的辩证关系，即安全与危险不是互不相容的。当将系统的危险性降低到某种程度时，该系统便是安全的，而这种程度即为人们普遍接受的状态。如骑自行车的人不戴头盔并非没有头部受伤的危险，只是人们普遍接受了该危险发生的可能性较小；而对于骑摩托车，交通法规明确规定骑乘者必须戴头盔，是因为发生事故的严重性和可能性都难以接受；自行车赛车运动员必须戴头盔，也是国际自行车联合会在经历了一系列的事故及伤害之后所做出的决策。同样是骑车，要求却不一样，体现了安全与危险的相对性。

其二，安全是指没有引起死亡、伤害、职业病或财产、设备的损坏或环境危害的条件。

此定义来自美国军用标准 MIL-STD-882C《系统安全大纲要求》。该标准是美国军方与军工生产企业签订订购合同时约束企业保证产品全寿命周期安全的纲领性文件，也是系统安全管理基本思想的典型代表。该标准自 1964 年问世以来，历经 882、882A、882B、882C、882D 若干个版本，对安全的定义也从开始时仅关注人身伤害，进而到关注职业病，财产或设备的损坏、损失直至环境危害，体现了人们对安全问题认识逐步深化的全过程，也从另一个角度说明了人类对安全问题研究在不断扩展。

其三，安全是指不因人、机、环境的相互作用而导致系统损失、人员伤害、任务受影响或造成时间的损失。

可以看出，第三种说法又进一步把安全的概念扩展到了任务受影响或时间损失，这意味着系统即使没有遭受直接的损失，也可能是安全科学关注的范畴。

综上所述，随着人们认识的不断深入，安全的概念已不是传统的职业伤害或疾病，也并非仅仅存在于企业生产过程之中，安全科学关注的最主要的领域应涉及人类生产、生活、生存活动中的各个领域。职业安全问题是安全科学研究关注的最主要的领域之一，如果仅仅局限于企业生产安全之中，会在某种程度上影响人们对安全问题的理解与认识。

2. 安全性

安全性是指确保安全的程度。安全性原是电工绝缘油的一项指标，现扩展为系统的安全性能，即衡量系统安全程度的客观量。与安全性对立的概念是描述系统危险程度的指标——风险（又称为危险性）。假定系统的安全性为 S，危险性为 R，则有 $S=1-R$。显然，R 越小，S 越大；反之亦然。若在一定程度上消减了危险因素，就等于创造了安全条件。

由于安全性与可靠性存在着十分密切的联系，在实际应用中存在着可靠性与安全性混用的现象。例如，帕斯派娄娃认为“安全是可靠性全部特性中的一个单元特性”，因此，有必要明确两者间的差别。可靠性是指系统或元件在规定条件下、规定时间内，完成规定功能的能力，而安全性则是指系统的安全程度。可靠性与安全性有共同之处，某种程度上讲，可靠性高的系统，其安全性也高。许多事故之所以发生，就是由于系统可靠性低所致。但是，可靠性不同于安全性，可靠性要求的是系统完成规定的功能，只要系统能够完成规定的功能，就是可靠的，不管是否带来安全问题。安全性则是要求识别系统的危险所在，并将其排除。此外，故障的发生不一定导致损失，而且，也存在这样的情形，即当系统元件均正常工作时也可能伴有事故发生。例如，在防护不严的情况下，即使系统所有元件均处于正常工作状态，也有可能发生事故。

二、事故隐患和风险

1. 事故隐患

一般而言，事故隐患是指潜藏的不安全因素。从系统安全的角度看，人们所说的隐患包括一切可能对人—机—环系统带来损害的不安全因素。根据《英汉安全专业术语词典》，隐患是指“一种行为（一些行为）、一种状态（一些状态）或两者的结合，在受过训练的人看来，它们有可能引起事故，因而需要检查和采取控制危险的措施”。

隐患是一种潜在的事故条件，是事故发生的必要条件。隐患和事故两者均属于危险的范畴。因此，隐患一旦被识别，就要予以消除。对于受客观条件所限，不能立即消除的隐患，要采取措施降低其危险性或延缓其危险性增长的速度，减少触发的概率。

基于以上认识，可将隐患定义为：隐患是指生产活动过程中，由于人们受到科学知识和技术力量的限制，或者由于认识上的局限，未能有效控制的有可能引起事故的一种行为（一些行为）、一种状态（一些状态）或两者的结合。

2. 风险

风险是通过事故现象和损失事件表现出来的。

就安全而言，风险是描述系统危险程度的客观量，大体有两种考虑：一是把风险看成是一个系统内有害事件或非正常事件可能出现的量度；二是把风险定义为发生一次事故的后果大小与该事故出现概率的乘积。一般意义上的风险 R 具有概率和后果的二重性，即可用损失程度 C 和发生概率 P 的函数来表示：

$$R=f(P,\ C) \tag{4-1}$$

为简单起见，在大多数文献中将风险表达为概率与后果的乘积：

$$R=P\cdot C \tag{4-2}$$

上述风险定义中，无论损失或者后果，均是针对事故而言的，包括已发生的事故和将会发生的事故。然而，风险既然是对系统危险性的度量，则仅仅以事故来衡量系统的风险是很不充分的，除非能够辨识所有可能的事故形式。从整个系统的角度出发，风险是系统危险影响因素的函数，即风险可表示为如下的形式：

$$R=f(R_1,\ R_2,\ R_3,\ R_4,\ R_5) \tag{4-3}$$

式中 R_1——人的因素；

R_2——设备因素；

R_3——环境因素；

R_4——管理因素；

R_5——其他因素。

此风险函数并非精确的函数表达式，只是对风险的一种概括性描述。

3. 事故后果

过去一致认为事故的发生必然伴随人员伤害或者财产损失，从而使事故应用范围受到很大的限制。随着安全科学研究的发展及对事故认识的深化，事故后果的内涵有了很大变化。许多工业领域如铁路运输系统，将凡是造成系统运行中断的事件均归入事故的范畴，虽然系统运行中断并不一定会带来人员伤亡或直接的财产损失，但它却严重干扰了系统的正常运行秩序，从而带来不可估量的间接损失。事故一旦发生，可以造成以下几种后果：①人受到伤害，物受到损失；②人受到伤害，物未受到损失；③人未受到伤害，物受到损失；④人、物均未受到伤害或损失。其中，第四种结果最多，约占90%。这里的后果形式只涉及人员伤害、物质损失，如果再加上环境污染或破坏，那么事故后果组合应有八类。

4. 损害

法律意义上的损害表示对任何人不可剥夺的权利的损害。在安全科学的意义上，损害指造成任何人不可剥夺的权利的损害，而这种损害是由于技术上的应用而产生的化学或物理效应。这里的“人”是广义的，可指真实的人，也可指一个国家，甚至一个没有直接法律地位的实体，如邻居、公众等。

德国科学家库尔曼在《安全科学导论》中把损害作为安全科学的基本量纲。损害量可以用货币值、伤亡人数或其他适宜的单位来度量。这里“量”“量纲”和单位的概念与物理学中使用的概念一致，例如，物理学中长度和时间是量纲，分别用单位“米”或“千米”“秒”“小时”来表示。作为量纲严格意义上的概念要求损害程度的单位与数字相乘，这与人们想方设法求出所遭受的任何类型损害的货币值或相当量是一致的。例如，由保险公司支付赔偿费，或从经济上确定交通事故中死亡者的货币价值。

三、安全和事故隐患、事故的对立统一

安全与危险构成安全问题的矛盾双方，危险包括事故隐患和事故。事故可以说是危险的一个极端表现。

安全可以认为是一个含有人们可以接受的事故隐患和保证事故不发生的稳定状态。如果从可能性和现实性来说，事故是系统把潜在的事故隐患转化成现实，从而使人的身心造成损害、物质遭受损失或环境受到破坏。因此，如果从安全状态来说，事故是安全状态的一种极端表现。

如果从系统动力学的角度来看，事故隐患是表示安全系统远离平衡的一种状态，而安全系统是个开放系统，需要进行能量、物质、信息交换。随着跟环境交换到一定程度，系统内的某个参量变化达到一定临界值时，通过涨落发生突变即发生事故，这就是安全系统从事故隐患发展到一个极端——事故。因此，从安全系统的角度来看，事故是安全状态的一个极端表现。

在一个系统中，危险系数越高，就越不安全；反之，就越安全。因此，没有危险就是本质安全。安全是人们的基本需要，人们追求本质安全。但本质安全是人们的一种期望，是相对安全的一种极限。人类在认识和改造客观世界过程中，事故总是在人们追求上述的过程中不断发生，并难以完全避免事故。事故是人们最不愿发生的事。人们追求零事故，但追求零事故即绝对安全，在现实中是不可能的。只能

让事故隐患趋近于零，也就是尽可能预防事故，或把事故的后果减至最小。

事故隐患是事故发生的主要内因。事故是外界刺激因素通过事故隐患而起作用的。没有事故隐患，事故成为无源之水，不可能发生。安全、事故隐患、事故之间是可以相互转化的，但这是有条件的。由于安全系统具有非线性的特征，当安全状态受到外界某些条件的影响，安全系统就有可能脱离平衡状态，达到非平衡状态，这种在远离平衡的非线性区形成的新的有序结构，需要不断与外界交换物质和能量才能维持，这种结构称为耗散结构。这在安全这个领域里就是事故隐患。这种耗散结构是不稳定的，是远离平衡状态的。如果当安全系统跟外界进行交换达到一定程度，系统的某个参量变化达到一定临界值时，通过涨落发生突变即非平衡相变，这时事故就产生了。因此，它们之间是可以相互转化的。从事安全工作，就是要控制安全系统的涨落点，使安全系统朝着安全状态转化。

第五节　事故的基本特征及事故预防

一、事故的基本特征

事故的特征主要包括事故的因果性，事故的偶然性、必然性和规律性，事故的潜在性、再现性，事故的预测和可预防性。

1. 事故的因果性

事故的因果性是指一切事故的发生都是有其原因的，这些原因就是潜伏的危险因素。这些危险因素有的是来自人的安全行为和管理缺陷，也有的是物和环境的不安全状态。这些危险因素在一定的时间和空间内相互作用就会导致系统的隐患、偏差、故障、失效，以致发生事故。

因果关系表现为继承性，即第一阶段的结果可能是第二阶段的原因，第二阶段的原因又可能引起第二阶段的结果。

因果性说明事故的原因是多层次的。有的原因与事故有直接关系，有的有间接联系，绝不是某一个原因就可能造成事故，因此在识别危险时应对所有的潜在因素（包括直接的、间接的和更深层次的因素）都进行分析。只有充分认识了所有这些潜在因素的发展规律，分清主次对其加以控制和消除，才能有效地预防事故。

事故的因果性还表现在事故从其酝酿到发生、发展具有一个演化的过程。事故发生之前总会出现一些可以被人类认识的征兆，人类正是通过识别这些事故征兆来辨识事故的发展进程，进而控制事故化险为夷。事故的征兆是事故爆发的量的积累，表现为系统的隐患、偏差、故障、失效等，这些量的积累是系统突发事故和事故后果的原因。认识事故发展过程的因果性既有利于预防事故，也有利于控制事故后果。

2. 事故的偶然性、必然性和规律性

从本质上讲，伤亡事故属于在一定条件下可能发生，也可能不发生的随机事件。以特定事故而言，其发生的时间、地点、状况均无法预测。

事故是由于客观存在不安全因素，随着时间的推移，出现某些意外情况而发生的，这些意外情况往往是难以预知的。因此，掌握事故的原因，可减少事故的概率；掌握事故的原因是防止事故发生的必要条件。但是，即使完全掌握了事故的原因，也不能保证绝对不发生事故。

事故的偶然性还表现在事故是否产生后果（人员伤亡、物质损失、环境污染），以及后果的大小如何，都是难以预测的。反复发生的同类事故并不一定产生相同的后果。事故的偶然性决定了要完全杜绝事故发生是困难的，甚至是不可能的。

事故的必然性中包含着规律性。必然性来自因果性，深入探查、了解事故因果关系，就可以发现事故发生的客观规律，从而为防止发生事故提供依据。应用概率理论，收集尽可能多的事故案例进行统计分析，就可以从总体上找出带有根本性的问题，为宏观安全决策奠定基础，为改进安全工作指明方向，从而做到“预防为主”，实现安全生产的目的。

由于事故或多或少含有偶然性，因此要完全掌握它的规律非常困难。但在一定的范畴内，用一定的科学仪器或手段却可以找出它的近似规律。从外部和表面上联系，找到内部决定性的主要关系是可能的。

从偶然性中找出必然性，认识事故发生的规律性，变不安全条件为安全条件，把事故消除在萌芽状态之中。这就是防患于未然、预防为主的科学根据。

3. 事故的潜在性、再现性

事故往往是突然发生的。然而导致事故发生的因素，即“隐患和潜在危险”早就存在，只是未被发现或未受到重视而已。随着时间的推移，一旦条件成熟，就会显现而酿成事故，这就是事故的潜在性。

事故已经发生，就成为过去。时间一去不复返，完全相同的事故不会再次显现。然而如果没有真正了解事故发生的原因，并采取有效措施去消除这些原因，就会再次出现类似的事故。应当致力于消除这种事故的再现性，这是能够做到的。

4. 事故的预测和可预防性

人们可以根据过去事故所积累的经验和知识，以及对事故规律的认识，并使用科学的方法和手段，对未来可能发生的事故进行预测。

事故预测就是在认识事故发生规律的基础上，充分了解、掌握各种可能导致事故发生的危险因素以及它们的因果关系，推断它们发展演变的状况和可能产生的后果。事故预测的目的在于识别和控制危险，预先采取对策，最大限度地减少事故发生的可能性。

事故是可以有效预防和避免的。掌握事故的因果关系，砍断事故因素的因果锁链，就消除了事故发生的必然性，就可能防止事故的发生。

预防事故的前提是探究事故因果关系，消除导致事故发生的原因，不仅要消除物质方面、人的方面的原因，特别要注意克服管理方面的缺陷，消除因管理不善而导致发生事故的各种原因。加强安全管理是保障事故有效预防的基础。

二、主动预防和被动预防

事故预防需要安全科学理论的指导和具体的安全技术做支撑。安全技术是伴随人类生产技术的发展而产生的，一种专门技术与其相关的安全技术构成一个独立的统一体。在过去很长一段时期内，安全仅以附加技术的形式依附于生产，从属于生产。人们仅在各种不同行业的局部领域发展和应用不同的安全技术，这就造成人类的技术安全缺乏科学的理性，造成安全技术的研究相互隔离与重复，以致对安全规律的认识长期滞留在分散的、记录性的和彼此缺乏内在联系的状态。总之，传统的安全技术建立在事故统计的基础上，是经验型的。这种经验只能在有限的认识能力范围内获得，它感知的只是损害与原因之间简单的因果关系，其主要特征是事故后整改。在当时的认识能力及技术水平下，尽管传统安全技术为各行各业预防事故发生及减少损失起了不小的作用，但在先进高风险态势的技术条件中，它已远远不能适应需要了。人类社会迫切需要一门独立的探索安全普遍规律的学科诞生。

20 世纪 40 年代以来，在国际产业和科技界的合作探索中，逐步形成一门跨学科的独立科学——安全科学。它的创立为人类安全高效的生产、生活提供了科学技术。特别是 20 世纪 80 年代以来，随着信息革命的深入发展，安全科学更加成熟完善起来。安全科学的诞生，标志着人类对安全问题的认识逐渐深入，对安全规律的探索也逐步发展，这也为安全技术从传统的经验型转向现代预测型提供了科学依据。现代的安全技术，在吸收以往经验的基础上，更注重对事物的预测研究，即要实行事前控制，要积极预防事故的发生，而不是消极地等事故发生后再来总结经验教训。现代安全技术对事故的预测要用到安全科学理论以及很多其他学科的理论，如预测学、系统论、信息论、控制论等。当代电子计算机技术也为科学预测提供了重要工具。

根据安全科学思想，预防事故的发生分四个层次。第一个层次是根除危险因素、限制或减少危险因素，这是最理想的方法；第二个层次是采用隔离、故障安全措施等安全技术；第三个层次是个人防护；第四个层次就是事故应急救援。当代事故预防就是通过主动预防与被动预防相结合来达到避免事故发生或减少事故损失的目的。

进入 21 世纪后，高技术群在世界范围迅速崛起，安全科学技术必须顺应历史发展的潮流和科技进步的趋势，积极开发安全高新技术，主动预防事故的发生，使安全技术在高新技术领域中实现两个目标：

（1）保护人类的身心安全，实现安全第一，不伤害人类及人类生存的环境；

（2）保障人类能舒适、高效地从事一切活动，人类在发展生产的同时又充分地享受自己创造的成果，实现劳动与享受的同一性。

三、事故的预防原则

同一切事物一样，事故亦有其发生、发展以及消除的过程，因而是可以预防的。事故的发展可归纳为三个阶段：孕育阶段、生长阶段和损失阶段。孕育阶段是事故发生的最初阶段，此时事故处于无形阶段，人们可以感觉到它的存在，而不能指出它的具体形式；生长阶段是由于基础原因的存在，出现管理缺陷，不安全状态和不安全行为得以发生，构成生产中事故隐患的阶段，此时，事故处于萌芽状态，人们可以具体指出它的存在；损失阶段是生产中的危险因素被某些偶然事件触发而发生事故，造成人员伤亡和经济损失的阶段。安全工作的目的，是要避免因发生事故而造成损失，因此要将事故消灭在孕育阶段和生长阶段。为达到这一目的，首先就需要识别事故，即在事故的孕育阶段和生长阶段中明确识别事故的危险性，所以需要进行事故的分析和评价工作。

1. 海因里希法则

海因里希法则即事故的统计规律，又称 1∶29∶300 法则。即，在每 330 次事故中，会造成死亡重伤事故 1 次，轻伤、微伤事故 29 次，无伤事故 300 次。该法则是美国安全工程师海因里希统计分析了 55 万起事故提出的，受到安全界的普遍承认。人们经常根据事故法则的比例关系绘制成三角形图，称为事故三角形，如图 4–4 所示。事故法则告诉人们，要消除一次死亡重伤事故以及 29 次轻伤事故，必须首先消除 300 次无伤事故。也就是说，防止灾害的关键，不在于防止伤害，而是要从根本上防止事故。所以，安全工作必须从基础抓起，如果基础安全工作做得不好，小事故不断，就很难避免大事故的发生。上述事故法则是从一般事故统计中得出的规律，其绝对数字不一定适用于每一个行业事故。因此，为了进行行业事故的预测和评价工作，有必要对行业事故的事故法则进行研究。有关学者曾对这一问题做过一些初步研究，研究煤矿事故得出的结论是：

对于采煤工作面所发生的顶板事故，事故法则为：

死亡：重伤：轻伤：无伤=1：12：200：400

对于全部煤矿事故，事故法则为：

死亡：重伤：轻伤=1：10：300

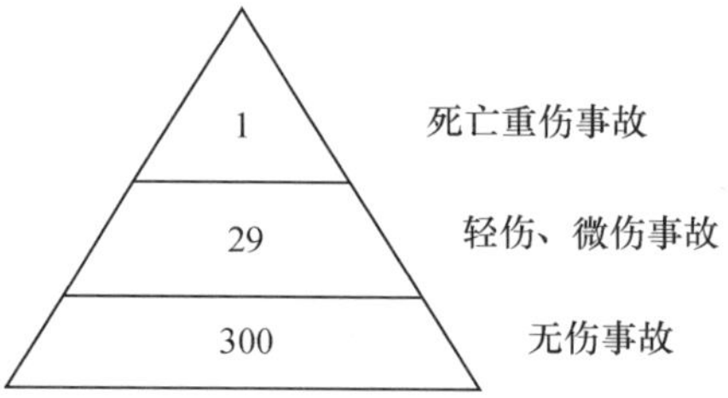

图 4-4　事故三角形

2. 事故的预防原则

综上所述，事故有其固有规律，除了人类无法左右的自然因素造成的事故（如地震、山崩等）以外，在人类生产和生活中所发生的各种事故均可以预防。

事故的预防工作应该从技术和组织管理两个方面考虑，应当遵循以下基本原则。

（1）技术原则。在生产过程中，客观上存在的隐患是事故发生的前提。因此，要预防事故的发生，就需要针对危险隐患采取有效的技术措施进行治理。

1）消除潜在危险原则。即从本质上消除事故隐患，其基本做法是，以新的系统、新的技术和工艺代替旧的不安全的系统和工艺，从根本上消除发生事故的可能性。例如，用不可燃材料代替可燃材料，改进机器设备，消除人体操作对象和作业环境的危险因素，消除噪声、尘毒对工人的影响等，从而最大可能地保证生产过程的安全。

2）降低潜在危险严重度的原则。即在无法彻底消除危险的情况下，最大限度地限制和减少危险程度。例如，手电钻工具采用双层绝缘措施，利用变压器降低回路电压，在高压容器中安装安全阀等。

3）闭锁原则。在系统中通过一些元器件的机器联锁或机电、电气互锁，作为保证安全的条件。例如，冲压机械的安全互锁器，电路中的自动保护器，煤矿上使用的瓦斯—电闭锁装置等。

4）能量屏蔽原则。在人、物与危险源之间设置屏障，防止意外能量作用到人体和物体上，以保证人和设备的安全。例如，建筑高空作业的安全网、核反应堆的安全壳等都能起到保护作用。

5）距离保护原则。当危险和有害因素的伤害作用随着距离的增加而减弱时，应尽量使人与危害源距离远一些。例如，化工厂建立在远离居民区的地方，爆破时进行危险距离控制等。

6）个体保护原则。根据不同作业性质和条件，配备相应的劳动防护用品及用具，以保护作业人员的安全与健康。例如，安全带、护目镜、绝缘手套等。

7）警告、禁止信息原则。用光、声、色等其他标志作为传递组织和技术信息的目标，以保证安全。例如，警灯、警报器、安全标志、宣传画等。

此外，还有时间保护原则、薄弱环节原则、坚固性原则、代替作业人员原则等，可以根据需要，确定采取相关的预防事故的技术原则。

（2）组织管理原则。预防事故的发生，不仅要遵循上述的技术原则，还要在组织管理上采取相关的措施，才能最大限度地减少事故发生的可能性。

1）系统整体性原则。安全工作是一项系统性、整体性的工作，它涉及企业生产过程中的各个方面。安全工作的整体性体现在有明确的工作目标，综合地考虑问题的原因，动态地认识安全状况；落实措施要有主次，有效地抓住各个环节，并且能够适应变化的要求。

2）计划性原则。安全工作要有计划和规划，近期的目标和长远的目标要协调进行。工作方案、人财物的使用要按照规划进行，并且有最终的评价，形成闭环的管理模式。

3）效果性原则。安全工作的好坏，要通过最终成果的指标来衡量。但是，由于安全问题的特殊性，安全工作的成果既要考虑经济效益，又要考虑社会效益。正确认识和理解安全的效果性，是落实安全生产措施的重要前提。

4）安全工作协调原则。党制定正确的安全生产方针和政策，教育干部和群众遵章守法，了解和解决工人的思想负担，把不安全行为变为安全行为。政府承担安全监察管理职责，不断改善劳动条件，提高企业生产的安全性。工会代表工人的利益，监督政府和企业把安全工作搞好。青年是劳动力中的有生力量，青年工人在生产中往往事故发生率高，因此，动员青年开展事故预防活动，是安全生产的重要保证。

5）责任制原则。各级政府及相关职能部门和企事业单位应当实行安全生产责任制，对违反劳动安全法规和不负责任的人员而造成的伤亡事故应当给予行政处罚，造成重大伤亡事故的应当根据刑法追究刑事责任。只有将安全责任落到实处，安全生产才能得以保证，安全管理才能有效。

综上所述，事故的预防要从技术、组织管理和教育多方面采取措施，从总体上提高预防事故的能力，才能有效地控制事故，保证生产和生活的安全。

本 章 小 结

本章从辩证唯物主义哲学角度对安全的相对认识论进行了深入阐述，从系统论观点出发对安全系统和系统安全的内涵、系统安全和安全系统的辩证关系进了详细论述。在对安全和安全性的内涵、事故及风险的概念阐述的基础上，对事故的必然性和偶然性、安全与事故的对立统一关系进行了深入论述。

复习思考题

1. 怎样理解辩证唯物主义是安全科学的指导思想？
2. 安全相对性的内涵包括哪些内容？
3. 如何认识安全系统的客观性？
4. 安全、事故隐患、事故三者有何区别与联系？

第五章　安全方法论

本章学习目标

1. 了解本质安全化方法。

2. 了解人机匹配法。

3. 掌握生产安全管理一体化方法，重点掌握安全目标管理。

4. 理解系统方法，掌握系统工程在解决安全问题中所采用的方法。

5. 了解以人为本的安全教育方法。

6. 掌握奖惩相结合的经济激励法，理解激励的定义，了解经济激励法的功能和原则。

7. 了解风险、风险分析、风险评价的定义，理解后三者之间的关系。

多少年来，人们特别是安全工作者总想找到一些办法，能够事先预测到事故发生的可能性，掌握事故发生的规律，做出定性和定量的评价，以便能在设计、施工、运行、管理中对发生事故的危险性加以辨识，并且能够根据危险性的评价结果，提出相应的安全措施，达到控制事故的发生与发展、提高安全水平的目的。目前，可采取的安全方法主要有本质安全化方法、人机匹配法、生产安全管理一体化方法、系统方法、以人为本的安全教育方法、奖惩结合的经济激励法、高技术系统安全管理方法、风险分析与评估法等。

第一节　本质安全化

控制事故应当采取的本质安全化，主要从物的方面考虑，包括降低事故发生概率和降低事故严重度。

一、降低事故发生概率的措施

影响事故发生概率的因素很多，如系统的可靠性、系统的抗灾能力、人为失误和违章等。在生产作业过程中，既存在自然的危险因素，也存在人为的生产技术方面的危险因素。这些因素能否转化为事故，不仅取决于组成系统各要素的可靠性，而且还受到企业管理水平和物质条件的限制。因此，降低系统事故的发生概率，最根本的措施是设法使系统达到本质安全化，使系统中的人、物、环境和管理安全化。一旦设备或系统发生故障，能自动排除、切换或安全地停止运行；当人为操作失误时，设备、系统能自动保证人机安全。要做到系统的本质安全化，应采取以下综合措施。

1. 提高设备的可靠性

要控制事故的发生概率，提高设备的可靠性是基础。

（1）提高元件的可靠性。设备的可靠性取决于组成元件的可靠性，要提高设备的可靠性，必须加强对元件的质量控制和维修检查，一般可采取以下措施。

1）使元件的结构和性能符合设计要求和技术条件，选用可靠性高的元件代替可靠性低的元件。

2）合理规定元件的使用周期，严格检查维修，定期更换或重建。

（2）增加备用系统。在规定时间内，多台设备同时发生故障的概率等于每台设备单独发生故障的概率的乘积。因此，在一定条件下，增加备用系统（设备），使每台单元设备或系统都能完成同样的功能，一旦其中一台或几台设备发生故障，系统仍能正常运转，不致中断正常运行，从而提高系统运行的可靠性，也有利于系统的抗灾救灾。例如，对企业中的一些关键性设备，如供电线路、通风机、电动机、水泵等均配置一定量的备用设备，以提高其抗灾能力。

（3）对处于恶劣环境下运行的设备采取安全保护措施。为了提高设备运行的可靠性，防止发生事故，对处于恶劣环境下运行的设备应当采取安全保护措施。如对处于有摩擦、腐蚀、侵蚀等条件下运行的设备，应采取相应的防护措施；对振动大的设备应加强防振、减振和隔振等措施；煤矿井下环境较差，应采取一切办法控制温度、湿度和风速，改善设备周围的环境条件。

（4）加强预防性维修。预防性维修是排除事故隐患、排除设备的潜在危险、提高设备可靠性的重要手段。为此，应制定相应的维修制度，并认真贯彻执行。

2. 选用可靠的工艺技术，降低危险因素的感度

危险因素的存在是事故发生的必要条件。危险因素的感度是指危险因素转化成

为事故的难易程度。虽然物质本身所具有的能量和发生性质不可改变，但危险因素的感度是可以控制的，其关键是选用可靠的工艺技术。例如，在普通炸药中加入消焰剂等安全成分形成的安全炸药，放炮中使用水炮泥，井巷工程中采用湿式打眼、清扫巷道煤尘等，都是降低危险因素感度的措施。

3. 提高系统抗灾能力

系统抗灾能力是指当系统受到自然灾害和外界事物干扰时，自动抵抗而不发生事故的能力，或者指系统中出现危险事件时，系统自动将事态控制在一定范围内的能力。例如，为了提高煤矿生产系统的抗灾能力，应该建立健全通风系统，实行独立通风，建立隔爆水棚，采用安全防护装置，如风电闭锁装置、漏电保护装置、提升保护装置、斜井防跑车装置、安全监测监控装置等；矿井主要设备实行双回路供电、增加备用设备等。

4. 减少人为失误

由于人在生产过程中的可靠性远比机电设备差，很多事故都是由于人的失误造成的。要降低系统事故发生概率，必须减少人的失误，主要有以下几种方法。

（1）对工人进行充分的安全知识、安全技能、安全态度等方面的教育和训练。

（2）以人为中心，改善工作环境，为工人提供安全性较高的劳动生产条件。

（3）提高矿井机械化程度，尽可能用机器操作代替人工操作，减少现场工作人员。

（4）注意用人机工程学原理进行系统设计、人机功能分配并改善人机接口的安全状况。

5. 加强监督检查

建立健全各种自动制约机制，加强专职与兼职、专管与群管相结合的安全检查工作。对系统中的人、事、物进行严格的监督检查，在各种劳动生产过程中都是必不可少的。实践表明，只有加强安全检查工作，才能有效保障企业的安全生产。

二、降低事故严重度的措施

事故严重度是指因事故造成的财产损失和人员伤亡的严重程度。事故的发生是由于系统中的能量失控造成的，事故的严重度与系统中危险因素转化为事故时释放的能量有关，能量越高，事故的严重度越大；也与系统本身的抗灾能力有关，抗灾能力越强，事故的严重度越小。因此，降低事故严重度具有十分重要的作用。目前，一般可采取以下措施。

1. 限制能量或分散风险

为了减少事故损失，必须对危险因素的能量进行限制。如各种油库、火药库的储存量的限制，各种限流、限压、限速设备等就是对危险因素的能量进行的限制。

分散风险的办法是把大的事故损失化为小的事故损失。如在煤矿把“一条龙”通风方式改造成并联通风，每一矿井、采区和工作面均实行独立通风，可达到分散风险的效果。

2. 防止能量逸散的措施

防止能量逸散就是设法把有毒、有害、有危险的能量源储存在有限允许范围内，而不影响其他区域的安全。如防爆设备的外壳、密闭墙、密闭火区、放射性物质的密封装置等。

3. 加装缓冲能量的装置

在生产中，设法使危险源能量释放的速度减慢，可大大降低事故的严重度，而使能量释放速度减慢的装置称为缓冲能量装置。在工业企业和生活中使用的缓冲能量装置较多，如汽车、轮船上装置的缓冲设备，缓冲阻车器以及各种安全带、安全阀等。

4. 避免人身伤亡的措施

避免人身伤亡的措施包括两个方面的内容：一是防止发生人身伤害；二是一旦发生人身伤害时，采取相应的急救措施。采用遥控操作、提高机械化程度、使用整体或局部的人身个体防护都是避免人身伤害的措施。在生产过程中及时注意观察各种灾害的预兆，以便采取有效措施，防止发生事故，即使不能防止事故发生，也可及时撤离人员，避免人员伤亡。做好救护和工人自救准备，对降低事故的严重性也有十分重要的意义。

第二节　人机匹配法

事故的发生往往是由于人的不安全行为和物的不安全状态造成的。因此，为了防止事故的发生，主要应当防止出现人的不安全行为和物的不安全状态，在此基础上充分考虑人和机的特点，使之在工作中相互匹配，对防止事故的发生也十分有益。

一、防止人的不安全行为

为了防止出现人的不安全行为，首先，要对人员的结构和素质情况进行分析，找出容易发生事故的人员层次和个人以及最常见的人的不安全行为。然后，在对人的身体、生理、心理进行检查测验的基础上合理选配人员。从研究行为科学出发，加强对人的教育、训练和管理，提高生理、心理素质，增强安全意识，提高安全操作技能，从而最大限度地减少、消除不安全行为。可采取的具体措施包括：

（1）职业适应性检查。

（2）人员的合理选拔和调配。

（3）安全知识教育。

（4）安全态度教育。

（5）安全技能培训。

（6）制定作业标准和异常情况处理标准。

（7）作业前的培训。

（8）制定和贯彻实施安全生产规章制度。

（9）开好班前会。

（10）实行确认制。

（11）作业中的巡视检查，监督指导。

（12）竞赛评比，奖励惩罚。

（13）经常性的安全教育和活动。

（14）健全完善岗位安全生产责任制，建立安全生产责任清单。

（15）组织开展工作前安全分析、工作循环分析、作业许可等。

（16）建立基层现场应急处置预案，重点岗位建立应急指导卡。

（17）合理运用行为安全观察与沟通方法，及时发现和改进人的不安全行为。

二、防止物的不安全状态

为了消除物的不安全状态，应该把落脚点放在提高技术装备（机械设备、仪器仪表、建筑设施等）的安全化水平上。技术装备安全化水平的提高也有助于改善安全管理和防止人的不安全行为。可以说，在一定程度上，技术装备的安全化水平决定了工伤事故和职业病的发生概率。

为了提高技术装备的安全化水平，必须大力推行本质安全技术。具体地说，它包括以下几方面的内容。

（1）失误安全功能。指操作者即使操纵失误也不会发生事故和伤害。或者说设备、设施或工艺技术具有自动防止人的不安全行为的功能。

（2）故障安全功能。指设备、设施发生故障或损坏时还能暂时维持正常工作或自动转变为安全状态。

上述安全功能应该潜藏于设备、设施或工艺技术内部。即在它们的规划设计阶段就被纳入，而不应在事后再行补偿。

（3）合理运用上锁挂牌方法。通过安装上锁装置及悬挂警示标牌，防止危险能源和物料意外释放可能造成的人员伤害或财产损失。

（4）大力推进启动前安全检查（投运前安全审核）。启动前安全检查是指在工艺设备启动和施工前对所有相关危害因素进行检查确认，并将发现的重大问题整改完成才能批准启动的过程。在设备投用前及时消除各类隐患，降低发生事故和伤害的可能性，增强各类工艺设备和施工项目本质安全系数。

（5）开展工艺和设备变更管理。通过控制工艺、设备变更过程中的风险，确保变更前、过程中和变更后符合运行控制标准，防范变更引发的事故发生。

三、人机相互匹配

随着科学技术的进步，人类的生产劳动越来越多地为各种机器所代替。例如，各类机械取代了人的手脚，检测仪器代替了人的感官，计算机部分地代替了人的大脑。用机器代替人，既减轻了人的劳动强度，有利于安全健康，又提高了工作效率。

1. 人与机器功能特征的比较

人与机器各有自身的特点，在人机环境系统中，如何使人机分工合理，从而达到整个系统的最佳效率的发挥，正是人机工程学研究的内容。人与机器主要功能特征比较见表5-1。

表5-1　人与机器主要功能特征比较

比较内容	人的特征	机器的特征
创造性	具有创造能力，能够对各种问题具有全新的、完全不同的见解，具有发现特殊原理或关键措施的能力	完全没有创造性
信息处理	人有智慧、思维、创造、辨别、归纳、演绎、综合、分析、记忆、联想、决断、抽象思维等能力	对信息有存储和迅速提取能力，能长期储存，也能一次废除。有数据处理、快速运算和部分逻辑思维能力
可靠性	就人脑而言，可靠性和自动结合能力远远超过机器。但工作过程中，人的技术高低、生理和心理状况等对可靠性都有影响	经可靠性设计后，可靠性高，且质量保持不变。但本身的检查和维修能力差，不能处理意外的紧急事态

续表

比较内容	人的特征	机器的特征
控制能力	可进行各种控制，且在自由度调节和联系能力等方面优于机器。同时，其动力设备和效应运动完全合为一体	操纵力、速度、精密度操作等方面都超过人的能力，必须外加动力源
工作效能	可依次完成多种功能作业，但不能进行高阶运算，不能同时完成多种操作和在恶劣环境条件下工作	能在恶劣环境条件下工作，可进行高阶运算和同时完成多种操纵控制。单调、重复的工作也不降低效率
感受能力	人能识别物体的大小、形状、位置和颜色等特征，并对不同音色和某些化学物质也有一定的分辨能力	在接收超声、辐射、微波、电磁波、磁场等信号方面，超过人的感受能力
学习能力	具有很强的学习能力，能阅读也能接收口头指令，灵活性强	无学习能力
归纳性	能够从特定的情况推出一般的结论，具有归纳思维能力	只能理解特定的事物
耐久性	容易产生疲劳，不能长时间连续工作	耐久性高，能长期连续工作，并超过人的能力

从表 5-1 中可以看出，机器优于人的方面有：操作速度快，精度高，能高倍放大和进行高阶运算。人的操作活动适宜的放大率在 1：1~4：1，机器的放大倍数则可达 10 个数量级。人一般只能完成两阶内的运算，而计算机的运算阶数可达几百阶，甚至更高；机器能量大，能同时完成各种操作且能保持较高的效率和准确度，不存在单调和疲劳，感受和反应能力较高，抗不利环境能力强，信息传递能力强，记忆速度和保持能力强，可进行短暂的储存记忆等。人优于机器的方面有：人的可靠度高，能进行归纳、推理和判断，并能形成概念和创造方法，人的某些感官目前优于机器，人的学习、适应和应付突发事件的能力强。人的情感、意识与个性是人的最大特点，人具有无限的创造性和能动性，这是机器无法比拟的。

2. 人和机器的功能分配

将人和机器特性有机结合起来，可以组成高效、安全的人机系统。例如，从系统的可靠安全性而言，将人在紧急情况下处理意外事态和进行维护修理的能力与机器在正常情况下持久工作的能力结合起来，可以较好地保证系统的可靠性和安全性。载人航天实验中，绕月飞行中全自动飞行的成功率为 22%，人参与飞行的成功率为70%，人承担维修任务的飞行成功率可达到93%以上，具有高智能的人和最先进的机器相结合的人机环境系统是最有发展前途的。在实际应用中，并不是简单地把人和机器联系在一起，就算解决了人机功能分配问题，哪些功能由人来完成，哪些功能由机器来完成，必须进行具体的分析和研究。

为了充分发挥人与机器各自的优点，让人员和机器合理地分配工作任务，实现安全高效生产，应根据人与机器功能特征的不同，进行人和机器的功能分配。其具体的分配原则包括以下几个方面。

（1）利用人的有利条件。①能判断被干扰阻碍的信息；②在图形变化的情况下，能识别图形；③能对多种输入信息进行辨认；④对于发生频率低的事态，在判断时，人的适应性好；⑤解决需要归纳推理的问题；⑥对意外发生的事态能预知、探讨，能够报告意外状况。

（2）利用机器的有利条件。①对决定的工作能反复计算，能储存大量的信息资料；②迅速给予很大的物理力；③整理大量的数据；④受环境限制，由人来完成有危险或易犯错误的作业；⑤需要调整操作速度；⑥对操纵器需要精密的施加力；⑦需要施加长时间的力。

概括地说，在进行人、机功能分配时，应该考虑人的准确度、体力、动作的速度及知觉能力等方面的基本界限，以及机器的性能、维持能力、正常动作能力、判断能力及成本等方面的基本界限。人员适合从事要求智力、视力、听力、综合判断力、应变能力及反应能力的工作，机器适用于承担功率大、速度快、重复性作业及持续作业的任务。应该注意，即使是高度自动化的机器，也需要人员来监视其运行情况。另外，在异常情况下需要由人员来操作，以保证安全。

第三节　生产安全管理一体化方法

建立和运行生产安全管理一体化体系的主要指导思想是：充分认识人的生命价值和人力资源的重要性，避免和减少经济损失，加强事故和职业病预防及其安全管理。生产安全管理一体化方法主要是通过全面安全管理和安全目标管理来实现的。

一、全面安全管理

全面安全管理就是在总结传统的劳动安全管理的基础上，应用现代管理方法并通过全体人员确认的全面安全目标，对全生产过程和企业的全部工作，进行统筹安排和协调一致的综合管理。全面安全管理一般包括以下五个方面的内容。

1. 全面安全目标管理

众所周知，安全生产既针对生产作业的人、物、环境，又贯穿于企业各部门的业务，无论哪一方面，都应当考虑安全。例如，有工艺安全、环境安全、人身安全、施工安全，有防尘、防毒、防震动、防辐射安全等。安全管理必须对这些安全内容进行全面管理，使之都有明确的目标，而且是经过努力可以达到或可能达到的目标。如有些企业提出的“00011”目标管理（即工伤死亡事故、重大设备事故和重大火灾事故三项为零，负伤频率一项降低，粉尘浓度合格率一项提高），这就是全面安全目标管理，它主要强调是在企业（部门）生产、业务活动的范围内，各系统（子系统）的协调与全局的、整体的（大系统）筹划和统一。但是，在考虑生产活动的同时，还应当考虑与人有关的家庭、环境、生活等方面对生产、业务活动的影响因素，并明确其目标。

2. 全员安全管理

就一个工厂而言，从厂长、书记到生产班组长的各级领导干部，从工程技术人员到每一位工人，都与安全生产有直接或间接的关系。每个人都重视安全生产，都在自己的工作岗位上努力搞好安全生产，创造出良好、融洽、文明、舒适的作业环境，就能够使安全工作真正得到落实。全员安全管理就是以各级领导为核心，广大职工共同参与的全员安全管理，如各企业开展的党政工团一齐抓安全。

3. 全过程安全管理

全过程安全管理是指企业应抓好一个产品全部生产过程中的各个工艺的安全管理，也就是说，一个产品从工程的酝酿、设计、施工、试车、投产、检验、销售、服务等全过程都要进行安全管理。

4. 全部工作安全管理

一个企业除了生产部门以外，还有许多间接为生产服务的工作部门。生产、服务的各工作部门又形成多个层次和多级的管理形式，如党群部门、教育卫生部门、后勤服务部门等，这些工作的本身有安全问题，又或多或少地涉及生产和其他部门的安全问题，因此，这些部门的业务工作都要有安全管理内容。如宣教工作对提高职工的文化和技术素质具有重要的作用，而职工素质的提高对安全管理又极为有益。

5. 安全生产标准化管理

安全生产标准化是政府部门倡导和要求企业实施的政府管理要求，具有一定的强制性，具体是指通过建立安全生产责任制，制定安全管理制度和操作规程，排查治理隐患和监控重大危险源，建立预防机制，规范生产行为，使各生产环节符合有关安全生产法律法规和标准规范的要求，人（人员）、机（机械）、料（材料）、法（工法）、环（环境）、测（测量）处于良好的生产状态，并持续改进，不断加强企业安全生产规范化建设。安全生产标准化体现了“安全第一，预防为主，综合治理”的方针和“以人为本”的科学发展观，强调安全生产工作的规范化、科学化、系统化和法制化，强化风险管理和过程控制，注重绩效管理和持续改进，符合安全管理的基本规律，代表了现代安全管理的发展方向，是先进安全管理思想与我国传统安全管理方法、企业具体实际的有机结合。

要搞好上述管理，必须应用正确的管理原理。在质量管理中获得成功的全面质量管理方法同样适用于安全生产管理，事实上，全面质量管理所提倡的原则包括在过程内管理质量而不是在过程外检查缺陷的预防原则，尽一切努力满足顾客（受益者）需要的原则，零目标——消除一切“不一致”的原则，领导者承诺、全体人员参与的原则，绩效测定、持续改进的原则等。这些原则具有普遍的意义，是组织成功不可缺少的要素。好的质量管理、好的环境管理、好的安全生产管理遵循同样的原理。

安全生产就是在组织从事业务活动中，对影响劳动者和其他人的安全健康的条件及后果进行控制。安全生产管理体系要融入企业总的管理体系中，在安全生产方面尽可能达到高水平，并以满足安全法规要求为最低标准。以此为指导设立安全工作的总目标，企业管理体系各层次都把安全生产管理作为首要责任。在安全与生产发生矛盾时，要优先保证安全，实施增产节约和新、扩、改建工程时，以安全为前提条件，辨识生产活动中的危害，消除或控制危险，使职工面临的危险最小化，全员参与安全生产工作。

在全面安全管理的过程中，方针是对所有其他要素起指导作用的核心要素；组织是渗透到其他过程要素之中，起保证作用的要素；特定时期的具体方针体现在计划、目标中；管理评审相当于新一轮循环的初始状态评审。因此，可以用目的模式体现各要素的组合关系，而绩效测定则通过预防性检查和事后性调查来实现。

安全生产管理体系的建立和运行是组织的自觉行动，其前提条件是组织的领导作出关于安全生产方针的承诺，健全的管理活动框架是体系运行的保证，而这个框架的结构和效能是以安全文化为基础的。

二、安全目标管理

安全目标管理就是在一定的时期内（通常为一年），根据企业经营管理的总目标，从上到下地确定安全工作目标，并为达到这一目标制定一系列对策措施，开展一系列的组织、协调、指导、激励和控制活动。

安全目标管理的基本内容是：年初，企业的安全部门在企业领导的带领下，根据企业经营管理的总目标，制定安全管理的总目标。然后经过协商，自上而下地层层分解，制定各级、各部门直到每个职工的安全目标和为达到目标的对策措施。在制定和分解目标时，要把安全目标和经济发展指标同时制定和层层分解，还要把责、权、利也逐级分解，做到目标与责、权、利的统一。通过开展一系列组织、协调、指导、激励、控制活动，依靠全体职工自下而上的努力，保证各自目标的实现，最终保证企业总安全目标的实现。年末，对实现目标的情况进行考核，并给予相应的奖惩。在此基础上，经过总结，再制定新的安全目标，进入下一年度的循环。

安全目标管理是企业目标管理的一个组成部分，安全管理的总目标应该符合企业经营管理总目标的要求，并以实现自己的目标来促进、保证实现企业经营管理的总目标。

为了有效地实行安全目标管理，必须深刻理解它的实质，为此应该把握它的以下几个特点。

第一，安全目标管理是重视人，激励人，充分调动人的主观能动性的管理。

管理以人为主体，有效的管理必须充分调动起人的主观能动性。传统的安全管理是命令指示型的管理。上级要求下级搞好安全生产，但没有明确的指标要求，也缺乏具体的指导帮助，下级被动地接受指令，干好干坏也没有准确评价的依据。这样的管理往往会挫伤人的积极性，只能是低效率管理。

安全目标管理是信任指导型的管理，它在管理思想上实现了根本的变革。因为所谓“目标”就是想要达到的境地和指标，设定目标并使之内化（不是外部加强，而是内在要求），就会激励人产生强大的动力，为实现既定目标而奋斗不息。实行安全目标管理，依靠目标的激励作用，就可以把消极被动地接受任务，变成积极主动地追求实现目标，从而极大地调动起人们的主观能动性，充分发挥创造精神，全心全意地搞好安全工作，大大增强安全管理工作的效能。

安全目标管理的激励作用，不但应体现在“目标”本身上，还应贯彻在管理的全部过程和所有环节中。例如，安全目标要与经济发展指标挂钩，使之提高到等同的地位；要做到安全目标责、权、利的统一，安全目标与奖惩挂钩，实现管理的封闭；要把安全指标作为否定性的指标，达不到目标的不能晋级调档，不能评先进等。简言之，既然安全目标管理是基于激励原理上的管理，就要充分利用一切激励的手段，才能充分发挥它的优越性，取得最好的效果。

第二，安全目标管理是系统的、动态的管理。

安全目标管理的目标，不仅是激励的手段，而且是管理的目的。毫无疑问，安全目标管理的最终目的是实现系统（如一个企业）整体安全的最优化，即安全的最佳整体效应。这一最佳整体效应，具体体现在系统的整体安全目标上。因此，安全目标管理的所有活动都是围绕着实现系统的安全目标进行的。

为了实现系统的整体安全目标，必须做好以下四个方面的工作。

一是要制定一个既先进又可行的整体安全目标，即安全管理的总体目标。这个总目标应该全面反映安全管理工作应该达到的要求，即它不是一个孤独的目标，而是能全面反映安全工作的若干指标，体现安全工作综合水平的目标体系。只有按照这样的要求所确定的总目标才能全面推动企业安全工作的发展，真正反映出安全工作的优劣好坏，起到充分调动积极性的作用。

二是总目标要自上而下地层层分解，制定各级、各部门直到每个职工的安全目标。纵向到底，横向到边，形成一个纵横交错、全方位覆盖的系统安全目标网络。这是因为，企业的安全总目标要依靠所有部门、全体人员步调一致的共同努力才能实现。这就要求每个部门每个成员都应该在总目标下设置自己的分目标、子目标，自下而上地实现自己的目标，从而保证总目标的实现。子目标、分目标、总目标之间是局部和整体的关系，必须自下而上，一级服从一级，一级保证一级。每个部门、每个成员都应该清醒地意识到自己在整体中的地位，在保证实现上一级目标和总目标的前提下，追求自己目标的实现。

三是要重视对目标成果的考核与评价。安全目标管理以制定目标为起点，以实现目标为归宿，只有圆满地实现了目标，才能取得最佳的整体效应，达到管理的目的。为了了解目标达到的程度，就要进行目标成果的考核评价。通过对目标成果的考核与评价，可以总结成绩，找出存在的问题，为进入下一周期的管理奠定基础。通过对目标成果的考核与评价可以明确优劣，奖优罚劣，使目标激励的作用真正落到实处。

四是要重视目标实施过程的管理和控制。安全目标管理强调重视人，激励人，充分调动每个部门、每个成员的积极性，但是这并不等于各自为政，放任自流。实现最佳的整体安全目标要求进行有组织的管理活动，要把所有的积极性集中统一起来，沿着指向目标的轨道向前运动，如果发现偏离，就应及时纠正。为此，要重视信息的收集和反馈，进行有效的指导和帮助以及必要的协调控制。总之，安全目标管理的目标不是一个静止的靶子，而是包含了为击中这个靶子所进行的一系列的动态管理与控制过程。

安全目标管理的实施程序有三个方面，即安全目标的制定和展开、安全目标的实施和成果的考核评价。三个程序紧密衔接，构成一个管理周期。在实施安全目标管理的全过程中都要重视人的因素，充分发挥各级组织和每个职工的积极性。提倡民主协商，强调自我管理和自我控制。为了做到这点，对领导也相应地提高了要求。领导不应只是凭借职权，发号施令，而要既善于激励调动群众，又能及时给予正确的指导和有益的帮助。

安全目标管理的实施程序及各程序间的相互关系如图 5-1 所示。

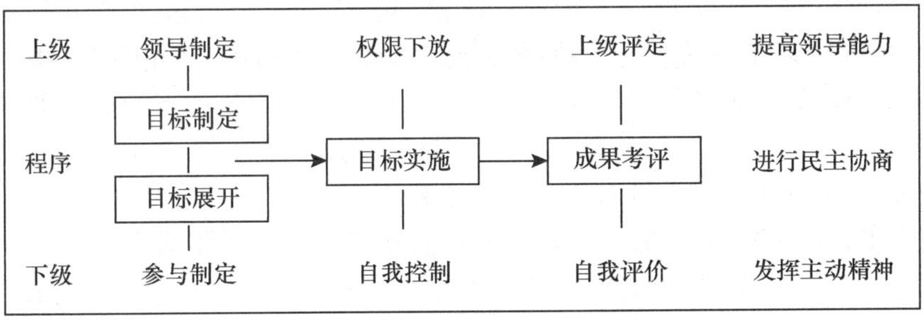

图 5-1　安全目标管理实施程序

1. 安全目标的制定

制定目标是目标管理的第一步工作。目标是目标管理的依据，制定既先进又可行的目标是安全目标管理的关键环节。

（1）目标内容。制定安全目标包括确定企业安全目标方针，制定总体目标和制定实现目标的对策措施三个方面的内容。

1）企业安全目标方针。企业安全目标方针是企业安全目标的高度概括，要用简明扼要、激励人心的文字、数字来表示，它反映了企业安全工作的奋斗方向和行动纲领。企业安全目标方针应根据上级的要求和企业的主客观条件，经过科学分析充分论证后加以确定。

例如，某厂某年制定的安全目标方针是“加强基础抓管理，减少轻伤无死亡，改善条件除隐患，齐心协力展宏图”。

2）总体目标（企业总安全目标）。总体目标是目标方针的具体化，它具体地规定了为实现目标方针在各主要方面应达到的要求和水平。总体目标由若干目标项目所组成，这些目标项目应既能全面反映安全工作在各个方面的要求，又能适用于国家和企业的实际情况。

每一个目标项目都应规定达到的标准，而且达到标准必须量化，即一定要有定量的目标值。因为只有这样才能使职工的行动方向明确具体，在实施过程中便于检查控制，在考核评比时有准确的依据。

一般地说，目标项目可以包括以下几个方面。

①各类工伤事故指标。根据《企业职工伤亡事故分类》（GB 6441—1986），主要的工伤事故指标有千人死亡率、千人重伤率、伤害频率、伤害严重率。根据行业特点，也可选用按产品、产量计算的死亡率（如百万吨死亡率、万立方米木材死亡率等）。

②工伤事故造成的经济损失指标。根据《企业职工伤亡事故经济损失统计标准》（GB 6721—1986），这类指标有千人经济损失率和百万元产值经济损失率。根据企业的实际情况，为了便于统计计算，也可以只考虑直接经济损失，即以直接经济损失率作为控制目标。

③尘、毒、噪声等职业危害作业点合格率。

④日常安全管理工作指标。对于安全管理的组织机构、安全生产责任制、安全生产规章制度、安全技术措施计划、安全教育、安全检查、文明生产、隐患整改、安全档案、班组安全建设、经济承包中的安全保障等日常安全管理工作的各个方面，均应设定目标并确定目标数值。

3）对策措施。为了保证安全目标的实现，在制定目标时必须制定相应的对策措施，作为安全目标不可缺少的组成部分。制定对策措施要避免“蜻蜓点水”或面面俱到，应该抓住影响全局的关键项目，针对薄弱环节，集中力量，有效地解决问题。对策措施应规定时限，落实责任，并尽可能有定量的指标要求。

（2）确定安全目标值的依据和要求。确定安全目标值的主要依据是企业自身的安全状况，上级要求达到的目标数值，以及历年特别是近期各项目标的统计数据（伤害频率、经济损失率等）。也应参照同行业，特别是先进企业的安全目标值。

确定安全目标值应当体现先进性、可行性与科学性。目标值定得过低，不经努力就可达到，就没有激励作用，失去了目标管理的意义；目标值定得过高，可望而不可即，做出最大努力也无法达到，就会使人丧失信心，挫伤积极性。要做到先进性和可行性的正确结合，就必须把目标值建立在科学分析论证的基础上，要充分了解自身的条件和状况，并对未来做出科学的预测和决策。

（3）制定安全目标的程序。制定安全目标一般分为三步，即调查分析评价、确定目标、制定对策措施。

1）对企业安全状况的调查分析评价。这是制定安全目标的基础。要应用系统安全分析与危险性评价的原理和方法对企业的安全状况进行系统、全面的调查、分析、评价，需要重点掌握的情况包括企业的生产、技术状况，由于企业发展带来的新情况、新问题，技术装备的安全程度，人员的素质，主要的危险因素及危险程度，安全管理的薄弱环节，曾经发生过的重大事故情况及对事故的原因分析和统计分析，历年有关安全目标指标的统计数据等。

通过调查分析评价，还应确定出为了实现安全目标而需要重点控制的对象，一般可以有以下几个方面。

①危险点。指可能发生事故，并能造成人员重大伤亡，设备系统造成重大损失的生产现场。

②危害点。指尘、毒、噪声等物理化学有害因素严重，容易产生职业病和恶性中毒的场所。

③危险作业。

④特种作业。对操作本人、对他人和周围设施的安全有重大危害因素的作业。

国家规定特种作业的范围是：电工作业，锅炉司炉，压力容器操作，起重机械作业，爆破作业，金属焊接（气割）作业，煤矿井下瓦斯检查，机动车辆驾驶，机动船舶驾驶，轮机操作，建筑登高架设作业等。

⑤特殊人员。指心理、生理素质较差，容易产生不安全行为，造成危险的人员。

对危险点、危害点应适当加以分级，以便确定重点控制的范围。

2）确定目标。确定目标值要根据上级下达的指标，比照同行业其他企业的情况。但是不应简单地就以此作为自己企业的数值，而应主要立足于对本企业安全状况的分析评价，并以历年来有关目标指标的统计数据为基础，对目标值加以预测，再进行综合考虑后确定。对于不同的目标项目，在确定目标值时可以有以下三种不同的情况。

①只有近几年统计数据的目标项目，可以以其平均值作为起点目标值（如经济损失率）。

②对于统计数据比较齐全的目标项目（如千人死亡率、千人重伤率等），可以利用回归分析等数理统计的方法进行定量的预测。

③对于日常安全管理工作的目标值，可以结合对安全工作的考核评价加以确定。也就是把对安全工作考核评价的指标作为安全管理工作的目标值。具体地说，就是根据企业的实际情况确定考核的项目、内容、达到的标准，给出达到标准值应得的分数。所有项目标准分的总和就是日常安全管理工作最高的目标值。以此为基

础结合实际情况确定一个适当低于此值的分数值作为实际目标值。这样把安全目标管理和对安全工作的考核评价有机结合起来就能更加有效地推动安全管理工作，促进安全生产的发展。

3）制定对策措施。如前所述，制定对策措施应该抓住重点，针对影响目标实现的关键问题，集中力量加以解决。一般来说，可以从以下各方面进行考虑：组织，制度，安全技术，安全教育，安全检查，隐患整改，班组建设，信息管理，竞赛评比，考核评价，奖惩等。

制定对策措施要重视研究新情况、新问题，如企业承包经营的安全对策、采用新技术的安全对策等。要积极开拓先进的管理方法和技术，如危险点控制管理、安全性评价等。制定出的对策措施要逐项列出，规定措施内容、完成日期，并落实实施责任。

2. 安全目标的展开

根据整分合原理，制定目标就是整体规划，之后还应该明确分工。这就是在企业的总安全目标制定以后，应该自上而下层层展开，分解落实到各科室、车间、班组和个人，纵向到底，横向到边，使每个组织每个职工都确定自己的目标和明确自己的责任，形成一个个人保班组、班组保车间、车间保厂部，层层互保的目标连锁体系，如图 5-2 所示。

（1）目标展开的过程和要求

1）上级在制定总安全目标时要发扬民主，在征求下级意见并充分协商后才能正式确定。与此同时，下级也应参照制定企业总安全目标的原则和方法初步酝酿本级的安全目标和对策措施。

2）上级宣布企业安全目标和保证对策措施，并向下一级分解，提出明确要求。下一级根据上级的要求制定自己的安全目标。在制定目标时，上下级要充分协商，取得一致。上级对下级要充分信任并加以具体指导，下级要紧紧围绕上级目标来制定自己的目标，必须做到自己的目标能保证上级目标的实现，并得到上级的认可。

3）按照同样的方法和原则将目标逐级展开，纵向到底，横向到边，不应有哪个部门和个人被遗漏。

4）目标展开要紧密结合落实安全生产责任制，在目标展开的同时要逐级签订安全生产责任状，把目标内容纳入其中，确保目标责任的落实。

（2）目标的协调与调整。企业的安全目标要依靠各级领导和所有职工共同努力才能实现，因此在制定目标的时候，不但上下级之间要充分协商，各部门单位之

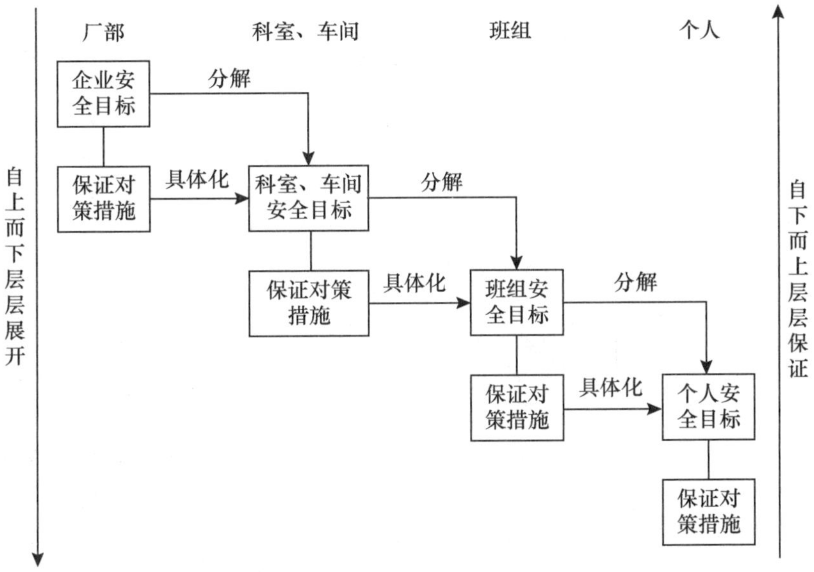

图 5-2　安全目标体系图

间也必须协调一致，彼此取得平衡。如果做不到这点，上级就应该加以组织和指导，进行适当的调整，以取得协调和平衡。例如，在不同的车间、部门，任务不同，危险因素的程度不同，达到目标的难易程度不同，那么目标值就应有所区别，与各自的具体情况相一致。

除了安全目标要协调平衡外，为了实现保证目标的对策措施，在各部门单位之间也要取得协调配合。因为，这些对策措施往往需要许多部门的协调配合才能实现。例如，为了完成某一项安全技术措施，需要设计部门设计，财务部门拨款，计划部门下达计划，工艺部门和车间实施等。

（3）目标展开图。为了直观、形象、简明地显示目标和目标对策，明确目标责任，实现目标的协调，为了便于领导者对众多的目标项目实现有效的综合管理、控制，应该编制目标展开图。目标展开图还能起到动员群众，督促提醒和鼓舞士气的作用。

目标展开图的格式没有统一的规定。不同的企业、不同的管理层次都可以根据自己的情况自行编制目标展开图。但是，无论用什么格式，都应该体现有效综合的原则，要在展开图中明确显示出目标内容、目标责任、目标协调，以及实施的进度等方面的内容和要求。图 5-3 是一种目标展开图的格式，可供参考。

安全目标方针		
……		
总体目标		
序号	目标项目	目标值
1 2 3 4		

对策措施			进度（月）					责任者					
序号	内容	要求	1	2	3	…	12	××办	××处	××部	…	×车间	×车间
1								△	×			△	×
2								×	△	×		×	△
3								△	△	×		△	×
⋮								⋮ ×	⋮ △	⋮ ×	⋮	⋮ ×	⋮ ×

（注：△—主要责任；×—协同责任）

图 5-3 安全目标展开图

3. 安全目标的实施

在制定和展开安全目标后就转入了目标实施阶段。在这个阶段中要着重做好自我管理，自我控制，必要的监督检查以及信息交流工作。

“权限下放，自我管理，自我控制”是目标实施阶段的主要原则。在这个阶段，企业从上到下的各级领导、各级组织、每一个职工都应该充分发挥自己的主观能动性和创造精神，围绕着追求实现自己的目标，独立自主地开展活动，抓紧落实，实现所制定的对策措施。要把实现对策措施与开展日常安全管理和采用各种现代化安全管理方法结合起来，以目标管理带动日常安全管理，促进现代安全管理方法的推广和应用。要及时进行自我检查、自我分析，及时把握目标实施的进度，发现存在的问题，并积极采取行动，自行纠正偏差。在这个阶段，上级对下级要注意权限下放，充分给予信任，要放手让下级自己去实现目标，对下级权限内的事，不要随意进行干预。为了搞好这一阶段的自我管理、自我控制，可以采取以下两项措施。

（1）编制安全目标实施计划表。安全目标实施计划表可以按照PDCA（对策措施、实施、检查和处理）循环方式进行编制，其格式见表5-2。该表在具体实施过程中，应进一步展开，使每项对策措施更加详细具体。对PDCA循环过程也应加以详细记录，以取得更好的效果，也有利于给成果评价阶段奠定基础。

表5-2　　安全目标实施计划表

安全目标	对策措施（P）	实施（D）						检查（C）						处理（A）			
		单位	负责人	实施进度（月）				单位	负责人	检查结果（月）				单位	负责人	处理结果	遗留问题
				1	2	…	12			1	2	…	12				

（2）旗帜管理法。旗帜管理法是指对实施安全目标的各级组织分别画出类似旗帜的管理控制图，彼此连锁，形成一个管理控制图的体系，并据此来进行动态管理控制。当某级发现管理失控时，即可循着图示的线索逐级往下寻找在哪里出了问题，便可及时采取措施恢复控制。旗帜管理图的形式如图5-4所示。

4. 安全目标成果的考评

目标成果的考评是安全目标管理的最后一个阶段。在这个阶段要对实际取得的目标成果做出客观的评价，对达到目标的给予奖励，对未达目标的给予惩罚，从而使先进的受到鼓舞，使后进的得到激励，进一步调动起全体职工追求更高目标的积极性，通过考评还可以总结经验和教训，发扬成绩，克服缺点，明确前进的方向，为下期安全目标管理奠定基础。

（1）目标考评的原则

1）自我评价与上级评定相结合。目标成果考评要充分体现自我激励的原则。要以自我评价为主，即在各个层次的评价中，首先进行自我评价。个人在班组内，班组在车间内，车间在全厂内，对照自己的目标，总结自己的工作，本着严格要求自己的精神，实事求是地对实现目标的情况做出评价。由于目标责任者对自己目标的实施过程和目标成果了解得最清楚，应该比较容易做出正确的评价。

在自我评价的基础上还要搞好上级领导的评价，而且要以领导的评定结果作为最终的结果。上级评定也要注意民主协商和具体指导，也就是说，在下级进行自我评价时要给予同志式的指导和帮助，启发下级客观评价自己，正确地总结经验教训；在领导评定时要与下级充分交换意见，产生分歧时要认真听取和考虑下级的申

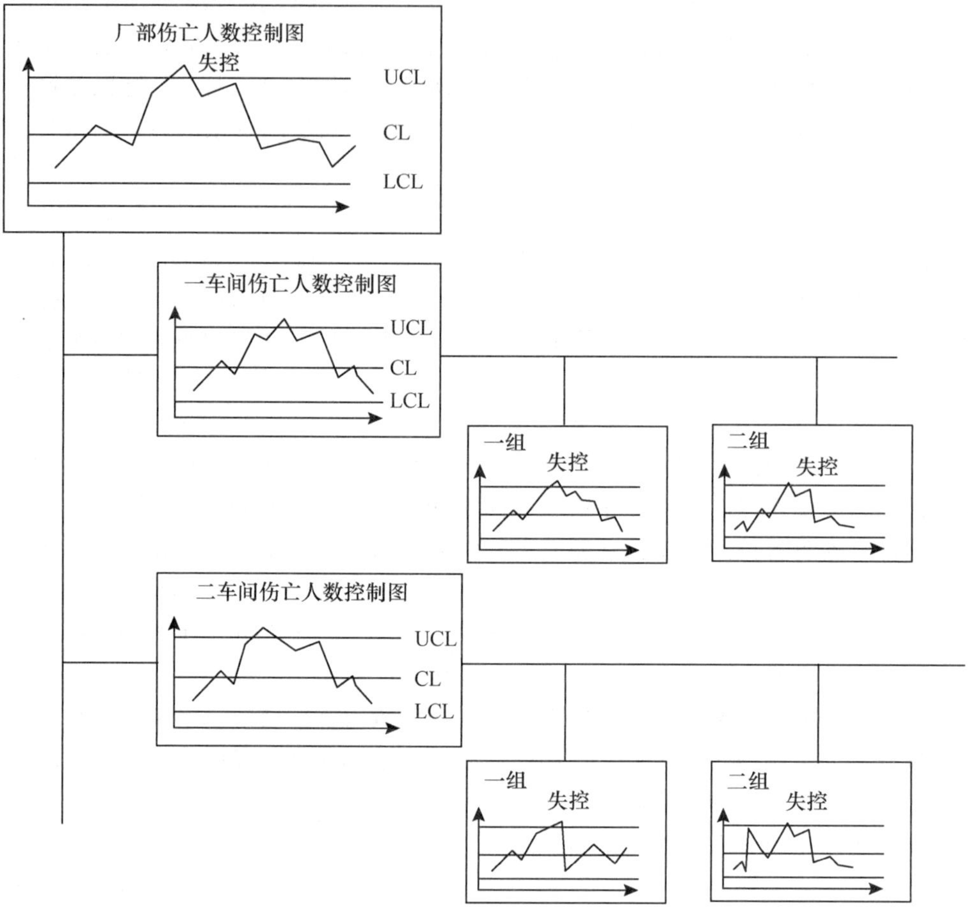

图 5-4　旗帜管理图

UCL—目标值上限；CL—控制目标值；LCL—目标值下限

诉，使最后评定的结果力求公正准确。在上级评定的同时，也要征求下级对自己的评价，因为目标成果的取得是上下级共同努力的结果。

2）重视成果与综合评价相结合。目标成果评价应重视成果，以目标值的达到程度作为主要的依据，要用事实和数据说话，切忌只凭表面印象。同时也要考虑不同组织和个人实现目标的复杂困难程度和在达标过程中的主观努力程度，还要参考目标实施措施的有效性和单位之间的协作情况。应该对所有这些方面的内容区别主次，综合评价，力求得出客观公正的结果。

（2）目标考评的方法。目标考评一般可用打分法，其步骤如下。

1）确定各目标项目得分比重。把完成全部目标项目得分定为 100 分，再按各个项目的重要程度，分别规定其比例，如工伤事故指标：经济损失指标：尘毒合格率指标：日常安全管理指标=4：1：2：3。

2）给各目标项目打分。对每个目标项目，根据其达标程度、目标复杂困难程度、达标过程中的努力程度这几方面的内容分别打分，同时确定各方面内容的比重，把每一方面内容的得分乘以相应的比重数值后相加，则得到每个目标项目的总分。例如，达标程度：目标复杂困难程度：达标过程努力程度=5：3：2，则目标项目得分=达标程度得分×50%+目标复杂困难程度得分×30%+达标过程努力程度得分×20%。比重的分配是人为的，可根据需要而适当加以调整。例如，当强调要求下级发挥能力时，则可把努力程度得分的比重提高。

3）综合评定。把每个目标项目的得分乘以它的比重后，逐项相加，就可得到所有目标项目的得分和，以此为基础，再考虑目标实施措施的有效性和协作情况，就可得到目标成果的总分值，即：

目标成果总分值=各目标项目得分之和+实施措施有效性分+协作分

式中后两项的得分均以各目标项目得分之和乘以系数得到，两项的系数之和以不超过 20%为宜。例如，设目标项目得分之和为 90 分，实施措施有效性和协作情况的系数均为 5%，则：

目标成果总分值=90+90×5%+90×5%=99

根据我国的实际情况，安全目标管理的成果考评有与安全工作的考核评价结合起来进行的趋势。如前所述，在制定安全目标时，对于日常安全管理工作的目标可以取安全工作考核评价的指标。实际上，有些企业不仅把这两者统一起来，还把其他目标项目也纳入了安全工作考核评价的范围，把这些目标项目的目标值作为安全工作的考评指标，并给出标准分数，确定评分标准。在考核评价时，根据实际达标情况逐项打分，所有项目得分的总和就是安全工作考评的得分，实际上也就是目标成果的总分。

实践表明，这样做是切实可行的，有利于安全目标管理的持久开展，使之制度化和标准化，还有利于安全目标管理与贯彻落实安全生产责任制的紧密结合。但是这样做，实际结果只考虑了达标程度一个因素，而忽略了达标的复杂困难程度和努力程度等因素，这一不足有待在实践中加以研究改进，使之对目标成果的考评趋于完善。

（3）奖惩与总结。在综合评定的基础上要根据预先制定的奖惩办法进行奖惩，使先进的受到鼓励，落后的受到鞭策。既要有经济上的奖惩，也要注意精神上的表彰，使达标者获得精神追求的满足，也使未达标者受到精神上的激励。

对待奖惩，上级领导一定要说话算数，兑现诺言，严格地按奖惩规定办。不能言而无信，也不能搞“照顾情绪”“平衡关系”，否则失信于民，给下期安全目标管理造成困难。

目标考评不但应得出正确的评定结果，还应达到改进提高的目的。为此，在目标考评的全过程中要注意引导全体职工认真总结经验教训，从而发扬成绩，克服缺点，明确前进的方向。

总之，要以鼓励为主，即使对未达标者也应充分肯定其达到的目标成果和为达标所做出的努力，同时热情地帮助他们分析研究存在的问题，提出改进的措施。

（4）在成果考评中应注意的事项。为了搞好目标成果考评，应注意做好以下事项。

1）建立好评价组织。要在统一领导下建立企业、车间、班组三级评价小组。要选作风正、懂业务、会管理、有威信的人参加，使之具有权威性。各级领导应当参与评价小组的工作。

2）要在民主协商的基础上，预先制定好考核细则、评价标准、奖惩办法。并在安全目标管理开始时就向全体职工明确宣布。

第四节　系统方法

人类的安全系统是人、社会、环境、技术、经济等因素构成的大协调系统。无论从社会的局部还是整体来看，人类的安全生产与生存需要多因素的协调与组织才能实现。安全系统的基本功能和任务是满足人类安全生产与生存，以及保障社会经济生产发展的需要，安全活动要以保障社会生产、促进社会经济发展、降低事故和灾害对人类自身生命和健康的影响为目的。为此，安全活动应当与社会发展、科学技术背景和经济条件相适应和相协调，安全活动的进行需要经济和科学技术等方面的支持。安全活动既是一种消费活动（以生命和健康安全为目的），也是一种投资活动（以保障经济生产和社会发展为目的）。

为了有效地解决生产中的安全问题，人们发现往往需要采用系统工程的方法来识别、分析、评价系统中的危险性，并根据其结果，调整工艺、设备、操作、管理、生产周期和投资等因素，使系统可能发生的事故得到控制，并使系统安全性达到最好的状态。

一、系统

由相互作用和相互依赖的若干组成部分结合成的具有特定功能的有机整体称为系统，而且这个“系统”本身往往又是它所从属的一个更大系统的组成部分。

一般来讲，系统应具有以下四个属性。

1. 整体性

系统是由至少两个和两个以上的要素（元件或子系统）组成的，它们构成了一个具有统一性的整体——系统。要素间不是简单的组合，而是组合后构成了一个具有特定功能的整体。换句话说，即使每个要素并不都很完善，但它们可以综合、统一成为具有良好功能的系统。反之，即使每个要素是良好的，而构成整体后并不具备某种良好的功能，也不能称为完善的系统。

2. 相关性

系统内各要素之间是有机联系和相互作用的，要素之间具有相互依赖的特定关系。例如，对于电子计算机系统来说，各种运算、储存、控制、输入输出装置等各个硬件和操作系统、软件包等都是子系统，它们之间通过特定的关系，有机地结合在一起，就形成了一个具有特定功能的计算机系统。

3. 目的性

所有系统都为了实现一定的目标，没有目标就不能称为系统。不仅如此，设计、制造和使用系统，最后是希望完成特定的功能，而且要效果最好。这就是所谓最优计划、最优设计、最优控制、最优管理和使用等。

4. 环境适应性

任何一个系统都处于一定的物质环境之中，系统必须适应外部环境条件的变化，在研究系统的时候必须重视环境对系统的作用。

二、系统工程

系统工程是以系统为研究对象，以达到总体最佳效果为目标，为达到这一目标而采取组织、管理、技术等多方面的最新科学成就和知识的一门综合性科学技术。系统工程在解决安全问题中一般采用以下几种方法。

1. 工程逻辑

从工程的观点出发，用逻辑学与哲学的一般思维方法进行系统的探讨和应用，同时把符号逻辑作为重要内容。一般采用布尔代数、关系代数、决策研究、数学函数等。

2. 工程分析

运用基本理论（如物质不灭定律、能量守恒定律等），系统地、有步骤地解决各类工程问题。采取的步骤包括弄清问题，选择解决问题的恰当方法，实施，分析，总结。在分析过程中需要正确运用数学方法。

3. 统计理论与概率论

这是由系统工程的数学特点所决定的，即系统的输入量与输出量带有很大的随机性。并且，在复杂的系统工程中常常会遇到随机函数问题。因此，需要采用统计理论与概率论来处理所遇到的数学问题。

4. 运筹学

这是指有目标地、定量地做出决策，在一定的制约条件下使系统达到最优化。目前，一般认为，运筹学是系统工程最重要的技术内容与数学基础。运筹学的内容包括线性规划、动态规划、排队论、决策论、优选法等。

5. 现代管理学理论与原则

（1）系统原理。现代管理对象都是一个系统，它包含若干分系统（子系统），同时又和外界的其他系统发生横向的联系，为了达到现代化管理的优化目标，就必须运用系统理论，对管理进行充分的系统分析，使之优化，这就是管理的系统原理。

（2）整分合原理。现代高效率的管理必须在整体规划下明确分工，在分工基础上进行有效的整合，这就是整分合原理。整体规划就是在对系统进行深入、全面分析的基础上，把握系统的全貌及其运动规律，确定整体目标、制定规划与计划及各种具体规范。明确分工就是确定系统的构成，明确各个局部的功能，把整体的目标分解，确定各个局部的目标以及相应的责、权、利，使各局部都明确自己在整体中的地位和作用，从而为实现最佳的整体效应最大限度地发挥作用。有效综合就是对各个局部必须进行强有力的组织管理，在各纵向分工之间建立起紧密的横向联系，使各个局部协调配合，综合平衡地发展，从而保证最佳整体效应的圆满实现。现代高效率的管理，必须是在整体规划下的明确分工，在分工基础上进行有效的综合。

（3）反馈原理。现代高效率的管理，必须有灵敏、正确、有力的反馈，这就是反馈原理。管理实质上就是一种控制，管理活动的过程是由决策指挥中心发出指令，由执行机构去执行，直到实现管理目标。决策指挥中心要实现既定的目标，就要随时掌握执行机构活动的情况，及时发现偏差并加以调整、控制，使之回到正确的轨道上来。决策指挥中心如何掌握执行机构活动的情况呢？这就需要反馈。把反馈信息与输出信息进行比较，用比较所得的偏差对信息的再输入发生影响，起到控制的作用，以达到预定的目的。

（4）弹性原理。管理是在系统外部环境和内部条件千变万化的形势下进行的，管理必须要有很强的适应性和灵活性，才能有效地实现动态管理。安全管理所面临的是错综复杂的环境和条件，尤其是事故致因是很难完全预测和掌握的，因此安全管理必须尽可能保持好的弹性。一方面不断推进安全管理的科学化、现代化，加强系统安全分析、危险性评价，尽可能做到对危险因素的识别、消除和控制；另一方面要采取全方位、多层次的事故防止对策，实行全面、全员、全过程的安全管理，从人、物、环境等方面层层设防。此外，安全管理必须注意协调好上、下、左、右、内、外各方面的关系，尽可能取得理解和支持，一旦有事，就比较容易得到配合和帮助。

（5）封闭原理。任何一个系统的管理手段、管理过程等必须构成一个连续封闭的回路，才能形成有效的管理运动。但是，管理封闭是相对的。从空间上讲，封闭系统不是孤立系统，它要受到系统管理的作用，与上下左右各个系统都有着输入和输出的关系，只能与它们协调平衡地发展，而不应不顾周围，自行其是。从时间上讲，事物是不断发展的，永远不能做到完全预测未来的一切。因此，必须根据事物发展的客观需要，不断地以新的封闭代替旧的封闭，求得动态的发展，在变化中不断前进。

（6）能级原理。一个稳定而高效的管理系统必须是由若干分别具有不同能级的不同层次有规律地组合而成的，这就是能级原理。管理系统中能级的划分不是随意的，它们的组合也不是随意的，必须按照一定的要求，有规律地建立起管理系统的能级结构。

（7）动力原理。管理必须有强大的动力（这些动力包括物质动力、精神动力和信息动力），而且要正确地运用动力，才能使管理运动持续而有效地进行下去，这就是动力原理。

（8）激励原理。以科学的手段，激发人的内在潜力，充分发挥出积极性和创造性，这就是激励原理。

（9）PDCA 闭环原理。PDCA 是计划（Plan）、实施（Do）、检查（Check）、行动（Action）的首字母组合。无论哪一项工作都离不开 PDCA 的循环，每一项工作都需要经过制订计划、执行计划、检查计划、对计划进行调整并不断改善这样四个过程。这四个过程不是运行一次就结束，而是周而复始地进行，一个循环完了，解决一些问题，未解决的问题进入下一个循环，不断阶梯式上升，从而推进安全生产工作实现持续改进。

三、采用系统工程的方法解决安全问题的理由

1. 使用系统工程方法，可以识别出存在于各个要素本身及要素之间的危险性

众所周知，危险性存在于生产过程的各个环节，如原材料、设备、工艺、操作、管理之中，这些危险性是产生事故的根源。安全工作的目的就是要识别、分析、控制和消除这些危险性，使之不致发展成为事故。利用系统可分割的属性，可以充分地、不遗漏地揭示存在于系统各要素（元件和子系统）中存在的所有危险性。然后，就可以对危险性加以消除，对不协调的部分加以调整，这就有可能消除事故的根源并使安全状态达到优化。

2. 使用系统工程方法，可以了解各要素间的相互关系，消除各要素由于互相依存、互相接合而产生的危险性

要素本身可能并不具有危险性，但当进行有机的结合构成系统时，便产生了危险性，这个情况往往发生在子系统的交接面或相互作用时。

人机交接面是多发事故的场所，最突出的例子如人和压力机、传送设备等的交接面。对交接面的控制，在很大程度上可以减少伤亡事故。

危险物的质量、能量储存都是构成重大恶性事故的物质根源。适当地调整加工量和处理速度，可以大大降低事故的严重性。例如，炸药研磨由吨位级改为公斤级，加工速度相应增大，这样做虽然并不能减少事故发生，但能使事故严重性大大降低。现代化的大型石油化工生产，也存在着能量储积和加工速度之间的安全优化问题。

3. 系统工程所采用的一些手段都能用于解决安全问题

系统工程几乎使用了各种学科的知识，但其中最重要的有运筹学、数学、控制论。系统工程方法所解决的问题，几乎都适用于解决安全问题。例如，使用决策论，在安全方面可以预测发生事故可能性的大小；利用排队论，可以减少能量的储存危险；使用线性规划和动态规划，可以采取合理的防止事故的手段。至于数理统计、概率论和可靠性，则可更广泛地用于预测风险、分析事故。因此，使用系统工程方法可以使系统的安全达到最佳状态。

第五节　以人为本的安全教育方法

人的生存依赖于社会的生产与安全，显然，安全条件是很重要的一个方面。安全条件的实现是由人的安全活动去实现的，安全教育又是安全活动的重要形式，因

此，安全教育是人类生存活动中基本而重要的活动。

教育是人类所特有的一种社会现象，是由人类运用其智慧来培养人的一种社会活动，对人的发展具有必要性和主导性。这是由于人的生活是靠劳动改造自然和进行生产来维持生命并且使之延续下去的，而要安全地生产，就必须结合一定的社会关系，并在其中创造和运用安全生产手段和安全生产的技术，以及与此相适应的各种制度、习惯、文化等复杂体系来进行。人的生活现状以及文化体系不是固定地维持下去，特别是在生活受到灾害威胁的时候，人们要不断地加以变革，并创造出更安全的生活和文化。这种创造和变革的活动是人类发展的前提，而教育对这种活动起主导的作用。教育是有目的、有计划的社会活动过程，它对人的影响最为深刻。安全教育作为教育的重要部分，显然对人类的发展起着重要的作用。

一、以人为本的安全教育方法的种类及应用

安全生产教育工作是安全生产监管的重要手段，要切实贯彻“安全第一，预防为主，综合治理”的方针，就必须把“以人为本”放在第一位。人是生产中最宝贵的因素，也是最活跃的因素。在生产中把保护人的安全和健康放在首位，不允许用人的生命和健康作为代价去换取企业效益，当生产和安全发生矛盾时，生产必须服从安全。

合理的教育方法是提高教学效果的重要方面，安全教育的方法和一般教学的方法一样，多种多样，各种方法有各自的特点和作用。通常在教学过程中有以下方法可供参考。

1. 讲授法

这是教学常用的方法，它具有科学性、思想性、计划性、系统性和逻辑性的特点。安全课讲授形式还可以采用以下几种形式进行：报告式安全课、电教式安全课、答疑式安全课、研讨式安全课、演讲式安全课、座谈式安全课、参观式安全课、竞赛式安全课、试验式安全课、综合式安全课。

2. 谈话法

通过对话的方式传授知识的方法，一般可分为启发式谈话和问答式谈话。

3. 读书指导法

通过指定教科书或阅读资料的学习来获取知识的方法。这是一种自学方式，需要学习者具有一定的自学能力。

4. 演示法

通过提供直观形象的材料，运用实物、标本、模型、照片、图表、幻灯、影

片、教具或实验，使被教育者获得感性知识的教学方法。

5. 练习与复习法

涉及操作技能方面的知识往往需要通过练习来加以掌握，复习则是防止遗忘的主要手段。

6. 研讨法

通过研讨的方式，相互启发，取长补短，达到深入消化，理解学过的知识和增长新知识。研讨的技巧在于事先有准备，讨论小组规模适当，讨论前有论题，讨论结束有总结等。

7. 宣传娱乐法

通过宣传媒体，寓教于乐，使安全知识和信息通过潜移默化的方式深入被教育者思想之中。

8. 访问法

通过对当事人的访问，现身说法，获得相关安全知识和见闻。

9. 实验和实习法

这是一种通过学习者自己独立作业的方式获取知识的方法。在实验和实习过程中，受教育者可以获得直接的实际知识，可以受到独立思考和独立工作能力的培养。

10. 发现法

让被教育者独立工作，独立思考，自行发现问题，寻找答案，得出结论的教育方法。发现法的应用技术步骤为：提出问题→合理假设→检验假设→做出结论。

11. 外围教育法

通过职工以外的力量来进行教育，如利用父母情、夫妻情、子女情、亲友情来教育职工，搞好安全。

12. 奖惩教育法

对在安全工作中成绩显著的单位和个人进行表扬、奖励和肯定，能够使安全的行为和思想保持巩固下去，还会引导其他单位和个人向他们学习看齐。反之，批评、惩罚和否定，也会使人们的思想受到强烈的刺激而减弱或消除那些不安全的行为和思想。在实施奖惩教育法时，应当以奖为主，以罚为辅。同时，奖罚要力求真实、准确、适度，使受教育者是非分明，功过分明，从而增强职工的安全责任感，提高搞好安全生产的积极性。

13. 全方位教育法

在安全教育中，根据需要把各种形式、各种方法，相互结合、相互交叉，党政工团、上下左右根据各自的职责范围、各自的工作特点，进行有声有色的教育，使安全生产得到全员、全面、全方位的落实。随着现代教育工具的发展，教育手段的作用越来越占有重要的地位。教育手段现代化不仅能够丰富教学内容，提高教学效果，节约师资，缩短教学时间，而且能够普及教育、扩大教育面，对于安全教育具有重要意义。除一般的电视、录像、幻灯片、广播等常见的电教手段外，应用事故实例、照片、事故现场模型、图表等制作成教学用具，建立教育展览室，也是安全教育中经常采用的教学手段。

14. 计算机多媒体教育法

利用计算机承担安全教育中某些内容的教育，趣味性较强，能够使受教育者具有强烈的参与感。组织教育的部门，可以将有关的教育内容编成程序存入计算机的软盘或硬盘中，让接受教育的人上机，调出相关的题目，进行游戏式的安全教育。采用这种安全教育方式，可以使受教育者变被动为主动，由旁观者变成参与者，使学习和趣味结合起来，便于记忆和掌握。另外，在课堂上和电化教育中无法做到的事故模拟演习，在计算机上完全可以进行模拟。所以，使用计算机可以开拓安全教育内容的深度和广度，同时，也需要结合生产实际，不断开发新的安全教育软件。

在应用中应当结合实际的知识内容和学习对象，灵活采用各种安全教育方法。例如，对于大众的安全教育，多采用宣传娱乐法和演示法；对于中小学生的安全教育，多采用访问法、讲授法和演示法；对于各级领导，多采用研讨法和发现法等；对于企业职工的安全教育，则多采用讲授法、谈话法、访问法、练习与复习法、外围教育法、奖惩教育法等；对于安全专职管理人员，则应采用讲授法、研讨法、读书指导法、全方位教育法、计算机多媒体教育法等。

二、安全法规与安全教育

企业安全教育的内容概括起来有：国家有关安全生产的方针、政策、法律、法规及有关规章制度，工伤保险，安全生产责任制，企业职业安全健康知识及安全文化，有关事故案例及事故应急处理措施。此外还应结合企业本身的实际情况发现安全生产中的不良倾向，从理论上有针对性地解决职工的思想认识问题。

我国最新《安全生产法》就安全教育和培训问题，在第二十一条、第二十五条、第二十七条、第二十八条、第二十九条、第三十条、第四十四条、第五十八条等做出了全面而详细的规定。早在 1995 年原劳动部代表国务院行使“国家监察”权力时，就颁布了《企业职工劳动安全卫生教育管理规定》，以法律的形式把企业安全教育纳入管理。这个管理规定共 6 章 27 条，从总则、生产岗位职工安全教育、管理人员安全教育、组织管理、罚则、附则等方面全面系统地阐明企业安全教育的内容、要求、管理，是企业进行安全教育的法律依据，也是扼制事故高发的治本之举。应该说，这个管理规定发挥了巨大的作用和效能。《安全生产法》在更高层次对企业安全教育做出界定，并突出明确了“组织制定并实施本单位安全生产教育和培训计划”是生产经营单位主要负责人的重要职责之一，更加说明安全教育和培训在安全生产中的重要地位。

从上面可以看出，安全法律法规一方面是企业安全教育的重点内容，另一方面又为企业安全教育提供法律依据和保障。

三、要我安全和我要安全

安全教育的目的、性质是社会体制决定的。计划经济为主的体制，企业职工接受安全教育的目的较强地表现为“要你安全”，被教育者偏重于被动地接受；在市场经济体制下，需要做到变“要我安全”为“我要安全”，变被动接受安全教育为主动要求安全教育。安全教育的功能、效果以及安全教育的手段都与社会经济水平有关，都受社会经济基础的制约。并且，安全教育为生产力所决定，安全教育的内容、方法、形式都受生产力发展水平的限制。由于生产力的落后，生产操作复杂，人的操作技能要求很高，相应的安全教育主体是人的技能。现代生产的发展，使生产过程对于人的操作技能要求越来越简单，安全对于人的素质要求主体发生了变化，即强调了人的态度、文化和内在的精神素质，安全教育的主体也应当发生变化。因此，安全教育确实要与现代社会的安全活动要求合拍，安全教育的本质问题是人的安全文化素质教育。

安全教育和培训的根本目的是让每个人都养成良好的安全行为习惯，组织培育出良好的安全文化。通常来讲，安全文化是个人及组织的核心价值、态度、认识、能力、行为模式的总和。国际工业界通用的安全文化模型指出，安全文化发展的四个阶段是自然本能、严格监管、自主管理、团队管理。安全文化处于自然本能和严格监管阶段时更多体现“要我安全”，进入自主管理阶段就开始显现“我要安全”的特征，到了团队管理阶段就到了更高的安全教育的成果，即“我们要安全”，要求不仅关注自己的安全，还要关注团队和同事的安全。

第六节　奖惩相结合的经济激励法

一、激励

激励一词在心理学中指的是激发人的动机的心理过程，即通过某种内部或外部刺激，使人维持兴奋的积极状态，最充分地发挥人的积极性、主动性和创造性，使工作做得更完美而有效。在安全学中所讲的激励就是通过某种内部或外部的刺激，激发人的安全工作动机，调动人的安全工作积极性。例如，在实施安全决策和计划的过程中，安全管理者随时肯定职工的成绩，并给予某种奖励，职工就会感觉到在这样的安全管理者的管理下工作有价值，只要努力就会有成就，从而下决心更好地工作，做出更大的成绩，这就是一种激励。

心理学研究揭示，人的行为都是有目的的，这个目的就是行为的动机，而动机是从需要来的，安全就是人类最基本的需要。人产生某种需要而尚未得到满足时，心理就产生某种紧张状态，这种紧张状态就成为人的内在驱动力。若行动的结果使需要得到满足，心理紧张状态便得以消除，然后又有新的需要，产生新的动机。这样周而复始，推动人们不断前进。由此可知，安全学中激励的过程就是安全管理者设法引导人们不断产生有利于实现安全管理目标行为的过程。从一个动态过程来看，给人们以某种刺激使其产生兴奋，从而引导出积极的行为，当第一目标达到之后，经反馈再强化刺激，如此反复，延续不断。

可是，人的需要是各不一样的。对于企业来说，经常会遇到以下两个方面的问题：第一，企业的安全生产目标和某些职工的需要不相一致，职工需要的企业不一定需要，企业需要的职工不一定需要。这时企业安全生产管理者的责任就是加强协调，使职工的需要和企业的需要统一起来。第二，职工的需要虽然和企业的目标相一致，但职工需要的强度不够，不足以保证企业目标的实施，这时企业安全生产管理者的责任就是对职工的需要加以强化。为了做好这方面的工作，企业安全生产管理者就要研究、探索职工的需要、动机和行为的规律，通过预测人的行为，控制人的行为。现代企业安全生产管理中的激励方法正是从这个指导思想出发，分析研究人的心理特点，采取措施激发人的潜能，鼓舞人的情绪，最大限度地发挥人的能动作用，更加完善而有效地完成企业的安全生产目标。

二、经济激励法和奖惩相结合的经济激励法

1. 经济激励法

经济激励，即物质激励。物质的需求不仅是人类赖以生存的基本前提，也是人在精神、智力和娱乐等各方面获得发展的基础。一个人赖以生存和工作的重要条件就是必须拥有必要的物质条件。经济激励法就是通过满足个人的物质利益的需求来调动个人完成组织任务的积极性和主动性的一种方法。企业的安全就是组织任务，为了完成这个组织任务，运用经济激励法能取得比较直接的效果。

按照马斯洛需求层次理论的分析，生理的需要是人类最基本的需要。这方面的需要得不到满足，人类生存得不到保障，便难以从事正常的活动。安全生产工作也不例外。所以说，物质刺激在一定的条件下能起到相当大的作用。在我国处于社会主义初级阶段的情况下，人们的物质生活还不太富裕、职工生活水准还不很高的条件下，经济激励的作用仍十分明显。将一个人的表现和物质利益直接挂钩，在适当的时候给予适当的奖励，包括发放奖金、晋升工资、享受住房、医疗保健等物质奖励，可以对职工起到刺激作用，有利于企业的安全生产。

2. 奖惩相结合的经济激励法

奖惩相结合的经济激励法就是通过对人们的某种行为给予经济上的奖赏或者惩罚，从而使这种行为巩固、保持下去，得到所期望效果的一种方法。它主要是通过奖励和惩罚两个方面来实现对人的经济激励。

（1）奖励激励。奖励激励是指企业以奖励作为诱因，驱使职工采取最有效、最合理的行动。奖励激励通常是从正面对职工进行引导。企业首先根据企业经营的需要，规定职工的行为如果符合一定的行为规范（如安全规程等），职工可以获得一定的物质奖励。职工对奖励追求的欲望，促使其行动必须符合行动规范，同时给企业带来有益的劳动成果。同时，还可以采取个人安全积分、安全里程碑、培训课件用开发者命名等方式进行正向激励。

（2）惩罚激励。惩罚激励是指企业利用惩罚手段，诱导职工采取符合企业需要的行为的一种激励（它与奖励激励正好相反）。在惩罚激励中，企业要制定一系列的职工的行动规范，如果职工逾越了这一规范，根据不同的逾越程度，确定惩罚的不同标准。人的行为动机概括来说就是趋利避害，满足需要仅仅是一种趋利的动机刺激。避害其实也是一种非常有效的激励，或者应该叫作负性激励。它可以起到劝阻和警告的作用，使人不再发生或减少错误行为。

奖励是积极的，是对一个人或一项成果的肯定，是在人的上进心、荣誉感的基

础之上，使人能够尽职尽责地工作，并发挥其内在的最大潜能。经济奖励一方面可以使人获得心理或物质上的满足，另一方面可使人精神振奋，提高工作积极性。奖励和惩罚是同样重要的。单有奖励就只是对有效的、合理的行为进行奖励，而人们错误的、不合理的行为将无法得到抑制；单有惩罚虽然会减少人们不合理的行为，但是人们有效的行为也得不到奖励，就会抑制人们的积极性和创造性，降低效率。

所以，在进行经济激励的时候要把奖励和惩罚结合起来，不能只有经济奖励没有经济惩罚，也不能只有经济惩罚而没有经济奖励。对于安全生产执行较好的人员要给予经济奖励，也要对造成事故的人员进行经济惩罚，同时要进一步加强对责任不落实、制度不执行、监管不到位等过程中出现问题的惩罚，体现过程管控和预防为主的思想。只有把经济奖励和经济惩罚结合起来才能调动人的积极性，激发人的正确动机，产生积极性，消除人的不合理的动机，减少不正确的行为，从而实现安全管理。

三、奖惩相结合的经济激励法的功能

奖惩相结合的经济激励法是调动人的积极性的有效手段，在整个安全管理过程中都起着十分重要的作用，在实施阶段则显得更为重要。

1. 挖掘人的内在安全潜力

现代安全管理学的研究告诉人们，每个人的体力和智力都有很大的潜力。美国哈佛大学的管理心理学家威廉·詹姆斯在对人的激励研究中发现，按时计酬的职工如不加以经济激励手段，一般仅能发挥20%~30%的能力，因为这样就可以保住饭碗而不被开除；但如果受到充分的经济激励，职工的能力可以发挥80%~90%。如果能够根据职工的需要，采用经济激励手段，可以激发职工的积极性和创造性，使职工的潜在能力得到很好的发挥，从而提高工作效率。

2. 激发人的工作热情与兴趣

经济激励具有激发人的工作热情与兴趣、解决工作态度和认识倾向问题的独特功能。在激励中，职工对本职工作产生强烈、深刻、积极的情感，并能以此为动力，集中自己的全部精力为达到预期目标而努力。经济激励还使人对工作产生浓厚而稳定的兴趣，使职工对工作产生高度的注意力、敏感性，形成对自身职业的喜爱，并且能够促使个人的技术和能力在浓厚的职业兴趣基础上发展起来。

3. 提高人的自觉性、主动性、创造性

实践表明，经济激励能提高人们接受和执行工作任务的自觉程度，能解决职工对工作价值的认识问题，能使职工感受到自己所从事工作的重要性与迫切性，进而更主动地、创造性地完成本职工作。

4. 鼓励先进，鞭策后退

凡有人群的地方，总有先进落后之分。作为安全管理者必须设法让先进更先进，后退变先进。为此，必须充分利用经济激励手段，使先进的人受到奖励，保持和发扬其积极行为，也可以使表现一般和较差的人受到鞭策，认识到自己的差距，从而主动改变自己的行为，积极努力地工作。

四、奖惩相结合的经济激励法的原则

1. 多奖励少惩罚原则

奖惩相结合的经济激励法要多进行经济奖励，少进行经济惩罚。这是符合心理学及行为科学原理的。因为人人都有“尊重的需要”，奖励能使人感受到别人的尊重，产生一种积极的情绪体验，感到满足和愉快，受到鼓舞和激励，能正视正确的行为，激发主动性。而惩罚具有劝阻和警告的功效，方法不当时则易产生抵触情绪，因此使用负激励手段时要遵循先警告的原则，使人有一定的心理准备，能够接受现实。

2. 超前性原则

经济奖励和经济惩罚不能总跟在事情的后面，就事论事地进行，应该具有超前性和主动性。当某一影响安全生产的苗头刚一出现，管理者就应该做出反应，及时奖励对企业有利的“期望行为”，惩罚对企业不利的“不期望行为”。超前及主动的经济激励，不仅能摆脱被动应付的局面，掌握主动权，而且能达到事半功倍的效果。

3. 实事求是原则

无论是经济奖励还是经济惩罚，都要注意准确性，做到实事求是，在调查研究的基础上，恰如其分地掌握奖励和惩罚标准，做到严宽一致。以企业奖惩管理制度为依据，做到罚有根、奖有据，“当赏不赏是为阻善，当罚不罚是为养奸”。不严格按章实施奖惩势必造成奖之不准、罚之不当，并会挫伤职工的积极性。

第七节　高技术系统安全管理方法

我国于 1986 年就把自动化技术列入了《高技术研究发展计划纲要》之中，它包括了计算机综合自动化系统、智能机器人等。自动化技术也被世界各国公认为 21 世纪重点研究开发的高技术。自动化技术是以微电子技术为基础的，而微电子

技术的重点是集成电路。集成电路向着高集成度、高速度、低功耗、低成本的方向以惊人的速度发展，已经发展到仅用极微小的能量便可进行信息传递及信息处理，以微小的信号便可实现大能量的控制。然而，随之也呈现出来一些问题，例如，由于能够驾驶大能量、高速度、大规模生产设备的控制信号越来越小，控制信号本身对各种电磁干扰信号也越来越敏感，越容易受到干扰作用而使系统产生误动作，造成危及人身安全的事故或财产损失。此外，五花八门的电磁干扰源日益增多，也使得这类问题越来越突出。

在这方面，发达国家已有血的教训，值得引以为鉴。以 1983 年日本发生的一起典型的计算机控制车床因误动作造成人员死亡的事故为例，被害者（33 岁）当时在加工阀体的作业中，发现工件晃动，遂将操作手柄置于手动位置，主轴停下来后，用双手抱住工件欲摆正位置时，突然主轴急速旋转起来，将其卷入机器，使其头部、胸部受伤而致死。经过详细调查分析后发现，主轴意外旋转的主要原因是由于主轴电动机控制电路受到电磁干扰产生误动作所致。这起事故并非偶然，从日本产业机器人协会调查的 300 件机器人事故情况可以看出，以突然启动为直接原因的事故就占全部事故的 28%，以动作失常为原因的事故比例达 31%。分析起来，此类事故之所以形成伤害，其元凶是机器人的可动部分，其危险主要体现在可动部分具有很大的能量，它听从计算机控制而又不能完全离开人的介入，它动作灵活、敏捷、自由度高，有的还具备行走功能等。这些，无疑对操作人员的人身和心理上形成了威胁。可以说，在复杂的生产环境中要想保证安全作业，单凭以往传统的组织措施和技术措施将会越来越难以胜任。也就是说，自动化技术的发展，要求对于人的保护技术也要有新的发展。因此，重视研究新技术条件下的安全问题，尤其是其中人为失误原因就显得格外重要。

高技术系统安全管理的方法应坚持安全确认型系统思想。高技术事故一般是由机器的错误因素和人的错误因素两方面所造成的，虽可通过各种努力使其发生的概率减低，以提高安全性，但是终究只能是概率论前提下的安全。而对于人的生命安全问题本应更加具体明确，即应当是以确定论为前提的安全。如果不能杜绝人机两方面的错误因素，就应当把它们的发生看作是必然的，必须着眼于错误发生后如何保证人的安全和对损失的抑制上，这正是危险管理的观点。以确定论的安全为前提，要求系统应当在构造上具备不排斥设备或人员的错误，即认可这些错误。即使发生了这些错误，系统的工作可能受影响，但不会危及人身的安全，这就是安全确认型系统的基本思想。真正意义的安全，必须是经过确认的安全，即只有在安全得到确认状态下实施的作业，安全才有保证。例如，可用监视作业危险区（如机器人可动部分可能造成人员伤害的区域）有人员与否的光线安全装置来说明安全确认型和危险检出型的概念区别。安全确认型与危险检出型的区别在于：安全确认型仅认同被确认的安全，在被确认的安全之外，认为不安全，不允许作业；危险检出型仅在危险被检出时认为危险，除已发现的危险之外，认为安全，允许作业。

安全确认型将确认的安全以外状态全部视为不安全，尽管被视为不安全的状态中确有可能存在实际上是安全的情况，但是这样处理不会带来危险的后果。危险检出型将发生危险之外的状态全部视为安全，由于被认为安全的状态中可能存在着未被发现的危险，安全无法保证，会造成危险的后果，这正是危险检出型的致命缺陷。

第八节　风险分析与评估

一、风险概述

1. 风险的定义

天有不测风云，人有旦夕祸福，生产和生活中充满了来自自然和人为（技术）的风险（Risk）。风险是通过事故现象和损失事件表现出来的。目前在国家层面，提出了双重预防机制的概念，既风险分级防控和隐患排查治理，要求把安全风险管控挺在隐患前面，把隐患排查治理挺在事故前面，扎实构建事故应急救援最后一道防线。风险分级防控是指要根据风险评估的结果，采取组织、制度、技术、应急等措施，对安全风险分级、分层、分类、分专业管理，逐一落实企业、车间、班组和岗位的管控责任。隐患排查治理是指要建立完善隐患排查治理制度，对重大事故隐患制定并实施隐患治理方案，做到责任、措施、资金、时限和预案“五落实”，实现隐患排查治理的闭环管理。

为理解风险的概念，可分析事故的形成过程，事故的形成过程如图 5-5 所示。

图 5-5　事故的形成过程

所谓危险（Hazard）就是事物所处的一种不安全状态，在这种状态下，将可能导致某种事故或一系列的损害或损失事件。事故链上的最终事故会引起某些损失（Loss）或损害，包括人员损害、财产损失或环境破坏等。

危险的出现概率、发生何种事故及其发生概率、导致何种损失及其概率都是不确定的。这种事故形成过程中的不确定性，就是广义上的风险，可写为：

$$R=(H,\ P,\ L) \tag{5-1}$$

式中　R 为风险（Risk）；

H 为危险（Hazard）；

P 为危险发生的概率（Probability）；

L 为危险发生导致的损失（Loss）。

在实际的风险分析工作中，人们主要关心事故所造成的损失，并把这种不确定的损失的期望值叫作风险，这可谓狭义的风险，可写为：

$$R=E(L) \tag{5-2}$$

式中　L 为危险发生导致的损失（Loss）。

在工业系统中，风险是指特定危害事件发生的概率与后果的结合。风险是描述系统危险程度的客观量，又称风险度或危险性。风险 R 具有概率和后果的二重性，风险可用损失程度 c 和发生概率 p 的函数来表示：

$$R=f(p,\ c) \tag{5-3}$$

2. 风险分析、风险评价与风险评估三者的关系

通过风险分析，得到特定系统中所有危险的风险估计。在此基础上，需要根据相应的风险标准判断系统的风险是否可接受，是否需要采取进一步的安全措施，这就是风险评价。风险分析和风险评价合称风险评估。它们之间的具体关系如图 5-6 所示。

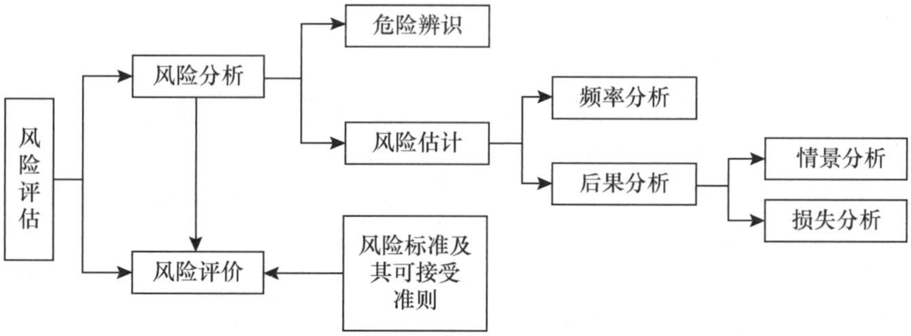

图 5-6　风险评估的内容及相互关系

（1）危险辨识。在特定的系统中确定危险并定义其特征的过程。

（2）频率分析。分析特定危险发生的频率或概率。

（3）后果分析。分析特定危险在环境因素下可能导致的各种事故后果及其可能造成的损失，包括情景分析和损失分析。

（4）情景分析。分析特定危险在环境因素下可能导致的各种事故后果。

（5）损失分析。分析特定后果对其他事物的影响，进一步得出其对某一部分的利益造成的损失并进行量化。

二、风险分析

风险分析就是研究风险发生的可能性及其所产生的后果和损失。它是在特定的系统中进行危险辨识、频率分析、后果分析的全过程，如图 5-7 所示。现代管理对复杂系统未来功能的分析能力日益提高，使得风险预测成为可能，并且采取合适的防范措施可以把风险降低到可接受水平。风险分析应该成为系统安全的重要组成部分，它既是系统安全的补充，又与系统安全有所区别，风险分析比系统安全的范围或许要稍广一些。例如，衡量安全程序的标准，在很大程度上是事件发生的可能性，还有后果或损失的期望值，这两者都属于“风险”的范围。

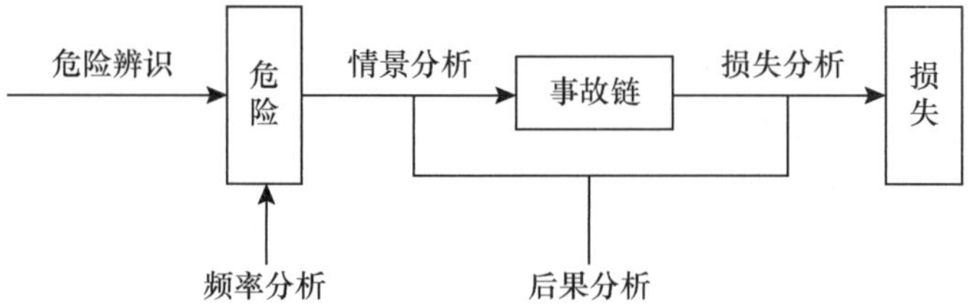

图 5-7　风险分析的内容

1. 风险分析的主要内容

（1）危险辨识。主要分析和研究哪里（什么技术、什么作业、什么位置）有危险，后果（形式、种类）如何以及有哪些参数特征。

（2）风险估计。确定风险率多大、风险的概率大小分布以及后果程度大小。

2. 常用风险分析方法

（1）安全检查表法。安全检查表法是在对危险源系统进行充分分析的基础上，分成若干个单元或层次，列出所有的危险因素，确定检查项目，然后编制成表，按此表进行检查，检查表中的回答一般都是“是/否”。

（2）预先危险性分析法（PHA）。预先危险性分析是在方案开发初期阶段或设计阶段对系统中存在的危险类别、危险产生条件、事故后果等概略进行分析的方法。

（3）失效模式和后果分析法（FMEA）。失效模式和后果分析在风险评价中占重要地位，是一种非常有用的方法，主要用于预防失效，它是一种归纳法。对于一个系统内部每个部件的每一种可能的失效模式或不正常运行模式都要进行详细分析，并推断它对于整个系统的影响、可能产生的后果以及如何才能避免或减少损失。

（4）事件树分析法（ETA）。事件树分析是一种从原因推论结果的（归纳的）系统安全分析方法，它在给定一个初因事件的前提下分析此事件可能导致的后续事件的结果。整个事件序列成树状。

（5）故障树分析法（FTA）。故障树分析又称事故树分析，是一种演绎的系统安全分析方法。它是从要分析的特定事故或故障开始层层分析其发生原因，一直分析到不能再分解为止。将特定的事故和各层原因之间用逻辑门符号连接起来，得到形象、简洁地表达其逻辑关系的逻辑树图形，即故障树。

三、风险评价

1. 风险评价的定义

风险评价也称安全评价。风险评价是以实现系统安全为目的，运用安全系统工程原理和方法对系统中存在的危险因素进行辨识和分析，判断系统发生事故和职业危害的可能性及其严重程度，从而为制定防范措施和管理决策提供科学依据。

2. 风险评价的原理和原则

安全评价是落实“安全第一，预防为主，综合治理”方针的重要技术保障，是安全生产监督管理的重要手段。安全评价工作以国家有关安全的方针、政策和法律、法规、标准为依据，运用定量和定性的方法对建设项目或生产经营单位存在的职业危险、有害因素进行识别、分析和评价，提出预防、控制、治理对策措施，为建设单位或生产经营单位减少事故发生的风险，为政府主管部门进行安全生产监督管理提供科学依据。

虽然安全评价的领域、种类、方法、手段种类繁多，而且评价系统的属性、特征及事件的随机性千变万化，各不相同，究其思维方式却是一致的，可归纳为以下四个基本原理，即相关性原理、类推原理、惯性原理和量变到质变原理。

安全评价关系到被评价项目能否符合国家规定的安全标准，能否保障劳动者安全与健康的关键性工作。这项工作不但具有较复杂的技术性，而且有很强的政策性，因此，要做好这项工作，必须以被评价项目的具体情况为基础，以国家安全法规及有关技术标准为依据，用严肃的科学态度、认真负责的精神、强烈的责任感和事业心，全面、仔细、深入地开展和完成评价任务。在工作中必须自始至终遵循科学性、公正性、合法性和针对性原则。

3. 风险评价的分类

根据工程、系统生命周期和评价的目的，安全评价分为安全预评价、安全验收评价、安全现状综合评价、专项安全评价。

（1）安全预评价。安全预评价是根据建设项目可行性研究报告的内容，分析和预测该建设项目可能存在的危险、有害因素的种类和程度，提出合理可行的安全对策措施及建议。

安全预评价实际上就是在项目建设前应用安全评价的原理和方法对系统（工程、项目）的危险性、危害性进行预测性评价。

安全预评价以拟建建设项目作为研究对象，根据建设项目可行性研究报告提供的生产工艺过程、使用和产出的物质、主要设备和操作条件等，研究系统固有的危险及有害因素，应用系统安全工程的方法，对系统的危险性和危害性进行定性、定量分析，确定系统的危险、有害因素及其危险、危害程度，针对主要危险、有害因素及其可能产生的危险、危害后果提出消除、预防和降低的对策措施，评价采取措施后的系统是否能满足规定的安全要求，从而得出建设项目应如何设计、管理才能达到安全指标要求的结论。

（2）安全验收评价。安全验收评价是在建设项目竣工验收之前、试生产运行正常后，通过对建设项目的设施、设备、装置实际运行状况及管理状况的安全评价，查找该建设项目投产后存在的危险、有害因素，确定其程度，提出合理可行的安全对策措施及建议。

安全验收评价是运用系统安全工程原理和方法，在项目建成试生产正常运行后，在正式投产前进行的一种检查性安全评价。它通过对系统存在的危险和有害因素进行定性和定量的检查，判断系统在安全上的符合性和配套安全设施的有效性，从而做出评价结论并提出补救或补偿措施，以促进项目实现系统安全。

（3）安全现状综合评价。安全现状综合评价是针对系统、工程的（某一个生产经营单位总体或局部的生产经营活动的）安全现状进行的安全评价，通过评价查找其存在的危险、有害因素，确定其程度，提出合理可行的安全对策措施及建议。

这种对在用生产装置、设备、设施、储存、运输及安全管理状况进行的全面综合安全评价，是根据政府有关法规的规定或根据生产经营单位职业安全、健康、环境保护的管理要求进行的，主要包括以下内容。

1）全面收集评价所需的信息资料，采用合适的安全评价方法进行危险识别，给出量化的安全状态参数值。

2）对于可能造成重大后果的事故隐患，采用相应的数学模型，进行事故模拟，预测极端情况下的影响范围，分析事故的最大损失，以及发生事故的概率。

3）对发现的隐患，根据量化的安全状态参数值、整改的优先度进行排序。

4）提出整改措施与建议。

（4）专项安全评价。专项安全评价是根据政府有关管理部门的要求进行的，是对专项安全问题进行的专题安全分析评价，如危险化学品专项安全评价、非煤矿山专项评价等。

专项安全评价是针对某一项活动或场所，如一个特定的行业、产品、生产方式、生产工艺或生产装置等存在的危险、有害因素进行的安全评价，目的是查找其存在的危险、有害因素，确定其程度，提出合理可行的安全对策措施及建议。

根据评价结果的量化程度，安全评价可分为定性评价、定量评价和半定量评价。具体采用哪种方法，还要根据行业特点及其他因素进行确定。但无论采用哪种方法都有相当大的主观因素，都难免存在一定偏差和遗漏。各种评价方法都有它的特点和适用范围。

1）定性评价法。定性评价法主要是根据经验和判断对生产系统的工艺、设备、环境、人员、管理等方面的状况进行定性的评价。如安全检查表法、预先危险性分析、失效模式和后果分析、危险可操作性研究、事件树分析法、故障树分析法、人的可靠性分析方法等属于此类。

2）半定量评价法。半定量评价法包括概率风险评价法（LEC）、打分的检查表法、MES 法等。这种方法大都建立在实际经验的基础上，合理打分，根据最后的分值或概率风险与严重度的乘积进行分级。由于其可操作性强，且还能依据分值有一个明确的级别，因而也广泛用于地质、冶金、电力等领域。由于化工、煤矿、航天等行业的系统中复杂、不明确性因素太多，对于人员失误的概率估计困难，难以应用。

3）定量评价法。定量评价法是根据一定的算法和规则对生产过程中的各个因素及相互作用的关系进行赋值，从而算出一个确定值的方法。若规则确定、算法合理，且无难以确定的因素，则此方法的精度较高，且不同类型评价对象间有一定的可比性。

美国道化学公司的火灾、爆炸指数法，英国帝国化学公司蒙德工厂的蒙德评价法，日本的六阶段风险评价法和我国化工厂危险程度分级方法，我国易燃、易爆、有毒危险源评价方法均属此类。

本章小结

本章对本质安全化方法、人机匹配法、生产安全管理一体化方法、系统方法、以人为本的安全教育方法、安全绩效管理方法、高技术系统安全管理方法以及风险分析与评估法等安全工作方法进行了讲解和阐述，为危险源的辨识、事故发生可能性和规律的预测、事故风险的定性和定量评价以及事故的预防等安全工作提供了方法依据。

复习思考题

1. 降低事故发生概率和事故严重度可采取哪些措施？
2. 防止人的不安全行为和物的不安全状态可采取哪些具体措施？
3. 全面安全管理一般包括哪些方面的内容？
4. 何谓安全目标管理？安全目标管理主要包括哪些内容？
5. 为了搞好安全目标管理，应当把握好哪几个主要方面？
6. 企业的安全目标应当如何制定和展开？
7. 安全目标如何实施和考评？
8. 何谓系统方法？系统方法应当具有哪些属性？
9. 系统工程在解决安全问题中所采用的方法有哪些？
10. 安全教育和培训中应当遵循什么原则？
11. 安全教育和培训中采用的方法有哪些？
12. 何谓激励？奖惩相结合的经济激励法要符合怎样的原则？
13. 风险的定义是什么？常用的风险分析方法有哪些？

第六章　安全社会学原理

本章学习目标

1. 掌握安全文化的定义与基本特征。

2. 理解企业安全文化的内涵、功能，掌握常见企业安全文化模式的构成要素。

3. 理解企业安全文化建设的意义和内容，掌握安全文化和安全氛围的相似性和区别。

4. 掌握安全的社会效应的具体内涵。

5. 掌握安全法规的本质和功能。

6. 理解和掌握我国安全管理体制构成。

7. 了解我国安全生产法律法规体系。

安全与社会的稳定直接相关，因此安全具有社会学特征，具体体现在其社会价值上，主要包括社会效应和社会效益两个方面。

安全的社会效应首先表现为安全是保障社会稳定的重要因素。无论是人为的灾害事故还是自然（天然）的灾害事故，都会给国计民生（包括个人、家庭、企事业单位或社团群体）带来精神和物质方面的社会性危害，成为影响社会安定的危害因素。安全的社会效应的另一个重要方面还体现在对各级行政部门以及对国家领导人或政府高层决策者的影响。

安全的社会效益则可表现为商誉、环境和生命健康受到保护。

本章将从安全社会学角度阐述安全文化、企业安全文化、安全的社会效应、安全科学与社会科学、安全法制与法规五个方面的知识。

第一节 安全文化

一、安全文化的概念及体系结构

1. 安全文化的概念

安全文化伴随着人类的生存发展而产生和发展，是人类文化的一个重要组成部分，但对“安全文化”的认识和概念界定则比较晚。20 世纪 80 年代，美国人将其定义为“safety culture”。这时的安全文化作为一种亚文化，是从属于组织（企业、行业）文化的一个子概念，是现代市场经济发展基础上形成的一种管理思想和理论，是在经验管理、科学管理的基础上逐步产生的新管理理论。

随着科技进步和经济建设的发展，安全文化的内涵在不断优化、繁荣和发展，随着时代的发展而赋予新的时代特点和新的内涵。安全文化已扩展为保护大众从事一切活动而保障其身心安全和健康的有形与无形的东西。

（1）文化的定义。在定义安全文化之前，首先应该对“文化”的定义有明确的认识。“文化”一词有多种理解，社会学对文化最简单的说法是，凡人类不是凭生物本能而做出来的任何事物，都可以认为是文化。

一般认为，“文化”定义分为广义的和狭义的两种。

广义的“文化”指人类在生存、繁衍、发展和社会实践的历程中所创造的物质财富和精神财富的总和。它是人类在生活、生产、生存的实践活动中创造的各种形态的事物所组成的有机复合体，它标志着一定社会区域的物质文明和精神文明的发展水平、人们的价值观念和行为规范、特定的组织结构和生活方式。

狭义的“文化”指社会意识形态（即政治、法律、知识、信仰、艺术、道德等）及与之相适应的各种社会制度和组织结构（如政府、政党、社团、法庭和学校等）。

总体来说，“文化”是一种以物质为基础的复杂的社会现象，它包括物质文化、精神文化和文化载体（机制），或由物质文化、制度文化、精神文化和价值与规范文化组成。

（2）安全文化的定义。由于对文化的不同理解，产生了对安全文化的不同定义。目前对安全文化的定义有多种，这在安全文化理论的发展过程中是正常的现象。

1986 年，安全文化首次由国际原子能组织（IAEA）的国际核安全咨询组

(INSAG) 在有关苏联切尔诺贝利核电站泄露的事故报告中提出。该报告认为，安全文化理念的提出可以较好地解释导致该事故灾难产生的组织错误和员工违反操作规程的管理漏洞，并提出安全文化是存在于单位和个人中的种种素质和态度的总和。

1991 年，国际原子能组织在维也纳召开“国际核能安全大会——未来的战略”，在《关于切尔诺贝利核电厂事故后审评会议的总结报告（第四版）》中明确了安全文化的内涵和定义：安全文化就是存在于单位和个人中的、关注安全问题优先权的种种特性和态度的总和；该文化强调组织内的双向沟通，即一方面是单位内部的必要体制和各管理部门的逐级责任制，另一方面是各级人员为响应上述体制并从中得益所持的态度。

1993 年，英国健康安全委员会（HSC）将该安全文化的定义修正为：“个人和群体的价值观、态度、认知、能力、行为模式以及组织的安全健康管理方式和形象；积极的企业安全文化可表象为相互信任、共享对安全重要性的认知、对预防措施有效性的信任等特征。”

2002 年，道格拉斯·韦格曼等人将安全文化定义为由一个组织的各层次、各群体中的每一个人所长期保持的，对职工安全和公众安全的价值及优先性的认识。它涉及每个人对安全承担的责任，保持、加强和交流对安全关注的行动，主动从失误的教训中努力学习、调整和修正个人和组织的行为，并且从坚持这些有价值的行为模式中获得奖励等方面的程度。

国内安全界对安全文化也进行了深入的研究和探讨，并根据我国的国情和文化视角提出了各自对于安全文化的理解。曹琦在分析了企业各层次人员的本质安全素质结构的基础上，认为安全文化就是安全价值观和安全行为准则的总和。徐德蜀将安全文化定义为在人类发展的历程中，在其生产、生活、生存及科学实践的一切领域内，为保障人类身心安全与健康，并使其能安全、舒适、高效地从事一切活动；为预防、避免、控制和消除意外事故和灾害；为建造安全可靠、和谐无害的环境和匹配运行的安全体系；为使人类康乐、长寿及世界和平而创造的物质财富和精神财富的总和。罗云认为尽管安全文化定义各异，但存在一定的共同点，安全文化可概括为人类安全活动所创造的安全生产、安全生活的精神、观念、行为与物态的总和，具体体现为企业安全文化、全民安全文化、家庭安全文化等。

以上对安全文化的定义具有共同点：①文化是观念、行为、物态的总和，既包含主观内涵，也包括客观存在；②安全文化强调人的安全素质，要提高人的安全素质需要综合的系统工程；③安全文化是以具体的形式、制度和实体表现出来的，并具有层次性；④安全文化具有社会文化的属性和特点，是社会文化的组成部分，属于文化的范畴；⑤安全文化的最重要领域是企业的安全文化，发展和建设安全文化，就要建设好企业安全文化。

随着安全内涵的深化、延伸与综合以及时代的进步，特别是大安全观的提出，安全文化的内涵也进一步深化与扩展。因此，安全文化可定义为：人类在生产、生活、生存活动中，为保护身心安全与健康所创造的有关物质财富和精神财富的总和，其可表现为有关安全的哲学、伦理道德、科学、艺术和政治法律思想及其构成的思想观念系统和相关制度、法律法规、器物设施等形式。

2. 安全文化范畴及体系结构

（1）安全文化的范畴。从社会层面上看，安全文化是指对人生命的尊重和对人价值的评价和对事故的恐惧。从企业层面上看，它指一个组织对于安全和健康的价值观、期望、行为模式和守则。从个人层面上看，它指对他人、对家庭和对自身生命的责任感和价值观。因此，安全文化是一个广泛的概念，它包含的对象、领域、范围是广泛的。也就是说，安全文化的建设是全社会的，具有“大安全”的内涵。虽然企业安全生产主要关心的是企业安全文化的建设，但不可否认企业安全文化是安全文化最为重要的组成部分，企业安全文化与社会的公共安全文化既有相互联系，又有相互作用，因此，我们要从更大范畴来认识安全文化。

安全文化突出大安全观、大系统观、大协调观，思考和解决的问题是生产、生活、生存领域内人们从事一切活动的安全与健康问题，因此从概念、内涵、领域、学科等方面安全文化已经有了历史性的拓展。它把灾害与风险看成是由自然的、人为的或两者共同作用的恶果，提出建立和开发安全文化产业的构想和发展安全科技文化的计划，打破了安全（或事故）的时空局限，更加突出了从事一切活动的人的安全与健康，更加体现了以人为本、关爱生命、珍惜人生、尊重人权、保护人的思想。

安全文化保护了人，保护了人从事一切活动的安全与健康，预防、减少或控制灾害与事故，极大地减少人的伤亡，其结果是保护了生产力，发展了生产力。减少设备、设施的损失，减少原材料的损失，用低毒材料代替高毒材料，用无毒材料代替低毒材料，保护员工安全与健康，实质上是保护了生产力。不断提高人（劳动者）的安全文化素质和自护应急能力，关爱生命，尊重人权，保护人的安康也是极大地保护了生产力。因此，安全文化包含了保护、关心和增进先进生产力的基本内容。

安全文化是保护人民活动安全与健康的大众文化。只要有人存在，就有人从事生产、生存活动，自然有保护人在活动中的安全与健康问题，也必然会成为继承先进安全文化的源泉和动力。任何时代、任何地域的安全文化，都是经过传承、优化、融合、发展而成的，是既有时代特征又反映人们最新安全需求的新文化。

（2）安全文化的体系结构。从文化的形态来说，安全文化的范畴包含安全物质文化、安全制度文化、安全精神文化、安全价值规范文化，四者具体表现为安全器物层次、安全制度层次、安全精神智能层次、安全价值规范层次，如图 6-1 所示。

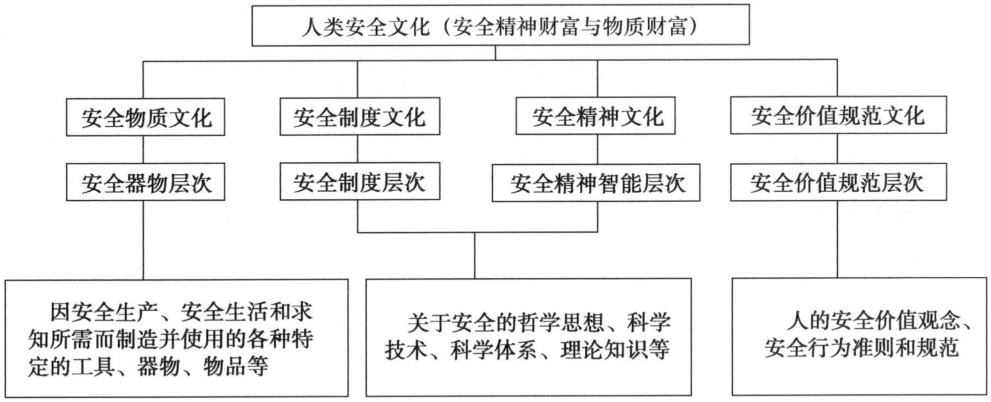

图 6-1　安全文化的体系结构

1）安全物质文化。安全物质文化又称为安全物态文化或安全器物文化，其所对应的是安全器物层次。器物是文化概念中物质文化的重要内容，是科学思想和意识的物化。安全器物文化是人类因生产、生活、生存和求知的需求而制造并使用的各种防护或保护、影响或伤害人类身心安全（含健康）的安全工具、器物和物品，即表层安全文化。它是安全文化发展的物质基础，也是安全文化发展历史和水平的标志，不同的器物代表了不同时代的安全文化水平。

2）安全制度文化。安全制度文化又称为安全管理与法制文化，是指安全与卫生、交通安全、消防安全、防灾减灾安全、环保安全等方面的一切制度和社会组织形式以及人的社会关系网络。从与安全有关的社会制度、法律制度、政策体制、经济体制以及教育科学体制，直至各种生产行业、各个社会的组织形式等，均属于安全文化的制度层次。安全文化制度层次的变化对安全文化整体的充实、更新和发展往往能起决定性的影响，因为它具有实现社会聚合和社会控制的功能。

3）安全精神文化。安全精神文化又称为安全观念文化或安全智能文化。安全精神文化包括安全哲学思想和信仰、安全审美意识、安全文学、安全艺术、安全科学以及自然科学、社会科学在安全科学或安全管理方面的经验和理论。从本质上看，安全文化的精神智能层次是人关于安全的思想、情感和意志的综合表现，它是人对外部客观世界和自身内心世界的认识能力与辨识结果的综合体现。安全精神文化是安全文化的核心和灵魂。安全精神文化的具体体现包括“预防为主”“安全也是生产力”“安全第一”“安全就是效益”“安全性是生活质量”“零事故”“风险最小化”“最适安全性”“安全超前”“安全管理科学化”等观念，同时还包括自我保护的意识、保险防范的意识、防患于未然的意识等。

4）安全价值规范文化。安全价值规范文化包括人们对安全的价值观和行为规范，处于安全文化系统的深层结构之中，是其中最不易变更的部分。

安全文化的器物层次、制度层次都是精神智能层次的物化层或对象层。而安全文化系统的第四个层次——价值规范层次，则是安全文化精神智能层次长期作用形成的心理思索的产物。

二、安全文化的基本特征

从抽象的层面来看，安全文化具有以下四个基本特征。

1. 系统性

安全是一项系统工程，安全文化作为现代安全管理的延伸和扩展，具有很强的系统特征。安全文化强调文化建设的整体性，追求系统的和谐、协调和发展。系统中各个要素相对独立又紧密地排列组合，表现出层次分明的结构特征；同时，安全文化运用文化手段将安全的最终目标内化为整个社会的价值系统，并通过价值系统的运行实现目标。

2. 人本性

安全文化的核心是实现人的安全价值，它的本质在于追求整个社会对安全价值观的认同。在创造文化的三要素（时间、空间、人）中，人是根本。人在生理、安全、社交、尊重和自我价值实现五个层次上的需求，形成了安全价值体系的需求和观念，安全文化的人本性在体系的运行轨迹中留下了“人格化”的烙印。

3. 全面性

安全文化内涵广泛、丰富，几乎涉及了一切领域，涵盖了包括组织、个体在内的所有对象。安全文化在解决社会实践中的各种安全问题时，充分调动社会实践主体的积极性，强调全员、全方位、全过程的参与和控制，而摒弃了单纯的监督管理行为可能导致的片面性和间接性。

4. 目标性

安全文化具有安全价值取向和目标取向，并为各方接受和认同，形成共识。它把经济效益、社会效益和环境保护有机结合起来，借助于个体、组织内外部的各种力量，以共同的价值观念为指导，以统一的行为规范为准则，实现既定目标。

从安全文化机制的建设层次来看，安全文化同时具有以下特点。

（1）安全文化是“硬”“软”两种文化的结合。包括安全设计、安全生产、安全设备设施及安全环境等因素在内的物质条件是安全的“硬件”，而人们的“道德规范、心理习惯、价值观念、行为取向”等意识范畴的精神因素是安全文化的“软件”。安全文化机制的建设过程就是硬、软两种文化相互影响、相互制约而又融会贯通的过程。

（2）安全文化是强制性与非强制性的结合。从人性价值的层面分析，管理制度、行为准则是硬性、强制性的，具体规定该做、不该做，怎么做或不允许怎么做，强制要求每个社会成员都必须遵守；而人的意识、情感和主观能动作用又可以通过精神力量去暗示、启发和领悟，进而成为人的自觉或自发行为。

（3）普遍性与独特性的结合。安全文化追求的安全价值观念体现了普遍的安全文化特征，而每个领域、每段时期、每个行业的个性特点，使得安全文化又呈现出各具特色的独特特征。安全文化共性与个性的结合，构成了整个社会和谐而统一的安全文化机制。

第二节　企业安全文化

一、企业安全文化的内涵和功能

1. 企业安全文化的内涵

（1）企业安全文化的定义。企业安全文化是企业（或行业）在长期安全生产经营活动中形成的或有意识塑造的，为全体职工接受、遵循的，具有企业特色的安全思想和意识、安全作风和态度、安全管理机制及安全行为规范；企业安全生产的奋斗目标和企业安全进取精神；为保护职工身心安全与健康而创造的安全、舒适的生产和生活环境和条件；防灾避难应急的安全设备和措施等企业安全减灾工程技术能力；安全的价值观、安全的思维和意识、安全的心理素质和企业的安全风貌、习俗等种种企业安全物质财富和安全精神财富之总和。

（2）企业安全文化与企业文化、安全文化联系。安全文化与企业文化是什么关系？是安全文化包含企业文化，还是企业文化包括安全文化？对于企业的安全文化，即企业安全文化，显然是企业文化的组成部分；但对于整个社会的安全文化，甚至从人类安全文化层次上讲，企业文化的范畴显然小于安全文化的范畴。要理解这一点，首先要认识什么是企业文化。

企业文化是指企业在长期的生产经营活动中，逐渐形成并为全体员工所认同和遵循的、具有企业特色的价值取向（价值观）、行为方式、科技手段、管理方法、经营理念、作风、企业精神和风貌、伦理标准和道德规范、发展目标和思想意识等物质和精神财富之和。企业文化不仅是经济文化、政治文化和道德文化，也是企业生存和发展的基础。企业文化的核心是企业成员的思想观念，即企业的观念文化，它决定着企业成员的思维方式和行为方式。

企业文化对于一个企业的成长、生存和发展来说，看起来不是最直接的因素，但却是最持久的决定因素。企业文化的作用和意义可以从世界成功企业的经验中得到总结。建设企业文化，最重要、最核心的是要建立好企业的观念文化——企业精神和价值观，即首先要冲破旧有观念、习惯以及制度的束缚。企业是一个组织、一个法人实体，因此，它的文化就是这个组织和实体的文化。所以，企业文化具有归属性和针对性。

如前所述，安全表述的是一个复杂系统的动态过程或状态，过程的趋势或状态是人和事物受到的伤害（包括身体的、精神的）或遭受的损失在当时人们可以接受的范围内。因此，安全是一种社会（个人、家庭、企业、场所等）状态，是一种社会现象的抽象。如果泛泛地讲安全文化，显然它具有广义性和抽象性。也就是说，安全文化既包括企业安全文化（生产安全文化），也包括公共安全文化、生活安全文化、家庭安全文化等。因此，从这一角度上看，安全文化的概念很大，企业安全文化较小。

但当有针对性地讲安全文化时，如企业的安全文化，或行业（航空、船舶、交通、矿山等）的安全文化，则这时的安全文化就具有了针对性和局部性。作为理论的研究和一般规律的探讨，常常从一般安全文化角度出发，但作为实践的探讨，则可以从具体的对象和领域出发。站在企业的角度，显然，企业安全文化是企业文化的一部分，这时，企业文化大，企业安全文化小。

总之，安全文化和企业文化的区别，主要是“安全”和“企业”概念导致的区别，而从文化本身的角度上理解，二者则是相通和一致的，即文化是人类活动创造的精神、物质的总和，安全文化与企业文化实际上是一种兼容、交叉、相互关联的关系。

企业安全文化是企业文化的重要组成部分，也是安全文化的主要分支。企业安全文化更偏重于生产领域的经营活动和劳动生产过程的安全与健康。它是对安全价值观的肯定，是“安全第一，预防为主”思想的体现，是安全生产的企业经营机制、安全文明生产准则的基础，是安全与效益的统一，是发展工业（企业）的动力。随着安全文化建设的推进和企业文化及企业安全文化的形成和发展，现代化企业在其完善和发展中，越来越重视和依靠企业安全文化的作用和影响，调动员工安全生产的积极性和自律性，提升安全生产水平，达到生产、效益双赢的目标。安全文化成了企业安全形象的重要标志，企业安全文化成了企业文明生产的象征，成了凝聚员工的强力磁石和树立企业安全精神的动力。

（3）企业安全文化的特点

1）企业安全文化是指企业在生产过程和经营活动中为保障企业安全生产，保护员工身心安全与健康所进行的文化实践活动。

2）企业安全文化与企业文化的目标是基本一致的，都着重于人的精神、人的思想意识、人的积极因素和主人翁责任感，也即以人为本，以人的“灵性”管理为基础。

3）企业安全文化更强调企业的安全形象、安全奋斗目标、激励精神、安全价值观和安全生产及产品的安全质量、安全风貌，对员工有很强的吸引力及凝聚力。

2. 企业安全文化的功能

企业安全文化的功能概括地说就是将企业决策层、管理者及全体员工塑造成具有现代安全观的生产力和文化人。安全文化可以通过其自身的规律和运行机制，创造其特殊形象及活动模式，教育、引导、培养、塑造人的安全人生观、安全价值观，树立科学的安全态度，制定安全行为准则和正确规范的安全生产、生活方式，使人民大众，特别是使企业安全文化，向更高的安全目标发展。企业安全文化主要有导向、凝聚、规范、约束、传播辐射、激励和调适等功能。

（1）安全文化的导向功能。导向功能是指企业安全文化对全体员工的引导和指引方向的作用，即通过企业安全文化确定企业的安全总体目标和各车间、班组的安全分目标，使企业领导明确企业安全管理的努力方向，制定相应的安全管理规章制度，使每一职工以“安全第一”的价值观为自己的行为指南，努力使自己的一言一行、一举一动符合企业的安全价值观，调动广大职工为实现企业安全目标的积极性，引导职工的安全行为。倡导企业安全文化的建设，其实质就是要使企业尽快走出“事故导向”的操作和思维、管理模式，实施“超前创新”，有效防止事故的发生。

对安全的认识，必须通过企业安全文化的建设，通过不断的安全文化宣传和教育，使广大员工逐渐明白正确的安全意识、态度和信念，树立科学的安全道德、理想、目标、行为准则等，给企业在安全生产经营和日常安全生活活动中提供正确的指导思想和精神力量，使人民大众和企业职工都能懂得，自己的行为和习俗已成为生产和生活的安全要素。

优秀的企业安全文化渗透到企业生产经营中，有着不可忽视的重要作用。实质上通过它的建设，有利于明确企业生产经营发展的目标、方针，有利于建立完善的安全生产规章制度和约束机制，使安全生产管理规范化、科学化，同时培育企业经营者和员工群众安全群体的思想行为，最终实现安全生产目标，引导企业生产经营健康、正常地向前发展，因此企业安全文化具有不可忽视的导向功能。

（2）安全文化的凝聚功能。凝聚功能是指把企业、员工群体的价值观念、心理情感黏合在一体，为追求共同的利益目标形成合力，使全体员工形成同心协力、奋勇拼搏、开拓前进的一种观念、行为和文化氛围，使个人对企业产生信赖感、可靠感、依靠感和归属感。

优秀的企业安全文化，能使双方充分认识到安全对实现共同的物质文化目标有着至关重要的作用。安全文化实质上是通过多方面、多渠道的方式培育企业、员工全体对安全生产的理念认识，同时传递、沟通心理感情，促进情感相互交融，把共同的利益目标同安全文化建设的成果等同起来，充分激励、调动双方的安全生产热情，使双方形成巨大的合力，向共同的目标奋进，以追求更高的物质文化水平。

（3）安全行为规范约束的功能。企业安全文化实质上是有形的和无形的制度文化，安全文化在此意义上具有有形和无形的规范约束功能。有形的是国家的法律条文、企业的规章制度、约束机制、管理办法和环境设施状况。一方面，企业在生产经营活动中，不得不制定出规章制度、约束机制，对企业、职工群体的思想、行为以及环境设施进行安全性的规范、约束。另一方面，对违反有形安全文化的进行教育、惩处，这种“硬约束”在企业、职工群体中形成自觉的行为约束力量。无形的安全文化是企业、职工群体的理念、认识和职业道德，它能使有形的安全文化被双方所认同、遵循，同样形成一种自觉的约束力量，这种有效的“软约束”可削弱规章制度等“硬约束”对职工群体心理的冲撞，削弱其心理抵触力，从而规范企业环境设施状况和职工群体的思想、行为，使企业生产关系达到统一、和谐，取得默契，维护和确保企业、职工群体的共同利益。软约束文化与传统的管理理论单纯强调制度的硬约束不同，它虽也有成文的硬制度约束，但更强调的是不成文的软约束。

(4) 传播辐射功能。通过安全文化的教育功能，采用各种传统而有效的或现代的安全文化教育方式，对职工进行传统或现代的安全文化教育，对职工进行各种安全常识、安全技能、安全态度、安全意识、安全法规等的教育，从而广泛地宣传和传播安全文化知识和安全科学技术。

企业安全文化是一扇窗口。透过它可以展示一个企业生产经营规范化、科学化的管理水平，以及企业、职工群体优秀的整体素质。它从一个侧面显示企业高尚的精神风貌，树立良好的企业形象，能引发职工群体的自豪感、责任感，促进生产力向前发展，提高企业的市场竞争力、社会的知名度和美誉度，辐射并影响其他企业、行业，推行企业形象战略。

(5) 激励功能。企业安全文化建设建立在企业、职工群体共同价值取向的基础之上，无论是企业还是职工群体均会在社会中寻求社会价值、人生价值和地位。“厂兴我荣，厂衰我耻”充分体现了双方共同价值观念的取向。安全文化正是以双方强烈的共同价值观念大力倡导建设起来的。

安全文化实质上是采取多方面、多渠道的方式让职工群体参与安全管理和决策，听取职工意见和建议。一方面，对表现优秀的职工进行表彰奖励；另一方面，对过失、受挫的职工进行教育、帮助、关心，沟通思想，交流感情，转化其矛盾，在浓厚的安全文化氛围中向职工群体展示企业理解人、尊重人、关心人，从而形成一种团结向上的气氛，充分激发、调动职工群体的积极性、创造性。

(6) 调适功能。企业生产属于社会性的大生产。在生产经营的过程中，人的心理因素、人际关系、市场环境随着时间的推移以及先进技术的广泛采用而发生改变，机制为适应生产力的发展要求适时调整、变化，物质环境随着生产力的发展同样会发生改变，从而难以避免因生产关系发生改变而出现的矛盾和冲突，产生对生产力发展的制约作用，对企业生产经营造成不可忽视的负面影响。

企业在安全文化的建设中，可以通过形式多样的活动沟通信息、思想，传递情感，统一认识，创造良好的心理环境，增强职工群体自我承受力、适应性和应变能力，消除心理冲突，化解人际关系的矛盾。同时，为职工群体创造整洁、优雅、舒适的环境，净化其心灵，让职工群体在轻松愉快的工作环境中感受企业大家庭的温馨，激发其劳动热情，自觉创造和寻求融洽和谐的生产关系，使企业生产经营充满生机、活力。安全文化在企业生产经营管理中协调了生产关系，适应了企业生产力的发展，在此意义上，安全文化具有较强的调适功能。

二、企业安全文化模式及测评

1. 企业安全文化的模式

国内外对企业或组织安全文化模式的表述多达数十种，分析各种不同安全文化模式的构成要素，可以深入了解安全文化对企业或组织的安全绩效所造成的影响。下面重点介绍 IAEA 模式、全面安全文化模式、安全文化系统模式、复合安全文化模式。

（1）IAEA 模式。1991 年，国际原子能组织（IAEA）提出了该模式，如图 6-2 所示，该模式指出了组织对良好的安全文化所要求的特性。

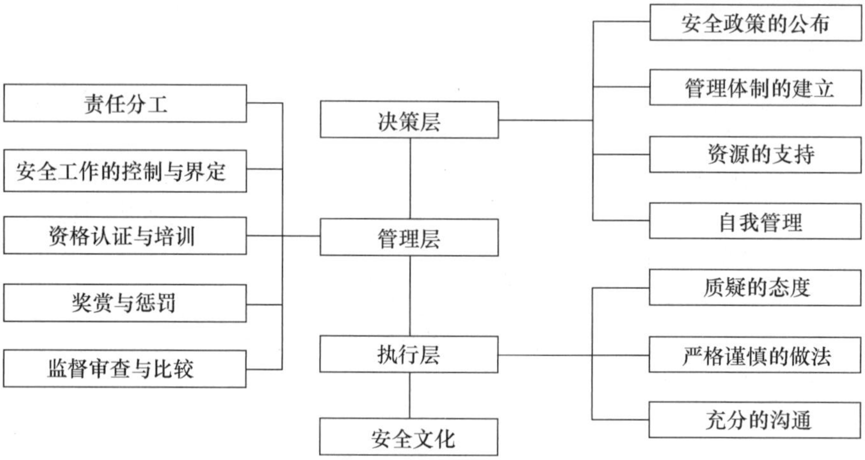

图 6-2　安全文化的 IAEA 模式

在 IAEA 模式中，安全文化由以下三个要素构成。

1）政策层面。涵盖安全政策的公布、管理体制的建立、资源的支持与自我管制。即表示在组织最高阶层的政策决定者，应明确地制定安全法规，履行立法的责任，以促进核能电厂的安全承诺，并达成保护环境与社会大众的责任，管制人员应同时接受相关法规规范。

2）管理层面。涵盖责任分工、安全工作的控制与界定、资格认证与培训、奖赏与惩罚、监督审查与比较。此层面考察组织管理，着重明确员工的能力与责任分工，避免因为责任过分分散、能力不足或因畏惧惩罚而未据实回报安全状况，同时通过持续的循环监察程序而达到理想的安全水平。

3）个人层面。涵盖质疑的态度、严格谨慎的做法、充分的沟通。在个人层面中，管理系统必须提升员工的安全意识、能力、承诺与有效的沟通。由于个人态度与价值观的差异，可能造成面对他人错误的意见或看法时却不表达意见，或无意对安全工作做澄清与沟通。

国际核能安全咨询小组指出组织需要一套自动调节机制的安全管理系统来制定安全标准，以此标准来实施与监控，确保员工能够达成目标。因此，IAEA 模式也强调管理系统在发展安全文化所扮演的角色，不同于强调个人的角色与团体的态度。IAEA 模式可以解释为“强调对组织安全文化外在体系结构的影响”以及“将安全文化视为安全管理系统存在的本质”。

（2）全面安全文化模式。1994 年，盖勒提出全面安全文化模式，并区分出三个“动态且互动”的因素，分别为环境因素、个人因素、行为因素。全面安全文化的三个构面如图 6-3 所示。

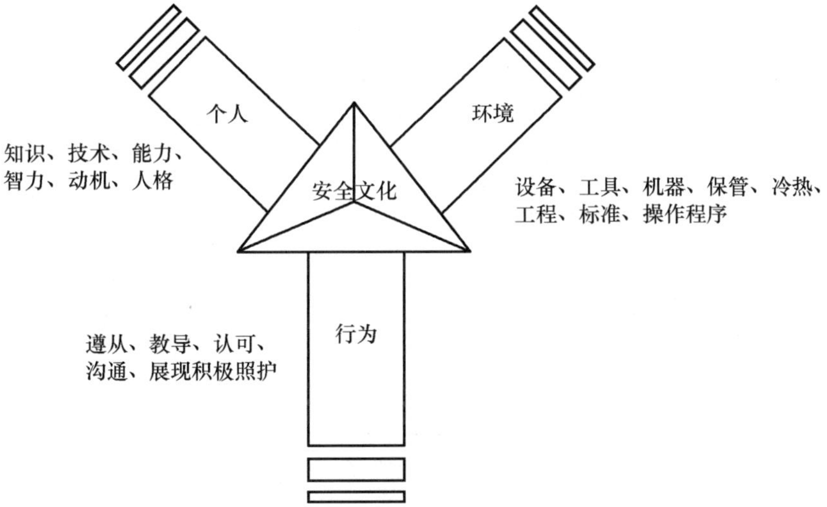

图 6-3　全面安全文化模式

1）环境因素。包括设备、工具、物理摆设、程序、标准、温度等。

2）个人因素。包括人的态度、信念、人格等。

3）行为因素。包括安全与冒险的工作实务，以及超越责任地介入其他人的安全。

这三个因素是动态的且交互影响的，其中一个因素改变时也会极大地影响其他两个因素。例如，减少伤害概率的行为经常造成环境的改变，还会造成态度与安全行为的改变，尤其是自愿性的安全行为。也就是说，当选择更安全的行动时，会令其自己有更安全的思考方向，而这些行为也会造成许多环境的改变。同时盖勒还提出建立安全文化的十项原理：①以安全文化而非安全法规来驱动安全过程。②以行为和人为主要因素决定安全成功与否。③应重视的是过程，而非结果。④行为由诱发因子所引导，并被结果所激励。⑤重视成绩的实现，而非消极地避免失败的发生。⑥对发生不安全行为的观察与回馈。⑦经行为和个人化的专业训练会产生有效的回馈。⑧观察和专业训练是主动照护的关键过程。⑨自尊、归属感、授权会增强对安全的主动照护。⑩安全应由第一优先的观念转为组织核心价值观。

（3）安全文化系统模式。1997 年，考克斯等人提出安全文化系统模式，其基本框架如图 6-4 所示。此模式显示了团队对个人安全知觉的影响，即在工作团体中可以有效促进个人的安全意识。工作团体的次文化与所产生的安全知觉是为塑造个人安全信念、安全态度及安全观念提供必要的氛围，并可以通过安全管理来鼓励、强化或支持个人的外在安全行为。

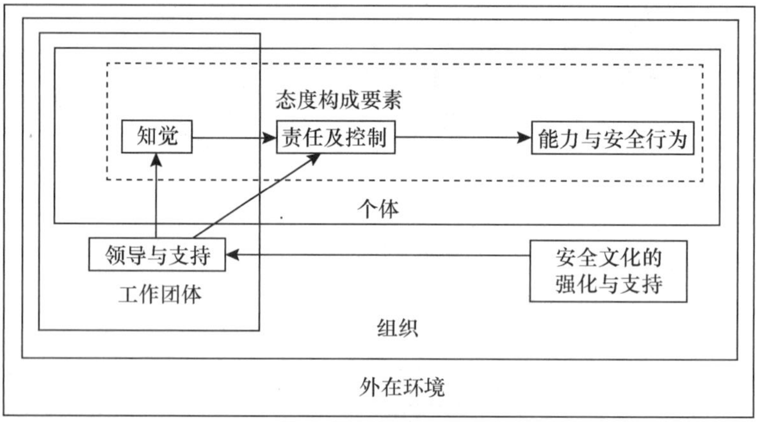

图 6-4　安全文化系统模式

安全文化支持企业授权给员工，赋予员工更大的授权范围、决策参与权、组织工作团体、目标设定及宣传教育的作为等。以安全管理为例，其主要目的以培养、提升领导阶层和工作团体层级的安全意识为主，同时确认工作人员行为的结果。类似工作团体，个体的态度与安全的相关行为，通过安全管理者、高层管理者对安全的具体承诺来加强影响力。此模式的主要特点是：引用广泛的经验为研究依据，研究辨识出管理人员的行动与承诺是影响安全态度的关键要素，归结出安全沟通系统与员工参与具有同等重要性。

（4）复合安全文化模式。1999 年，赖特等人在回顾安全文化模式、研究及最近的产业界经验后，指出安全文化的发展模式应包含以下主要元素，如图 6-5 所示。

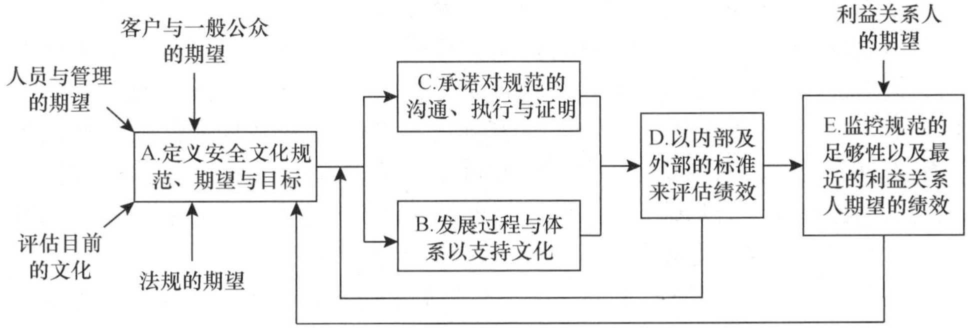

图 6-5　复合安全文化模式

A. 定义安全文化的体系、规范、目的，同时考察内部及外部利益关系人的意见、知觉与期望。

B. 沟通并展示组织对这些目的与规范的承诺，同时持续维持这种承诺感。

C. 促进达成目的与规范的过程，如参与、授权、沟通、培训及适当的资源管理。

D. 核查组织文化的目的与规范是否有效达成，或至少人员的行为符合这些规范或在可接受的范围内。

E. 追踪利益关系人的意见、知觉及期望，评估组织的规范是否需要加以调整以反映这些显著的改变。

这些元素可以进一步分割为一些次元素，尤其是第二与第三点。要注意的是有些次元素可能在这些元素的交互作用中，例如，良好的沟通是促进安全文化所必需的，然而其也是良好安全文化的产物。因此借由发展良好的沟通，可以协助改善文化，进一步改善沟通的质量。同样的，文化被假定必须沿着 A 点至 E 点做线性的发展，然而每一个点的次元素必须同时实现。

2. 企业安全文化的测评

（1）测评方法和手段。就测评方法和手段而言，大多数测评工具都是以标定分值的调查问卷形式对特定目标企业的安全文化或氛围予以度量，且可量化的问卷工具主要以安全氛围为目标，对安全文化的测评主要还是以传统的咨询、谈话形式的定性研究为主。一般而言，测评问卷主要由工具名称、评价对象（文化或氛围）、工具的目的、工具的理论背景、工具的结构以及工具的用法六部分组成。

（2）企业安全文化的测评。常用于测评安全文化的定性手段主要包括会谈、群体讨论、审核、专业申斥等，通过采用案例分析报告，对同行业不同事故率的企业进行比较研究，以描述企业组织面临的安全危机。

韦格曼认为安全文化的通用性表征至少有五个方面：组织的承诺、员工的参与程度、员工授权、奖惩系统和报告系统。当前的测评问卷有关安全文化维度内容尽管因行业不同存在不同的特点，但是其基本内涵都来自英国 HSE 的安全文化测评五大因素（领导力、双向交流、员工参与程度、可学习文化和安全责任态度）。在这五大基本构成因素的基础上，不同的行业就自己的行业特点，发掘出不同的测评要素，针对安全管理难度和存在的风险予以测评。

1）领导力因素。领导力是企业建立安全文化的首要因素，领导力建设主要包括安全健康地位、安全健康管理的资源分配、企业内部安全组织与人力的专业化分工、安全领导力培训。因此，在安全文化测评过程中，清晰明确的领导决策是首要测评对象。

2）交流有效性。高效的沟通与交流是建立企业安全文化的重要因素。纵向的交流有助于使员工能够清晰地了解企业组织的安全目标和计划，保证管理层和执行层之间信息通畅，各类事件处理与反馈及时、有效；横向沟通与交流能够加强员工对事故风险的认知，强化安全规章制度的执行，提高工作的警觉性。此外，积极有效的沟通还能加强员工对安全工作参与的积极性，而主动的自我事件上报更有利于各项安全管理活动的实施。

3）员工的参与和动机。员工的参与和良好的动机是建设安全文化的构成基础。积极的安全文化就是能够为职工提供一个良好的参与环境，借助于各种方法，保证员工能够主动地参与安全决策进程中，通过班组层，使员工个人能够自由地贡献安全思想并在实践中付诸行动。

4）持续有效的学习机制。企业的安全文化建设也包括良好的学习文化建设工作。良好的学习文化既包括管理组织的定期培训也包含员工自主的学习，特别是对以前发生的事故、失误、不安全行为和状态、行业内事件和事故等，是创建学习文化的重要环节。通过建立学习文化，可以鼓励员工更好地理解企业的安全实施政策，正确评估企业当前的安全状态，明确企业的不足。

5）安全责任与态度。建立一个安全公正的文化环境，是提高员工安全责任与态度的重要保证。公正的文化有助于提高员工的参与程度，避免员工隐瞒失误，消除员工报告失误的恐惧心理，鼓励员工的事故上报积极性，加强员工对决策的参与和执行等。因此，明确安全责任与态度、建立公正透明的文化氛围必须加强管理监督层的事件调查培训工作，与员工共享事件信息，建立良好的事件判别和分类制度，进行公开透明的决策等。

三、企业安全文化建设

1. 企业安全文化建设的意义

安全文化建设具有安全生产和安全生活的务实作用，具有推动社会进步与文明生产，保持国民经济持续发展的战略意义。归根结底，它是保障企业安全生产经营活动，保护员工安全与健康，提高大众安全生活质量和水平的根本途径之一，同时也是保护生产力，发展生产力，推动国民经济建设可持续发展的重要基础。企业安全文化是“以人为本”，是“关爱生命、珍惜生命”，是保护生产力、发展生产力，是尊重人、爱护人，是安康文明生产，是心灵深层次人因工程开发的、与时俱进的先进文化。

2. 企业安全文化建设的内容

企业安全文化是多层次的复合体，由物质安全文化、制度安全文化、精神安全文化、价值和规范安全文化组成，对应的可以从以上四个方面进行建设。

（1）物质安全文化建设。物质安全文化建设的目标是实现人、机、环境系统的本质安全化，这是人类长期追求的目标，也是企业安全文化建设的必然要求。进行物质安全文化建设，就需要依靠企业的技术进步与技术改造，不断提高系统本质安全化程度，主要包括以下三个方面。

1）工艺过程的本质安全化。工艺过程主要是指对生产、操作、质量等方面的控制过程。工艺过程本质安全化应做到：操作者不仅要了解物料、原料的性质，还要正确控制好温度、压力、质量等参数，必须有严格的工艺规范和技术管理制度。企业应当落实科室和专人负责日常工艺过程管理，认真监督、检查操作规程、制度和工艺规范的执行情况。

2）设备控制过程的本质安全化。应当加强对生产设备、安全防护设施的管理。主要内容包括：从设备的设计、制造、订货等都要考虑其防护能力、可靠性和稳定性，要大力推广和开发应用安全新技术、新产品、新设施和先进的安全检测设备，抓设备“正确使用、精心维护、科学检修、技术攻关、革新改造”的同时，要抓好设备、工艺、电气的联锁和静止设备的安全措施。

3）整体环境的本质安全化。主要是为作业环境创造安全、良好的条件。

（2）制度安全文化建设。制度安全文化是指与物质、心态、行为规范安全文化相适应的组织机构和规章制度的建立、实施及控制管理的总和，其主要包括：建立健全企业安全管理制度，建立完善企业安全管理各项基本法规、标准，并且高效地运作这些法规、标准，使其真正落实到安全生产的实处。

（3）精神安全文化建设。精神安全文化是指安全文化中精神层次的文化。从本质上看，它是人的思想、情感和意志的综合表现，是人对外部客观世界和自身内心世界的认识能力与辨识结合的综合体现，其目的就是要提高职工的安全意识和安全思维。安全意识来源于人们安全生产经验和安全管理科学知识相结合的实践，又反过来支配安全生产的复杂心理过程。它包括认识、情感和意志为基础的有机整体，从个体的安全防护意识层次上分析，大致可以归纳为三个层次，即应急、间接和超前的安全保护意识。

1）应急安全保护意识。主要体现在当事故以显性危害方式出现时，能对这种直接的危害迅速觉察、避让和采取应急措施。这种应急保护意识是自发的、本能的、快速的反应，一般来说，职工的表现都比较强烈，但表现的正确与否和职工的安全技术素质有很大的关系。

2）间接安全保护意识。主要体现在当危险因素以隐性的危害方式出现时，对间接的、慢性的伤害及其所造成的后果，一般来说，人们往往认识不清；对这种隐性的危害应采取防护、隔离等安全措施，但需经过安全教育与培训方可逐步形成。

3）超前的安全保护意识。主要体现在由于“安全管理的缺陷”造成人的态度、情绪与不安全行为，需要采取预防与控制的手段，一般来说，人们在这方面的安全意识比较薄弱，对潜在危险因素的洞察性、预防性和控制性都较差。

促使人们树立正确的安全意识，最有效的手段是进行各种形式的宣传教育。从安全哲学、安全科学、安全文学、安全艺术等角度对职工进行安全文化渗透，唤醒人们对生命安全健康的渴望，从而从根本上提高对安全的认识，增强应急安全保护意识、间接安全保护意识和超前安全保护意识。

（4）价值和规范安全文化建设。价值和规范安全文化是指人的安全价值观和行为规范，公认的价值标准存在于人们的内心，制约其行为，这就是行为规范，其具体表现为道德、风俗、习惯等。安全道德就是人们在生产劳动过程中维护国家和他人利益、人与人之间共同劳动生产工作（生活）的行为准则和规范。

缺乏安全道德的行为表现，是我国伤亡事故高发的重要原因之一。对企业劳动安全卫生构成最大、最直接的危害，有的还造成了无可挽回的巨大损失。进行员工的行为规范安全文化建设，就是要提倡树立安全道德，具体做法如下：

1）树立集体主义的精神风貌。这是安全道德的基本原则，也是人们在劳动安全生产过程中体现出人与人之间的关系应遵循的根本指导原则。

2）开展安全道德宣传工作，依靠社会舆论、环境氛围和人们内心信念的力量，来加强安全道德修养。

3）做好安全道德教育，培养人们安全道德的情感，树立安全道德的信念，坚决执行由安全道德所引导的正确的行为动机，以养成良好的安全道德的行为习惯。只有把人伦和道德有机地结合起来，在没有人监督的情况下，人人都能够自觉地按照安全道德的内容去做，把安全道德规范转化为人们的道德力量，才能有效地控制伤亡事故的发生，这就是行为规范安全文化建设的最终目的。

四、企业安全文化与安全氛围

1980 年，祖哈提出安全氛围理念并将之定义为“组织内员工共享的、对于具有风险的工作环境的认知”。具体地说，安全氛围是一种能够测评安全文化即时状态的、反映企业组织内不同个体安全认知的工具；相对于组织当前环境和状态而言，安全氛围是对特定地点、特点时间内的具体状态的认知，并随着环境和状态的变化而变化。

1. 安全氛围与安全文化的相似性

（1）两者都在不同程度上反映出个体和组织的社会属性，强调认知、意识、信仰等对安全文化和氛围建设的重要性，属于人文和社会科学研究范畴，具有典型的交叉学科特点。

（2）两者关注不同层次的管理与实施活动，针对行业组织结构和功能特点，认为安全状态可以通过管理予以纠正和改进，因此符合现代企业管理学的组织文化和氛围定义，具备管理科学的内容，又相对突出安全学科特色。

2. 安全氛围与安全文化的区别

（1）对工作和企业组织而言，安全文化包含潜在的安全信仰、安全价值观和安全态度等特性，而安全氛围则更接近于企业生产运行状态，具备对工作环境、生产实施、组织政策和管理的认知特点。

（2）从组织心理学和行为科学角度来看，安全文化和安全氛围处于不同的运行层面和研究理论。安全氛围反映了工作班组和企业的潜在文化，是安全文化在实际中的运用；安全文化则是企业文化的有机组成部分。安全文化研究和运用范围集中于宏观层面，对企业组织的社会、激励、传承、再学习等功能具有较高的科学价值，属于理论研究；安全氛围研究和运用范围则主要针对企业的微观运行层次，反映企业组织的管理、员工风险认知、班组参与、内部培训与安全知识等即时安全活动状态，属于经验和理论技术应用。

（3）相对来说，安全文化具有持久性、稳定性、延续性等特点，安全氛围则具有易变性、时差性等特点。安全氛围是一种心理表征，主要体现为某一特定时刻内对企业安全状态的认知。安全氛围与企业环境状态因素等复杂性问题密切相关，是安全文化的即时“快照”，因此具有易变性、时差性。此外，安全氛围也是对安全文化即时状态测评的具体方法。

第三节　安全的社会效应

安全的社会效应是社会文明和稳定、国家进步的重要标志，具体表现在其与人民的生活质量、社会的稳定、国民经济的持续发展、企业和国家的形象息息相关。安全社会效应的好坏具有重要的社会现实意义。

一、安全与社会稳定的相关性

安全与社会稳定的相关性具体表现在安全与人民的生活质量、社会稳定的关系、安全对管理者和高层决策的影响、安全对经济发展的作用三个方面。

第一，安全与人民的生活质量、社会的稳定直接相关。安全事故往往会导致严重的危害后果，如财产的重大损失、人员的严重伤亡、人员的精神伤害等。而这些严重后果则直接成为影响社会安定的危害因素。在人民群众的各种利益中，生命的安全和健康保障是最实在和根本的利益。如果安全生产工作做不好，经常发生安全事故，职业病得不到控制，这对人民群众生命的健康，对社会基本细胞——家庭将产生重大的损害和威胁，尤其是当前我国独生子女逐渐成为就业主力军，家庭面对伤亡和危害会承受更大的压力，一旦出现巨大安全事故则可能会导致广大人民群众和劳动者对社会制度、对党为人民服务的宗旨、对改革的目标产生疑虑和动摇，当这些问题积累到一定程度和突然发生震动性事件的时候，就有可能成为影响社会安全稳定的因素之一。因此，安全生产直接关系到国家的政治经济安全，影响社会的稳定。

第二，安全的社会稳定效应的另一个重要方面还体现在对各级行政部门以及对国家领导人或政府高层决策者的影响。每一次特大事故的发生，无不牵涉上至国家领导人，下至各级地方政府领导的精力。因此，各级政府和每一个组织的管理者要站在维护人民群众根本利益的角度来认识安全生产工作，对待事故要坚决执行“四不放过”原则，即事故原因没有查清不放过、事故责任人没有受到处理不放过、相关人员没有受到教育不放过、没有制定整改措施不放过。

第三，安全生产是实现国民经济目标的重要途径和基石。企业是国民经济的基本单位，是国民经济的重要细胞组织。国民经济整体是由一个个相互联系、相互制约、相对独立的生产企业和经济组织构成的。企业经济是国民经济的重要组成部分，企业经济目标的完成和发展需要安全生产作为基础保障。具体而言，安全生产对国民经济的影响，不仅表现在减少事故造成的经济损失方面，同时，安全对经济具有“贡献率”，安全也是生产力。

发生事故会导致生产力水平下降，影响国民生产总值。据联合国统计，世界各国平均每年支出的事故费用约占总产值的6%。在许多工业国家中，安全事故善后费用估计为国民生产总值的1%~3%。事故预防费用较难估计，但至少等于事故善后费用的两倍。

安全事故会造成生产力水平下降、时间上的浪费和长时间的无效劳动，主要表现在以下几个方面。

（1）事故可能造成机器设备和工具的损坏、材料和产品的损失、失去员工或者更换人员的损失，这些损失直接导致生产力水平下降。

（2）事故和疾病对人力资源的精神和士气所造成的损失会间接影响生产力水平，在做出恢复生产的安排之前，生产操作可能处于停滞状态。

（3）由于照顾受伤害者，其他的人员将花费时间。

（4）由于事故发生使工人的生产积极性和生产情绪受到不良影响，会明显降低工人的生产进度，影响生产或者服务的质量。

（5）企业本来监管日常行政工作的重点会转移到对事故的调查、处理、赔偿以及替换和培训受伤人员等方面，对正常的管理工作造成负面影响。

因此，为保障人民的生活质量和社会的持续稳定发展，凸显安全社会效应的正能量，必须坚持“生产必须安全，安全促进生产”这一社会经济活动的基本原则。

二、安全与社会文明和进步的相关性

安全是社会文明和进步的重要标志，具体体现在民众的安全诉求、企业的安全形象、国家的国际安全形象三个方面。

第一，安全状况是国家经济发展和社会文明程度的反映，保障所有劳动者的安全与健康是社会公正、安全、文明、健康发展的重要标志。

人类的安全水平很大程度上取决于经济水平。一方面，经济水平决定了安全投入的力度；另一方面，经济水平制约了安全技术水平和保障标准。事故状况与国家工业发展的基础水平、速度和规模等因素密切相关。世界上一些国家的发展经历表明，当一个国家的人均 GDP 在 5 000 美元以下时，高速的经济发展使工业事故和伤亡处于波动增量的态势；人均 GDP 接近 1 万美元时，工伤事故可呈稳定下降的态势；当 GDP 达到或超过 2 万美元时，工伤事故可以得到较好的控制。我国是发展中国家，工业基础比较薄弱，科学技术水平和管理水平有待提高，经济发展水平不平衡，法律尚不够健全，从总体上看，工伤事故和职业危害比较严重。

随着社会的进步和科学技术的发展，民众对减少伤亡事故和职业危害的迫切需要与落后的安全生产状况之间的矛盾，成为各国安全生产和社会生活的主要矛盾。虽然安全生产的情况是衡量一个国家社会经济发展水平的标志，经济发达国家的安全生产状况总体优于发展中国家。但是无论是发达国家还是发展中国家，政府、社会和公众对安全生产的要求和需求是一致的。只有劳动者的安全与健康诉求得到有效保障，才能促进和推动社会文明进步发展。

第二，企业的安全形象是社会文明和进步的重要标志部分。

企业是构筑社会的微小经济单元，企业的安全状态不仅影响企业自身在社会中的经济发展，企业的安全形象更体现了企业商誉的社会价值。

商誉是指企业由于各种有利条件，或历史悠久积累了丰富的从事本行业的经验，或产品质量优异、生产安全，或组织得当、服务周到，以及生产经营效率较高等综合因素，使企业在同行业中处于较为优越的地位，因而在客户中享有良好的信誉，从而获得超额效益的能力。

商誉是在可确定的各类资产基础上所获得的额外高于正常投入报酬能力所形成的价值，是企业的一项受法律保护的无形资产。商誉是企业经过多年的各方面的努力才得到的，但是，只要发生一起安全事故，就有可能将企业商誉毁于一旦。一个具备良好商誉的企业必然是一个安全状况良好、生产稳定的企业。如果一个企业事故频发，劳动者职业危害严重，生产就不可能稳定，产品质量就不可能优异，企业就无商誉可言，也就不可能在竞争中处于有利地位，更不可能在同行业中获得高于平均收益水平的利润。

安全事故可能会导致企业蒙受巨大的损失和严重的人员伤亡，带来不良的社会影响。而企业对生产车间的劳动卫生进行治理，减少对外的排污量（降低污染物浓度，使污染物排放标准合格），企业及企业周围的大环境质量得到改善，于国家或企业而言都是一种效益，它大大节约了国家或企业用来治理环境的费用。而且，长时间不发生事故的企业，其良好的安全信誉构成了一项宝贵的无形资产，企业商誉价值的提高也能给企业带来实在的效益。

因此，企业在社会中的安全形象地位对其在社会中的经济地位是有正相关促进作用的，安全信誉是企业商誉的重要组成部分，是企业社会价值的重要体现，是维护和促进社会文明进步的重要组成部分。

第三，在全球领域中，每个国家的安全状况关系到其国际形象和在国际市场中的竞争力。

世界经济一体化的迅猛发展，对安全生产标准国际化提出了更高的要求，同时也促进了国际安全生产管理和安全卫生科学技术的发展。每个国家安全生产水平有较大差距，这些差距主要表现在法规体系不健全、安全卫生基础研究与应用技术落后等方面。这些落后的状况已经使落后国家在一些国际交往中处于被动局面，也影响到部分国际经济活动的正常进行。

显然，做好劳动保护工作、提高职业安全健康水平和提高安全生产保障水平是政府、国家和社会的巨大责任和义务。如果重大安全事故不断发生，职业病发病率过高，对国家的国际形象极为不利。

因此，无论从保护劳动者的健康、促进国家社会经济健康发展出发，还是从顺应全球经济一体化的国际趋势、保证国际经济活动安全顺利运行考虑，都应注重安全生产，否则将影响国家的国际形象和国际市场竞争力。

第四节　安全法规与法制

安全法规是在人类生产实践活动基础上，依据安全生产、生产事故及其运动规律而产生的。安全法规是安全管理工作的依据和准绳，依法规范组织和个人在生产活动中的行为，坚持“安全第一，预防为主”的基本方针、强化安全管理。

安全法制是应安全生产与安全管理的需求，在对生产规律、事故规律和安全管理规律认识的基础上，通过总结安全生产经验和吸取事故教训，逐步建立健全起来的预防、控制事故规律的产物。安全法制是指安全法规的立法，安全监察体制与机构的建立。

安全法制是贯彻落实安全法规的有力保证。

一、安全法规

1. 安全法规的本质与特征

（1）安全法规的本质

1）安全法规是劳动者意志的体现。安全生产是保障人民幸福、社会安定、经济繁荣的重要前提，安全生产是劳动者自身的第一需要。每个劳动者都希望自己有一个舒适、安全的工作环境。人们在生活中的衣、食、住、行离不开安全，在生产活动中，以及工程设计、科学研究等方面也都要讲究安全。为了将劳动者的这些意愿得以实现，国家经过一定的立法程序将其加以规范，并由国家强制力保证执行，形成安全法规。安全法规是法的组成部分。法，是统治阶级整体意志和根本利益的集中表现，是通过一定的国家机关认可、制定的，具有一定文字形式和以国家强制力保证实施的行为规则（或规范）的总和。它建立在一定的经济基础之上，为一定的经济基础服务，是促进社会生产力发展、维护社会秩序和社会关系的行动准则。安全法规是保护劳动者在生产过程中的生命安全和身体健康的有关法令、规程、条例规定等法律文件的总称。

2）安全法规是社会关系的调节器。安全法规通过调节社会生产、生活中人与人的关系，特别是人与自然的关系，保证整个社会生产、生活和其他活动所必需的安全环境和正常秩序，使社会作为一个整体协调发展。安全法规有一个显著的特点就是将调整人类与自然关系的安全技术规范的特定内容移植到法律条文中而具有法律规范的性质。遵守、执行这些安全技术规范是一种法律义务，在工业生产中，有关安全的法规涉及劳动保护法规、安全技术规程、劳动卫生规程、环境保护法规等各个方面。

3）安全法规建立在一定的经济基础之上。安全法规的性质由一定的社会经济基础决定，劳动者的意志不是天生的，也不是为所欲为的主观臆断，而由劳动者所处的物质生活条件决定。人们的物质生活条件、地理环境、人口、生产方式等，其中主要的是生产力和生产关系统一的生产方式。有什么样的生产力状况所决定的生产关系（经济基础），也就有什么样的安全法规。离开了一定的物质条件，劳动者的意志无所依托，安全法规也就无法产生。

（2）安全法规的特征。安全法规的特征是其本质在各个方面的外部表现，是反映安全法规本质的法的现象。

1）安全法规是一种特殊的社会规范。安全法规规定了人们在某种情况下，可以做什么，应该做什么和禁止做什么。它是具有肯定性的、明确性的规范，向人们提供了非常明确的行为模式、标准和方向。

2）安全法规是由国家制定或认可的，具有国家意志性或国家权威性。

3）安全法规由国家强制力保证实施，用国家的强制力来保证安全法规的实施，这就是安全法规的国家强制性。

2. 安全法规的制定依据及其作用

（1）安全法规的制定依据。制定安全法规主要依据是《中华人民共和国宪法》

(以下简称《宪法》)。宪法是普通法的立法基础和依据，也是安全法规的立法基础和依据。《宪法》第四十二条规定：“国家通过各种途径，创造劳动就业条件，加强劳动保护，改善劳动条件……”第四十三条规定：“中华人民共和国劳动者有休息的权利。国家发展劳动者休息和休养的设施，规定职工的工作时间和休假制度。”第四十八条规定：“中华人民共和国妇女在政治的、经济的、文化的、社会的和家庭的生活等各方面享有同男子平等的权利。国家保护妇女的权利和利益……”

此外，《宪法》中关于母亲和儿童受国家的保护，公民有受教育的权利，公民必须遵守劳动纪律，遵守公共秩序，尊重社会公德以及国家逐步改善人民物质生活等规定，都是安全生产法规中必须遵循的原则。

安全法规就是根据上述原则制定的预防事故、预防职业危害、劳逸结合、女工和未成年工保护等方面具体的法规和制度，以法律形式保障职工的安全健康，促进生产。

(2) 安全法规的作用。安全法规的作用是它的本质和特征的外在表现和具体化，可以从规范作用和社会作用两个方面来认识。

1) 安全法规的规范作用

①指引作用。用安全法规对人们的行为加以指引，明确告诉人们应该怎样做，不应该怎么做，鼓励人们实施安全法规允许的行为，防止或杜绝人们违反安全法规的行为。

②预测作用。安全法规的指引作用扩大到人们的相互关系上，就是一种预测作用。安全法规使人们能够预测自己和别人依法行事的方式和后果，也就同时能够预测别人对自己依法行事的反应。

③评价、教育作用。安全法规也是判断衡量人们行为是否合法的标准。人们可用这个标准去评价任何人的行为。在评价的同时，也带来教育作用。安全法规的实施、宣传和学习对人们是一种教育。

④强制作用。对违反安全法规的行为进行制裁，这是一种强制作用。安全法规的强制作用是对上述作用的保证。

2) 安全法规的社会作用。经济建设是国家的中心任务，任何物质的生产都需要保护生产力。然而，事故的发生却造成人员伤亡或机器设备的损坏，直接破坏生产力。搞好安全生产便可有效地保护生产力，促进经济建设。

厂矿企业发生事故，产品价值的基本构成不变，但各个组成部分的数值发生了变化。例如，发生事故损坏了设备，必须增加不变资本的补偿额；造成人员伤亡，就需要增加可变资本的补偿额。由于增加了不变资本和可变资本的补偿额，其经济损失只能由剩余价值来承担，这是与企业的生产目的——增加经济效益相违背的。随着我国经济体制改革的不断深入，安全生产与经济规律的关系更加密切，安全法规的社会作用也就越加明显和重要。

3. 安全法规的法律规范、法律关系和法律责任

（1）安全法规的法律规范。如果法是法律规范的整体，那么法律规范就是构成法的细胞。

1）安全法规的法律规范的结构。安全法规的规范是由国家制定或认可，反映劳动者意志，并由国家强制力保证实行的一般行为规则。安全法规有自己特定的结构，其结构就是指形成安全法规内容的各要素及其相互关系。安全法规的规范结构可以分为条件、行为模式和后果（包括制裁和奖励）三要素。条件就是指适用该规范的必要条件，只有当这种条件出现的情况下才能适用该规范；行为模式就是规范本身的基本要求，也就是规定人们应该做什么，允许做什么，禁止做什么，是规范的中心部分；后果就是对违反规范所导致的法律后果的规定。

安全法规的法律规范是通过一定的法律条文来表现的。但是构成安全法规规范的三要素，并不一定都明确规定在同一法律条文或同一法律文件中，也不是任何一个安全法规规范都必须具备三个要素。

2）安全法规规范的效力和解释。安全法规规范的效力包括：时间效力，就是指安全法规何时生效、何时失效；空间效力，就是指安全法规适用的地域范围；对人的效力，就是指安全法规对什么人有效的问题。安全法规是概括的、原则的，不可能对生产活动中所涉及的一切安全情况都作出详尽的规定。同时，在具体实施过程中，各地、各企业的具体情况不同，人们对它的理解也不尽一致。因此，安全法规的解释对于正确运用十分必要。安全法规的解释按解释的主体和效力不同可分为有权解释和无权解释。

（2）安全法规的法律关系。安全法规的法律关系就是安全法规规范所确认的人与人之间的权利和义务关系。它是一种特殊的社会生产关系。安全法规的法律关系必须具有主体、客体和内容三要素。主体，是指安全法规的法律关系的参加者，也就是在法律关系中享有权利并承担义务的人。客体，是指安全法规的法律关系主体的权利和义务所指的对象。如果没有客体，权利和义务就失去了目标，成为无实际内容、不能落实的东西。客体主要包括物、行为、精神产品。内容，就是指安全法规的法律关系主体所享有的权利和应尽的义务。

（3）安全法规的法律责任。安全法规的法律责任就是指违法者应该承担的具

有强制性的法律上的责任。法律责任是因违法行为而引起的法律后果，追究法律责任只能由国家专门机关进行，任何个人、团体都没有这个权力。

4. 安全法规的功能与分类

（1）安全法规的功能。安全法规的功能来源于安全法规产生的客观性，即只有建立和健全符合预防、控制事故规律的安全法规，才具有预防和控制事故的功能；否则，不符合预防和控制事故规律的安全法规，就不具有预防和控制事故的功能，而且有时还会起负作用，束缚生产的发展。同时也应当认识到，符合安全生产规律的安全法规虽然具有预防和控制事故的功能，但它必须用于指导安全管理的实践，只有用于统一人们的安全工作和安全生产行为，才能发挥其应有的作用。安全法规体系的功能主要包括以下几个方面。

1）依据预防事故规律客观要求所产生的生产技术法规，具有直接预防事故的特定功能。

2）依据控制事故规律客观要求所产生的安全技术法规，具有直接控制事故的特定功能。

3）依据安全管理规律客观要求所产生的安全工作法规和安全奖惩法规，具有间接预防和控制事故的特定功能。

（2）安全法规的分类。依据安全生产和安全管理的需要，按照安全法规体系的形成过程及各类法规所具有的特定功能，可以将安全法规划分为生产技术法规、安全技术法规和安全工作法规。

1）生产技术法规。生产技术法规是指人们长期在生产实践过程中，通过总结安全生产经验，在认识生产实践的规律运动具有安全的必然性之后，依据预防事故规律的客观要求，逐步建立健全生产技术应用管理方面的规章制度。例如，各种生产技术标准、设计规范、生产工艺规程、技术操作规程等，统称为生产技术法规。

2）安全技术法规。安全技术法规是指人们在长期生产实践中，通过吸取事故教训，在认识到生产实践的异常运动具有导致事故的必然性之后，依据控制事故规律的客观要求，逐步建立健全安全技术应用管理方面的规章制度。例如，各种安全技术标准、安全操作规程、煤矿安全规程、各种工程施工安全技术措施等，统称为安全技术法规。

3）安全工作法规。安全工作法规是指人们长期在安全工作实践中，通过总结安全生产经验教训，在认识了安全规律、事故规律的同时，也认识了安全管理规律；为了促使生产实践规律运动，预防和控制事故的发生，依据安全生产与管理的需要，逐步建立健全安全工作管理方面的规章制度。例如，各种安全工作标准，安全监督检查条例，安全生产责任制，安全奖惩条例，安全教育和安全检测制度等，统称为安全工作法规。

5. 安全法规和科学技术

安全法规是法律，属于上层建筑；科学技术是生产力。它们相互之间的关系体现在：安全法规作为调节人们行为的重要手段，同时也是保护和促进科学技术发展的有力武器；而科学技术又是安全法规立法的一个重要依据，特别是现代突飞猛进的科学技术，使得人们有可能利用先进的技术和设备装备生产并对生产过程中的安全状态进行预测、预报、预防，大大提高和优化了生产过程的安全状态。

我国《宪法》规定，国家保护生活环境和生态平衡，组织和鼓励植树造林，防治污染和其他公害。要利用先进的技术、仪器装备和分析手段对事故进行科学的调查、分析，保证事故分析结论的可靠性和权威性。

法律保护促进了科学技术的发展，科学技术的发展又推动了法律的完善和更新，两者相辅相成，相得益彰。良性循环的基础是尊重客观规律，只有尊重客观规律、体现劳动者意志的法律才能适应科学技术的发展，成为主观通向客观的桥梁或中介，产生巨大的物质力量，否则良性循环就要中断。如果法律不尊重科学，反过来，法律也就丧失了赖以发展的科学基础和经济基础，良性循环将转化为恶性循环。

安全法规是建立在客观规律和科学基础上的，法律和科学技术的相互作用正逐渐被人们所重视，加强安全立法已成为劳动者的共同愿望和我国经济建设的迫切要求。

二、安全法制

安全法制包括安全法规的立法、安全监察机构的定位与建设。

1. 安全法规的立法

安全法规的立法是指依据《宪法》，按照一定的立法程序所进行的一系列工作。安全法规立法的主要内容包括以下几个方面。

（1）国家和政府对劳动保护和安全生产的基本方针、政策和原则。

（2）各有关部门及厂矿企业领导和职工对劳动保护和安全生产应有的责任、权力和利益。责任主要包括遵守执行劳动保护和安全法规，采取预防为主的措施，接受上级有关部门的监督检查；权力主要包括有权拒绝违反劳动保护和安全法规的瞎指挥，要求上级有关部门的安全监察人员到厂矿进行检查等；利益主要包括对劳动保护和安全生产做出贡献的人员，根据其贡献的大小应受到国家有关部门和厂矿企业的奖励。

（3）安全技术、工业卫生和其他有关劳动保护和安全技术的要求和系列标准，新建、扩建厂矿企业和引进新技术的劳动保护和安全技术要求。

（4）厂矿企业改善劳动条件和安全装备的经费、渠道和筹款。

（5）职工进行安全技术培训的要求、标准和考核制度。

（6）工伤事故的调查、分析和统计呈报程序以及工伤事故的诊断标准。

（7）对违反劳动保护和安全法规发生事故的处理程序和处罚规定。

（8）厂矿企业中安全管理机构的设置、管理和人员的配置及其纵横关系，厂矿企业接受上级安全监察部门检查的有关规定。

（9）对事故的救护、工伤事故的医疗制度、个人安全防护用品标准以及劳动保护和安全管理的科学研究等方面的规定。

劳动保护和安全管理的立法内容将随着经济的发展、科学的进步而不断扩展、更新。

2. 安全监察机构的定位与建设

安全监察机构的定位与建设是劳动保护和安全管理立法的另一个重要方面。

（1）安全监察执行机构和执行人员。我国企业安全管理的体制是实行国家安全监察、行业安全管理、群众安全监督相结合的运行体制。根据这一原则，设立国家、地方的安全监察机构，并向有关行业企业派驻安全监察机构或安全监察员。

（2）安全监察的基本性质。安全监察是企业生产发展到一定阶段的必然产物，是保证企业安全生产的法律保障。安全监察具有国家监督、外部监督、法律监督和专业监督四种基本属性。

1）国家监督。国家安全监督就是在国家赋予的职权范围内，监督企业及其主管部门贯彻执行安全生产方针和安全法规。

2）外部监督。国家安全监察机构或人员与被监督的企业必须无隶属关系和直接的利害冲突。这在形式上表现为外部监督。

3）法律监督。国家安全监察的性质、职权与任务是由国家法律规范所确定的。

4）专业监督。按照国家安全监察的职权，对企业生产的关键环节和技术实行专门监督。

（3）安全监察的任务。安全监察的任务是监督劳动保护和安全法规的贯彻执行情况，保护劳动者在生产过程中的安全和健康，保护国家和社会财产，促进企业的安全生产发展。

（4）安全监察的职权。安全监察的职权分国家安全监察机构的职权和国家安全监察员的职权。

1）国家安全监察机构的职权。宣传安全生产方针和劳动保护政策、法令，监督安全法规的贯彻执行；拟定行业安全法规和标准，审批行业安全规程，安全装备和产品的检验与认可；规划和指导行业安全和职业卫生（工程技术）工作，开展安全科学研究；参加企业设计审查和工程竣工验收，参加企业安全科研成果和有关新技术的鉴定；监督企业开展安全教育和技术培训，对企业负责人进行安全资格审查；检查企业安全技术措施的完成情况和安全技术措施经费的使用情况；检查企业安全工作，对违反安全法规和危害职工安全健康的情况提出处理意见，必要时向有关企业或企业的主管部门发出“企业安全监察意见通知书”，要求他们限期改正或限期解决；对严重违反安全法规的企业和有关人员，有权处以罚款，对严重违反安全法规的企业及其主管部门的责任者和领导者，有权提请上级机关给予行政处分或提请司法机关依法惩处，对不具备基本安全生产条件的企业，有权提请有关部门令其停产整顿或予以封闭；统计、分析企业事故和职业病情况，提出预防措施，参加企业事故调查、监察事故处理。

2）国家安全监察员的职权。国家安全监察员在其所负责的范围内，凭其证件有权随时进入企业单位现场进行安全检查，并有权参加企业召开的有关会议，调阅有关资料，向有关单位或人员了解情况，但必须为企业保守机密；在现场检查时，发现有危及职工安全健康的情况时，有权要求立即改正或限期解决；情况紧急时，有权要求立即停止作业，然后通知企业领导人迅速处理；有权向企业主管部门和劳动安全监察机关反映劳动安全情况。

（5）安全监察的工作方法。从生产过程或工作方式两个方面，安全监察的工作方法可做以下划分。

1）按生产过程可划分为前期监督、同期监督和后期监督三种工作方式。

前期监督，即在生产活动开始前的监督活动，也叫基础监督；同期监督，即与生产活动同时进行的监督，同期监督的对象主要是制度的执行、设备的运转、设施的使用、有害因素的控制；后期监督，是指对生产活动造成的事故后果的监督。

2）按工作方式可划分为行政监督、制度监督和现场监督三种工作方式。

行政监督，即发布有关安全的规定、办法和文件，并通过各种手段强制执行；制度监督，即监督企业管理部门制定贯彻国家劳动保护和安全法规的落实细则、行业安全规程和安全管理制度，监督企业管理部门制定行业安全技术规划和发展规划；现场监督，即对现场进行监察，实施全面监察、专业监察和重点监察。

（6）安全监察的基本程序。安全监察的基本程序是指安全监督活动的步骤和顺序，主要包括以下内容。

1）监察准备。监察准备是监察过程的开始，是指对监察对象和任务进行的初步了解。监察准备包括：确定检查对象，查阅有关法规和标准；了解检查对象的工艺流程、生产和安全卫生情况，制订检查计划，安排检查内容、方法和步骤，编写安全检查表或检查提纲，挑选和培训检查人员等。

2）听取汇报。深入被监察企业听取企业领导对执行国家劳动安全卫生法规标准的情况、存在的问题及改进措施的汇报。

3）现场检查。实地了解作业状况，包括生产工艺、技术装备、防护措施、原材料等方面存在的问题；同时采访职工并听取职工的意见和建议，尤其要听取安全管理和改善劳动条件方面的问题和建议。

4）提出意见或建议。向企业领导人或有关人员通报检查情况，指出存在问题，提出整改意见或建议，并指定完成期限。

5）发出《劳动安全卫生监察指令书》或《劳动安全卫生处罚决定书》。根据监察情况，把监察指令书（或通知书）下达给企业执行，限期整改。对严重违法的发出处罚决定书。

三、我国安全管理体制构成

1. 安全生产的基本要求

不同的行业对于安全生产有不同的具体要求，不同的作业又有不同的防护措施。安全生产的基本要求主要包括以下几个方面。

（1）法律许可。企业必须按照国家的法令和规定（如劳动保护法、矿山安全法、海上交通安全法等）进行建设，并取得主管部门颁发的生产许可证。

（2）提高技术。在资金许可的前提下，尽量采用先进技术实现机械化、自动化，对危险岗位实现无人操作或远距离控制。

（3）设备。选用符合安全生产要求的设备。

（4）环境。创造良好的工作环境。

（5）制度。有严密的管理制度和切实可行的岗位责任制、安全操作规程。

（6）培训。工人上岗前经过良好的教育和技术培训。

（7）辅助设备。在发生事故时有报警设备、消防设备以及充分的防护抢救设备。

（8）应急管理。有良好的通信联络及交通工具，以便一旦发生事故，及时联系抢救。

（9）安全文化。有从上到下对安全工作重视的良好风气和责任感。

2. 安全生产方针

“安全第一，预防为主，综合治理”的安全生产方针是关系到国家经济发展和社会稳定的安全生产方针。安全是人类生存的最基本需要之一，没有安全就没有人类的生活和生产，这是“安全第一”思想的客观基础。

人类为发展经济，改善生存条件而进行生产活动时，往往需要以安全作为代价，这样，“安全第一”的思想在实践中又会受到客观现实的干扰。如交通事业的发展给人类生活和生产带来了文明，但同时人类又为此付出了巨大的生命代价。安全需要与利益代价的矛盾是人类社会生产和生活中客观存在的，也是人们解决安全问题的难点所在。但是安全的本质是保证人类生活、生存、生产中不受伤害以及财产不受损失。

（1）坚持安全第一。安全第一，就是在生产过程中把安全放在第一重要的位置上，切实保护劳动者的生命安全和身体健康。这是我们党长期以来一直坚持的安全生产工作方针，充分表明了我们党对安全生产工作的高度重视，对人民群众根本利益的高度重视。在新的历史条件下坚持安全第一，是贯彻落实以人为本的科学发展观、构建社会主义和谐社会的必然要求。以人为本，就必须珍爱人的生命；科学发展，就必须安全发展；构建和谐社会，就必须构建安全社会。坚持安全第一的方针，对于捍卫人的生命尊严、构建安全社会、促进社会和谐、实现安全发展具有十分重要的意义。

（2）坚持预防为主。预防为主，就是把安全生产工作的关口前移，超前防范，建立预教、预测、预想、预报、预警、预防的递进式、立体化事故隐患预防体系，改善安全状况，预防安全事故。在新时期，预防为主的方针又有了新的内涵，即通过建设安全文化、健全安全法制、提高安全科技水平、落实安全责任、加大安全投入，构筑坚固的安全防线。具体地说，就是促进安全文化建设与社会文化建设的互动，为预防安全事故打造良好的“习惯的力量”；建立健全有关的法律法规和规章制度，如《安全生产法》，安全生产许可制度，“三同时”制度，隐患排查、治理和报告制度等，依靠法制的力量促进安全事故防范；大力实施“科技兴安”战略，把安全生产状况的根本好转建立在依靠科技进步和提高劳动者素质的基础上；强化安全生产责任制和问责制，创新安全生产监管体制，严厉打击安全生产领域的腐败行为；健全和完善中央、地方、企业共同投入机制，提升安全生产投入水平，增强基础设施的安全保障能力。

（3）坚持综合治理。综合治理，是指适应我国安全生产形势的要求，自觉遵循安全生产规律，正视安全生产工作的长期性、艰巨性和复杂性，抓住安全生产工作中的主要矛盾和关键环节，综合运用经济、法律、行政等手段，人管、法治、技防多管齐下，并充分发挥社会、职工、舆论的监督作用，有效解决安全生产领域的问题。实施综合治理，是由我国安全生产中出现的新情况和面临的新形势决定的。在社会主义市场经济条件下，利益主体多元化，不同利益主体对待安全生产的态度和行为差异很大，需要因情制宜、综合防范；安全生产涉及的领域广泛，每个领域的安全生产又各具特点，需要防治手段的多样化；实现安全生产，必须从文化、法制、科技、责任、投入入手，多管齐下，综合施治；安全生产法律政策的落实，需要各级党委和政府的领导、有关部门的合作以及全社会的参与；目前我国的安全生产既存在历史积淀的沉重包袱，又面临经济结构调整、增长方式转变带来的挑战，要从根本上解决安全生产问题，就必须实施综合治理。从近年来安全监管的实践特别是联合执法的实践来看，综合治理是落实安全生产方针政策、法律法规的最有效手段。因此，综合治理具有鲜明的时代特征和很强的针对性，是我们党在安全生产新形势下作出的重大决策，体现了安全生产方针的新发展。

“安全第一，预防为主，综合治理”的安全生产方针是一个有机统一的整体。安全第一是预防为主、综合治理的统帅和灵魂，没有安全第一的思想，预防为主就失去了思想支撑，综合治理就失去了整治依据。预防为主是实现安全第一的根本途径。只有把安全生产的重点放在建立事故隐患预防体系上，超前防范，才能有效减少事故损失，实现安全第一。综合治理是落实安全第一、预防为主的手段和方法。只有不断健全和完善综合治理工作机制，才能有效贯彻安全生产方针，真正把“安全第一，预防为主”落到实处，不断开创安全生产工作的新局面。

（4）安全与生产的辩证统一关系。生产必须安全，安全必须促进生产。生产必须安全是说在各种生产作业过程中，必须尽一切所能为劳动者创造安全卫生的劳动条件，积极克服生产中不安全、不卫生的因素，防止伤亡事故和职业性毒害的发生，使劳动者在安全卫生的条件下顺利地进行生产劳动。

安全促进生产是说安全工作必须紧紧地围绕生产活动来进行，不仅要保证职工的生命安全和身体健康，而且要促进生产的发展。离开生产，安全工作就毫无实际意义。安全始终贯穿整个生产过程之中，安全对于生产起着既制约又促进的作用。安全工作搞不好，事故就会频繁发生，不仅会造成巨大的经济损失，增加生产成本，使劳动者在肉体和精神上都受到严重创伤，而且会造成恶劣的社会影响，这些都会严重阻碍生产的顺利进行。

3. 安全管理体制

完善安全管理体制，建立健全安全管理制度、安全管理机构和安全生产责任制是安全管理的重要内容，也是实现安全生产目标管理的组织保证。我国现行的安全生产管理体制为“企业负责、行业管理、国家监察、群众监督、劳动者遵章守纪”，这五个方面按不同层次和从不同角度构成安全生产管理的宏观体制，其目的是为了推动“安全第一，预防为主，综合治理”这一安全生产基本方针。

（1）企业负责。把“企业负责”放在第一条，表明企业在安全生产中所占的重要位置。在市场经济条件下，企业成为自主经营、自负盈亏、自我发展、自我约束的生产经营实体，所以加重企业对安全生产应负的责任有着更加重要的现实意义。企业负责是指企业在生产经营过程中，承担着严格执行国家安全生产的法律、法规和标准，建立健全安全生产规章制度，落实安全技术措施，开展安全教育和培训，确保安全生产的责任和义务。企业法人代表或最高管理者是企业安全生产的第一责任人，在此基础上，企业必须层层落实安全生产责任制，建立内部安全调控与监督检查的机制。企业要接受国家安全监察机构的监督检查和行业主管部门的管理。

企业对安全生产负责的关键是要做到“三个到位”，即责任到位、投入到位、措施到位。

所谓责任到位，就是企业必须全面落实各级安全生产责任制。安全生产责任制是企业最基本的安全管理制度，是所有安全生产规章制度的核心。责任到位就是要把“管生产必须管安全”“谁主管谁负责”作为安全生产的原则；明确企业法定代表人是安全生产第一责任人，对本企业安全生产应负全面责任；分管安全生产工作的副职，在其分管工作中涉及安全生产内容的，也应承担相应的领导责任。企业在制定安全生产领导责任制的同时还应当制定全员安全生产责任制，这样才能保证企业的安全生产管理做到全面覆盖，安全责任落实到位。

所谓投入到位，就是企业要确保对安全生产的资金投入。企业要推行安全生产目标管理，层层签订安全生产目标责任书，要建立安全激励机制，安全奖励基金要到位；企业对重大事故隐患和职业危害要治理和整改，安全措施经费要到位；企业要开展安全生产的技术开发、推广和应用，安全科研经费要到位。另外，安全生产的宣传教育和培训等都要有一定资金投入来给予保证。所以，企业应把安全技术措施计划列入年度计划中，专款专用，定期审查。企业的安全投入必定会产生可观的安全效益。如果企业没有必要的安全投入，一旦发生事故，给企业造成的经济损失将是巨大的。

所谓措施到位，就是企业要严格按照国家关于安全生产的法律、法规和方针政策，结合本单位实际制定详尽周密的安全生产规划，并按照规划内容认真做好落实工作。企业在新建、改建、扩建工程时，劳动安全卫生设施必须与主体工程同时设计、同时施工、同时投入生产使用。企业必须设置安全生产管理机构，选派责任心强，有一定专业知识的人担任安全管理工作。企业工会组织应对安全生产工作实行监督。企业应不断改善职工的劳动条件，制定防毒、防尘措施，使职工在安全舒适的环境中工作。企业应定期开展安全检查，及时消除各类隐患。企业应加强对职工的安全教育和培训，教育职工严格遵守国家和地方有关法律、法规，遵守企业的各项规章制度和操作规程，遵守劳动纪律，不违章作业并制止他人违章。企业应经常对职工进行安全生产知识和安全防护知识的培训，使职工熟练掌握岗位安全操作技能，提高职工自我保护和处理突发事故的能力。总之，企业只有认真落实各项安全措施，才能逐步做到本质安全。

企业在向市场经济转轨的过程中，安全生产方面面临的困难和问题是很多的。其中既有社会方方面面因素的影响，也有企业自身的原因。企业要在市场竞争中求得生存和发展，就应该认真履行在安全生产方面应负的法律责任，这也是社会进步的必然要求。

安全生产的主体是企业，因此建立企业安全生产的自我约束机制是搞好安全生产的关键。企业安全生产自我约束机制就是指企业在生产过程中，自觉服从国家的安全生产方针、政策和法规，在企业内部建立良好的安全生产运行机制，使安全与生产处于和谐统一的整体之中。

实现企业安全生产自我约束机制，首先必须在企业内部建立完善的安全组织管理体系，然后做好以下几个方面的工作：①落实各级人员、各个岗位的安全生产责任制；②建立健全安全规章制度、安全操作规程并严格执行；③实行安全目标管理，加强信息反馈和控制；④坚持安全教育和培训，逐步提高全体职工安全技术水平和安全素质；⑤开展各种安全检查、评价工作，将安全考核纳入职工绩效考核之中；⑥保证安全卫生技术措施的经费和项目的实施效果；⑦重视事故的调查、分析，即使对险肇事故的信息也能有效收集；⑧不断总结经验，研究安全生产的新情况、新问题，应用新技术、新方法，以适应企业管理环境的不断变化。

完全依靠企业自发做好上述工作，是不太现实的，必须通过企业的外部环境对企业加以约束，使企业从被动地适应外部约束逐渐转化为主动地自我约束。外部约束的形成主要是依靠强大的法制力量。要通过制定完善的安全生产法规和标准，加强国家安全监察的执法力度，同时通过各种渠道和采取各种手段进行宣传教育，使企业领导和全体员工牢固树立安全生产的法制观念，并自觉用安全法规约束自己的行为。要使干部和职工充分认识到，因管理不善、责任心不强、违反规章制度、强令工人违章冒险作业等造成事故，使职工的生命和财产遭受重大损失，是犯罪行为，不但要受到行政和经济处罚，而且要受到法律制裁。只有从领导到每一个员工都从思想上真正认识到这一点，企业的安全生产自我约束机制才有可能实现。

（2）行业管理。行业管理就是由行业主管部门，根据国家的安全生产方针、政策、法规，在实施本行业宏观管理中，帮助、指导和监督本行业企业的安全生产工作。行业安全管理也存在与国家监察在形式上类似的监督活动。但是，这种监督活动仅限于行业内部，而且是一种自上而下的行业内部的自我控制活动，一旦需要超越行业自身利益来处理问题时，它就不能发挥作用了。因此，行业安全管理与国家监察的性质不同，它不被授予代表政府处理违法行为的权力，行业主管部门也不设立具有政府监督性质的监察机构。

行业归口管理部门与企业主管部门必须根据“管生产必须管安全”的原则，在组织管理本行业、本部门经济工作中，加强对所属企业的安全管理。行业安全管理的主要职责是对行业所属企业贯彻执行国家安全生产方针、政策、法规和标准，进行计划、组织、指挥、协调、宏观控制，以提高整个行业的安全管理和技术装备水平，控制和防止伤亡事故和职业病的发生，保障职工安全健康和生产任务顺利进行。行业安全管理的职责主要包括以下七个方面。

1）贯彻执行国家安全生产方针、政策、法规和标准，制定本行业的具体规章制度和安全规范，并组织实施。

2）实行安全目标管理，制定本行业安全生产（包括安全、防尘、防毒等）的长期规划和年度计划，确定方针、目标、具体措施和实施办法，纳入企业经济承包制的考核内容和企业的升级条件，并严格执行。

3）在重大经济、技术决策中提出有关安全生产的要求和内容，组织和指导企业制定和落实安全措施，督促企业改善劳动条件。

4）在新建、改建、扩建工程和技术改进、技术改造中贯彻执行主体工程与安全卫生设施同时设计、同时施工、同时投产的“三同时”规定，在组织开发新材料、新产品、新技术、新工艺中，执行有关安全生产规定。

5）参与组织对本行业的职工进行安全思想教育和安全技术培训工作。

6）对本行业所属企业安全生产工作进行督促检查，解决存在的问题和隐患，组织或参与伤亡事故的调查处理，并协助国家监察部门查处违章失职行为。

7）组织本行业的安全检查、评比和考核，表彰先进，总结和交流安全生产经验。

（3）国家监察。国家监察即国家劳动安全监察，它是由国家授权某政府部门对各类具有独立法人资格的企事业单位执行安全法规的情况进行监督和检查，用法律的强制力量推动安全生产方针、政策的正确实施。国家监察也可以称为国家监督。国家监察具有法律的权威性和特殊的行政法律地位。行使国家监察的政府部门是由法律授权的特定行政执法机构，该机构的地位、设置原则、职责权限以及该机构监察人员的任免条件和程序，审查发布强制性措施，对违反安全法规的行为提出行政处分建议和经济制裁等，都是由法律规定或授权的。因此，国家监察是由法定的监察机构，以国家的名义，运用国家赋予的权力，从国家整体利益出发来开展的。

现在，国家已经制定、发布了大量的安全法规，只要遵章守法，安全生产就有了基本的保障。然而，这些法规只规定了人们在生产过程中应该怎样做，允许怎样做和禁止怎样做，却没有规定一旦违反了这些法规，造成了损失，将要在法律上承担什么样的责任和受到什么样的惩罚，也没有明确规定怎样做才能使之承担责任和受到惩罚。换句话说，就是只解决了有法可依的问题，而没有解决执法必严、违法必究的问题，不能真正发挥法律的强制作用。

为了解决执法必严和违法必究的问题，不但要制定、发布大量确定行为规则的实体法，还要制定、发布如何执法的程序法，还要指派一个有权威的执法机构依据程序法去实现实体法，才能把实体法潜在的强制力变成现实的强制力，真正体现出法制的威力来。国家制定安全监察法规（程序法），安全监察机构依照此法进行安全监察活动，把法制的威力实际体现出来（实现实体法），实现监督的职能。在监察过程中及时收集、整理各种信息，反馈给各级决策部门，从而实现有效的控制，以达到实现安全生产的目的。

1）安全监察的基本职能。概括地说，安全监察有两方面的基本职能：一是实行监察，二是反馈信息。安全监察是依据安全监察法规授予的权限，对各部门和企事业单位贯彻安全生产方针和遵守安全法规的情况进行监督检查；揭露事故预防工作中存在的问题，分析产生的原因，督促、指导这些部门和单位改正违反法规行为，消除隐患；对违反法规而又拒不改正的实行干预，强制其改正；在处理事故或其他有关安全事项中，对有关各方的争议进行仲裁。此外，安全监察在客观上对于调整劳动关系，改善企业管理，提高经济效益，改进生产技术也能起到一定的作用。

监察机关和监察人员在实行安全监察的过程中，通过调查研究、监察活动、统计分析、沟通情报等各种渠道广泛收集到各类信息。对这些信息应该有目的地进行分类、比较、分析、综合，去伪存真，去粗取精，提出有价值的意见和对策，或者反映给领导机关，供决策参考；或者提供给部门和单位，帮助他们改进工作。

实行监察和反馈信息，这两方面的职能是互相依存、互相促进的。监察职能是强调依法行事，而信息职能则是强调实行的效果，检查、判断既定目标的得失，总结经验教训，及时调整对策，不断把事故预防工作提到新的高度。

2）安全监察机构的职责和权限。劳动安全监察对象，主要是企事业单位，也包括国家法规中所确定的负有劳动安全职责的有关政府机关、企事业主管部门、行业主管部门等。

劳动安全监察的任务，主要是对上述被监察对象履行劳动安全职责和执行安全生产法规、政策的情况，依法进行监督检查，及时发现和揭露存在的问题和偏差，纠正和惩戒违章失职行为，以保证国家安全生产方针、政策和法规的贯彻执行，保护职工的安全与健康，促进社会主义建设事业的发展。

劳动安全监察机构必须依法监察，即：①监察机构和监察人员的设置必须符合国家法律规范的要求，监察机构的活动必须符合国家法规确定的职责权限，不失职、不越权；②国家监察是一种执法监察，即主要监察遵守和执行国家法规、政策的情况，预防和纠正违反法规、政策的偏差，它不干预被监察对象内部执行法规、政策的方法、措施、步骤等具体事务，也不代替被监察对象的日常安全管理和安全检查；③进行监察活动时，必须依据实体法的规定（包括有关安全生产法律、法规、规章、标准），并遵守程序法的有关规定。

安全监察机构的主要职责和权限如下：①监察经济管理部门、生产管理部门和企事业单位对国家安全生产法律、法规的贯彻执行情况；②对新建、改建、扩建和技术改造工程项目中有关劳动安全卫生内容的设计进行审查和竣工验收；③参加有关劳动安全卫生科研成果、新产品、新技术、新工艺、新材料、新设备的鉴定，对劳动条件、劳动环境进行检测和评价，对企业的安全管理工作进行评价；④对特种防护用品、特种设备和危险性较大的机械设备等工业产品进行安全卫生审查、鉴定、检测、认证，监察其按国家法规标准进行生产的情况；⑤参加伤亡事故的调查和处理，提出结论性意见；⑥对违反安全生产法规的生产管理部门、企业有权要求其限期整改，对逾期不改者，有权予以经济处罚或停工、停产整顿等行政强制和行政处罚，对其主要责任者和领导人，可给予经济处罚和提出处理建议，造成严重后果、触犯刑律的移交司法部门处理；⑦对劳动安全监察人员、有关干部、特种作业人员进行安全技术培训，考核发证。

3）安全监察的主要内容。安全监察的任务是贯彻党和国家“安全第一，预防为主，综合治理”的方针，执行国家的法律、法规和有关安全卫生的规范、标准。目前，安全监察对企业的监察，主要包括对新建工程、新制造设备、产品、在用特种设备、特种危害作业场所及特殊人员的监察等内容。

①对新建工程的监察。对新建、改建、扩建和重大技术改造项目的监察，主要是通过“三同时”审查和验收来实现。通过参加可行性研究、审查初步设计的安全生产专篇和参加竣工验收，来保证新建、改建、扩建和技术改造项目中的安全卫生设施与主体工程同时设计审查、同时施工制造、同时验收投产。另外，对一些职业危害严重的行业和工艺，要制定劳动安全卫生设计规定，完善技术标准，逐步实现对设计工作的安全监察。

②对新制造设备、产品的监察。作为被监察对象的新制造设备，是指生产厂家制造的可能产生特别危险和危害的生产设备、安全专用仪器仪表、特种防护用品等。对这些产品，通过制定强制性的安全标准，通过建立国家的安全认证制度来把住设计、制造、销售和使用关。需要建立安全认证制度的工业产品大致可分为以下七类：一是容易发生爆炸、造成重大伤亡事故和经济损失的产品，如锅炉、压力容器产品；二是有潜在事故危险的机器设备和工具，如冲剪机械、起重机械、电梯和提升机械、厂内运输机械、木工机械和手持电动工具等；三是各种安全装置，如漏电保护器、超负荷限制器、光电保护器等；四是易燃易爆物品、防爆产品和工具，如烟花爆竹、防爆电气设备、无火花工具等；五是职业危害严重的原材料，如含苯油漆、黏合剂、农药等；六是特种劳动保护用品，如安全网、安全帽、安全带、防护鞋等；七是各种安全检测仪器，如粉尘测试仪、气体检测仪等。

（4）群众监督。群众监督是指广大职工群众通过工会或职工代表大会等自己的组织，监督和协助企业各级领导贯彻执行安全生产方针、政策和法规，不断改善劳动条件和环境，切实保障职工享有生命与健康的合法权益。

工会作为劳动关系中的一方——工人的代表，有广泛的群众性。在各级工会组织中，一般都设有安全生产的工作机构或专（兼）职人员来管理安全工作，对企业，特别是对基层班组的安全工作起着重要的补充作用。各级工会组织开展的安全班组建设活动，可以在协助行政加强安全管理工作和保障劳动者的安全与健康方面发挥重要作用。例如，对职工进行遵守安全生产法令、制度和安全操作规程的教育，组织并协助行政开展安全生产的宣传和培训工作，及时总结和交流安全生产先进经验等。

工会组织还可以在监督行政执行安全生产方针、政策、法规和标准方面，充分行使自己的权力。例如，企业制订重大安全技术措施计划，以及安全技术措施经费的提取、使用等，都应提交职工代表大会讨论。对于行政领导的严重官僚主义、忽视安全生产等问题，工会有权提出批评和建议，并督促有关方面及时改进。在生产中，如遇有领导违章指挥，强令工人冒险作业，生产设备有重大隐患或尘毒危害严重，有条件解决而不解决；或发生急性中毒和重大事故以后，险情尚未排除，没有采取必要的安全措施；或在新建、改建、扩建工程中，安全卫生设施与主体工程没有实行“三同时”，存在严重危害职工安全与健康的情况等，工会可以作出决定，支持工人拒绝操作，并督促行政限期解决。由于工会组织和劳动部门一样，不直接参与企业的经营和管理工作，在安全监督，尤其是对伤亡事故调查处理、对生产性建设工程项目“三同时”监督等方面，能够比较客观公正地履行职责，发挥重要的作用。

工会是群众团体，它的监督属于群众监督，并且通常只是通过批评、建议、揭发、控告等手段实现，而不能采取国家监察的某些形式和方法，特别是不能采取那些以国家强制的形式表达国家命令的手段，因而它通常不具有法律的权威性。

（5）劳动者遵章守纪。按照事故模式理论，80%以上的事故都是由人的因素引发的，除了不断改善生产条件，消除、控制生产过程中的各种物的不安全因素外，预防事故最有效的措施是劳动者自觉遵章守纪。安全管理的一项重要内容就是教育和约束劳动者遵章守纪。

遵章守纪是遵守安全生产方面的法规、制度、规范、标准和纪律。为了使劳动者能够自觉遵章守纪，必须加强安全生产思想教育，牢固树立“安全第一”的思想。在安全管理工作中，采取有效的教育措施并建立相应的激励机制，激励职工的安全生产的积极性和自觉性，变“要我安全”为“我要安全”；要采取强制措施，建立相应的约束机制，规范约束人们的行为。

四、我国安全生产法律法规体系

1. 安全生产法律法规体系构成

根据我国立法体系的特点，以及安全生产法规调整的范围不同，安全生产法律法规体系由若干层次构成，如图 6-6 所示。按层次由高到低为：国家根本法、国家基本法、劳动综合法、安全生产与健康综合法、专门安全法、行政法规、安全标准。宪法为最高层次，各种安全基础标准、安全管理标准、安全技术标准为最低层次。

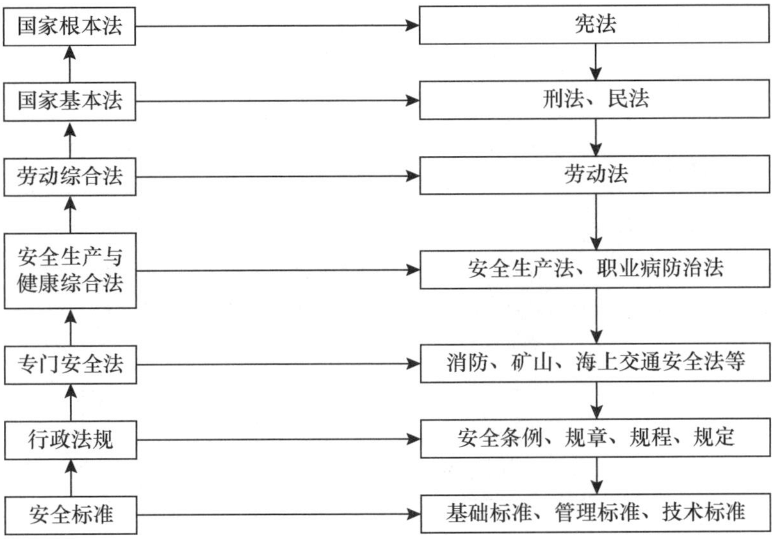

图 6-6　安全生产法规体系及结构

2. 安全生产的安全技术标准体系

安全技术标准是我国安全生产法规体系中的一个重要组成部分，属于强制性标准，是安全生产法规的延伸与具体化，由安全生产基础标准、管理标准、技术标准、方法标准和产品标准五个分体系组成，见表 6-1。

表 6-1　　安全技术标准

<table>
<tr><th>标准类别</th><th colspan="2">标准示例</th></tr>
<tr><td rowspan="2">安全生产基础标准</td><td>基础标准</td><td>标准编写的基本规定、职业安全卫生标准编写的基本规定、标准综合体系规划编制方法、标准体系表编制原则和要求、企业标准体系表编制指南、职业安全卫生名词术语、生产过程危险和有害因素分类代码</td></tr>
<tr><td>安全标志与报警信号</td><td>安全色、安全色卡、安全色使用导则、安全标志、安全标志使用导则、工业管路的基本识别色和识别符号、报警信号通则、紧急撤离信号、工业有害气体检测报警通则</td></tr>
<tr><td>安全生产管理标准</td><td colspan="2">特种作业人员考核标准、重大事故隐患评价方法及分级标准、事故统计分析标准、职业病统计分析标准、安全系统工程标准、人机工程标准</td></tr>
</table>

续表

<table>
<tr><th>标准类别</th><th colspan="2">标准示例</th></tr>
<tr><td rowspan="2">安全生产技术标准</td><td>安全技术及工程标准</td><td>机械安全标准、电气安全标准、防爆安全标准、储运安全标准、爆破安全标准、燃气安全标准、建筑安全标准、焊接与切割安全标准、涂装作业安全标准、劳动防护用品安全标准、压力容器与管道安全标准</td></tr>
<tr><td>行业卫生标准</td><td>作业场所有害因素分类分级标准、作业环境评价及分类标准、防尘标准、防毒标准、噪声与振动控制标准、其他物理因素分级及控制标准、电磁辐射防护标准</td></tr>
<tr><td>安全生产方法标准</td><td colspan="2">主要包括试验方法、检验方法、分析方法、测定方法、设计规程、工艺规程、操作方法等。如有毒作业场所空气采样规范、高温作业环境气象条件测定方法、个体防护装备鞋的测试方法、爆炸性气体环境用电气设备电阻式伴热器第 1 部分：通用和试验要求</td></tr>
<tr><td>安全生产产品标准</td><td colspan="2">职业安全卫生产品的型式、尺寸、主要性能参数、质量指标、使用、维修等所制定的标准。如劳动防护用品选用原则、安全帽、防护鞋通用技术条件</td></tr>
</table>

安全标准虽然处于安全生产法规体系的底层，但其明确的对象和规范的措施最具体。安全标准的制定和修订由国务院有关部门按照保障安全生产的要求，依法及时进行。安全标准由于其重要性，生产经营单位必须执行，这在《安全生产法》中以法律条文加以强制规范。《安全生产法》第十一条规定，国务院有关部门应当按照保障安全生产的要求，依法及时制定有关的国家标准或者行业标准，并根据科技进步和经济发展适时修订。生产经营单位必须执行依法制定的保障安全生产的国家标准或者行业标准。

本 章 小 结

本章在对安全文化和安全企业文化的内涵、范畴、模式等相关内容阐述的基础上，对安全的社会效应，即安全与社会稳定、社会进步的相关性进行了深入论述。对安全法规、安全法制的内涵和功能以及我国的安全管理体制进行了介绍。

复习思考题

1. 安全文化的定义是什么？
2. 安全文化的基本特征是什么？
3. 概述安全文化的体系结构要素。
4. 企业安全文化的内涵是什么？
5. 简述常见的企业安全文化模式。
6. 简述企业文件建设的内容。
7. 企业的社会效应有哪些？
8. 安全法规的本质与特征是什么？
9. 安全法规的功能与分类有哪些？
10. 简述我国安全管理体制的内容。
11. 概述我国安全生产法律法规体系的构成内容。

第七章　安全经济原理

本章学习目标

1. 了解和掌握安全经济学的研究对象。
2. 理解安全经济学的内涵和特点。
3. 理解安全投资的本质和类型，了解安全投资的主要来源。
4. 理解生产投资的本质，明确生产投资与安全投资的关系。
5. 掌握安全效益的概念，理解安全效益的函数关系。
6. 理解安全的正、负效益，掌握提高安全效益的基本途径。
7. 掌握安全经济管理的特点和分类，了解安全经济管理的手段。

人类的安全水平在很大程度上取决于经济水平，经济问题是安全问题的重要根源之一。这种客观实在决定了安全具有相对性的特征，安全标准具有时效性的特征。安全活动离不开经济活动的支撑，安全经济活动贯穿于安全科学技术活动的理论和应用范畴。所以，安全经济的诞生既为安全科学丰富了基本理论，也为安全科学增添了应用方法。为了解决安全问题，既要涉及自然现象，又要涉及社会现象，既需要工程技术手段，又需要法制和管理等手段，所以安全科学具有自然科学和社会科学相互交叉的特点。安全经济是研究和解决安全经济问题的学科，它既是一门经济学（社会科学），又是一门以安全工程技术活动为特定应用领域的应用学科。

安全经济的任务就是应用辩证唯物主义基本原理、系统科学和经济学的理论科学方法，对人类劳动、生活、生存活动中的安全经济规律进行考察研究，探讨实现经济的安全生产（劳动）、安全生活、安全生存的途径、方法和措施，为国家、政府提供科学制定安全方针和政策的理论依据，从而极大限度地保障人的身心安全、健康和发展，促进社会与经济的繁荣与昌盛。

第一节　安全经济学

安全问题不仅可以减少或防止事故带来的经济损失，更有促进社会发展和经济建设的作用。换言之，安全不仅具有负效益的一面，更有正效益的意义，安全也是一种生产力。在知识经济的时代，安全科学技术作为人类知识的重要发展领域，不仅是保障人的生命、社会稳定和经济发展的前提，对于减少人类社会发展的代价（生命和健康损害、事故造成的社会经济损失等），以及保护和发展生产力都有着客观和现实的意义。

一、安全经济学的研究对象

安全经济学的研究对象是根据安全现实与经济效果对立统一的关系，从理论与方法上研究如何使安全活动（安全法规与政策的制定、安全教育与管理的进行、安全工程与技术的实施等），以最佳的方式与人的劳动、生活、生存合理地结合起来，最终达到安全生产、安全生活、安全生存的可行和经济合理的目的，从而使社会、企业取得较好的综合效益。具体地说，安全经济学应从以下五个方面进行研究。

1. 安全经济学的基本理论

研究社会经济制度、经济结构、经济发展等宏观经济因素对安全的影响，以及与人类安全活动的关系；确立安全目标在社会生产、社会经济发展中的地位和作用；从理论上探讨安全投资增长率与社会经济发展速度的比例关系；控制安全经济规模的发展方向和速度。

2. 事故和灾害对社会经济的影响因素

研究不同时期，不同地区，不同行业、部门，不同科学技术水平条件下，事故、灾害的损失规律及对社会经济的影响规律；探求分析、评价事故和灾害损失的理论及方法，为掌握事故和灾害对社会经济的影响规律提供依据。

3. 安全活动的效果规律

研究如何科学、准确、全面地反映安全的实现对社会和企业的贡献。衡量安全的实现对社会和企业所带来的利益，对制定制度和规划安全投资政策具有重要的意义，同时对科学评价安全效益也是不可或缺的技术环节。

4. 安全活动的效益规律

安全效益与生产效益既有联系，又有区别。安全效益不仅包含价值因素的经济效益，还包含非价值因素（健康、安定、幸福等）的社会效益。为此，应细致地研究安全效益的潜在性、间接性、长效性、延时性、综合性、复杂性等特征规律，把安全总体、综合效益充分地揭示出来，为准确地评价和控制安全经济活动提供科学的依据。

5. 安全经济学的科学管理

研究安全经济项目的可行性论证方法、安全经济的投资政策、安全经济的审计制度、事故与灾害损失的统计方法等安全经济的管理技术和方法，使国家有限的安全经费得以合理使用，最大限度地发挥所投资的人、财、物的潜力。

所以，安全经济的内容既有理论方面的，如安全经济建设、安全经济基本理论、事故损失分析、安全效益分析、安全经济风险分析等；也有安全经济技术方面的，如事故损失计算技术、安全投资决策方法、安全经费管理、安全价值工程等。

二、安全经济学的内涵

安全经济学是研究和解决安全经济问题的，因而它首先是一门经济学，但又不是一般意义上的经济学。安全经济学以安全工程技术活动为特定的应用领域，这决定了安全经济学又是与自然科学结合的产物。它是研究安全活动与经济活动关系规律的科学；它以经济科学理论为基础，以安全领域为阵地，为安全经济活动提供理论指导和实践依据。因此，安全经济学可以说是一门经济学与安全科学相交叉的综合性科学。

从学科性质和任务的角度，安全经济学可定义为：安全经济学是研究安全的经济（利益、投资、效益）形式和条件，通过对人类安全活动的合理组织、控制和调整，达到人、技术、环境的最佳安全效益的科学。这一定义的内涵包括：①安全经济学的研究对象是安全的经济形式和条件，即通过理论研究和分析，揭示和阐明安全利益、安全投资、安全效益的表达形式和实现条件；②安全经济学的目的是实现人、技术、环境三者的最佳安全效益；③安全经济学的目标是通过控制和调整人类的安全活动来实现的。

三、安全经济学的特点

安全经济学是一门横跨自然科学和社会科学的新的、特殊的交叉学科，其研究对象和任务决定了这门学科的特点，即：从研究方法上来讲，具有系统性、预见性、优选性；从学科本质上讲，具有部门性、边缘性及应用性。

1. 系统性

安全经济问题往往是多目标、多变量的复杂问题。在解决安全经济问题时，既要考虑安全因素，又要考虑经济因素；既要分析研究对象自身的因素，又要研究与之相关的各种因素。这就构成了研究过程和范围的系统性。例如，在分析安全消息时，既要清楚安全的作用能减少损失和伤亡，也应该认识到安全能维持和促进经济生产以及保持社会稳定。否则，以狭陋、片面的观点和支离破碎的方法对待和处理问题，是不能得到正确结果的；仅从安全的减损作用去认识安全的经济意义，是不全面和不完整的。为此，需要系统综合地去研究安全经济规律。

2. 预见性

安全经济的产出往往具有延时性和滞后性，而安全活动的本质却具有超前性和预防性特征，因而，安全经济活动应具备适应安全活动要求的预见性。为此，应做到尽可能地准确预测安全经济活动的发展规律和趋势，充分掌握必要的和可能得到的信息，最大限度地减少因论证失误而造成的损失，把事故、灾害等不安全因素和问题消灭在萌芽阶段。

3. 优选性

任何安全活动（措施、对策）都有多方案可选择，不同的方案有不同的特点和适用对象。因此，安全经济活动应建立在科学决策的基础上。安全经济学提供了安全经济决策、优化技术和方法。

4. 部门性

安全经济学相对于一般经济学，具有部门的属性。安全经济学是一门部门经济学，这里是指广义的部门。一方面，它没有自己独立的理论基础，在与一般经济学结合的基础上形成自己的理论体系；另一方面，安全经济学具有自己特定的应用领域——安全领域，它以安全经济问题作为研究对象，利用一般经济学的原理和基础理论，研究、分析和解决安全领域中的一切经济现象、经济关系和经济问题。

5. 边缘性

安全经济问题既受自然规律（安全客观规律）的制约，又受经济规律的支配。安全经济学既要研究安全的某些自然客观规律，又要研究安全的经济规律。因此，安全经济学是安全的自然科学与安全的社会科学交叉的边缘科学，并与灾害经济学、环境经济学、福利经济学等交叉存在，相互渗透并发展。

6. 应用性

安全经济学所研究的安全经济问题，都带有很强的技术性和应用性。这是由于安全本身就是人类劳动、生活和生存的需要，安全经济学为这种实践提供技术和手段。安全经济学的根本任务是“达到人、技术、环境的最佳安全效益”，所以，安全经济学一提出来就带有明确的应用性。

四、安全经济学的基本术语

安全经济学是安全科学学科体系中的一门三级学科，属于安全科学体系中的社会学科门类，是一门新兴和发展中学科。为了便于深入探讨和理解相关问题，应首先确立这门学科的一些基本概念和术语。

1. 经济

经济泛指社会生产、节约以及价值等。经济通常用实物、人员劳动时间、货币来计量。

2. 经济效率

经济效率是指经济系统输出的经济能量和经济物质与输入的经济能量和经济物质之比。经济效率的计量一般使用实物、劳动时间和货币为计量单位。通常用“产出投入比”“所得与所费比”或“效果与劳动消耗比”来衡量经济效率。

3. 经济学

经济学是研究生产、消耗以及完成生产、消费、交换与分配形式和条件的科学。经济学包括理论经济学和应用经济学两大范畴。安全经济学属于应用经济学领域。

4. 效益

这里的效益通常是指经济效益，它泛指事物对社会产生的效果及利益。效益反映“投入产出”的关系，即“产出量”大于“投入量”所带来的效果和利益。效益一般的计算式为：

$$效益=（产出量-投入量）/应有产出量\times100\% \tag{7-1}$$

5. 效果

效果是指劳动或活动实际产出与期望（或应有）产出的比较，它反映实际效果相对计划指标的实现程度。效果的计算式为：

$$效果=（实际产出量/应有产出量）\times100\% \tag{7-2}$$

6. 安全成本

安全成本是指实现安全消耗的人力、物力、财力的综合。它是衡量安全活动消耗的重要尺度。安全成本包括实现某一安全功能所支付的直接和间接的费用。

7. 安全投资

安全投资是指对安全活动做出的一切人力、物力、财力的投入总和。安全活动是以一定的人力、物力、财力为前提的。投资是商品经济的产物，是以交换、增值取得一定经济效益为目的的。安全活动对经济增长和经济发展有一定的作用，因而可以把安全活动看成是一种具有生产意义的活动。引入安全投资的概念，对安全效益评价和安全经济决策有着重要的实用意义。

8. 安全收益

安全收益即安全产出。安全的实现不但能减少或避免人员伤亡和财产损失，而且能够维护和保护生产力，实现促进经济生产增值的功能。由于安全收益具有潜伏性、间接性、延时性、迟效性等特点，研究安全收益是安全经济学的重要课题之一。

9. 安全效益

安全效益是安全收益与安全投入的比较。它反映安全产出与安全投入的关系，是安全经济决策所依据的重要指标之一。安全效益的计算式为：

安全效益=减损效益+增值效益+安全的社会效益+安全的心理效益　(7-3)

第二节　安全投资与安全效益

安全需要投入，怎样高效率地使用安全投资，合理配置安全资源，避免浪费，提高安全活动效益，这是安全工作者关心的重要课题，也构成了安全经济的内容。虽然在世界范围内，安全科学仍处于初创阶段，但安全经济作为安全科学的一个分支学科已经诞生，而人类的安全水平很大程度上取决于经济水平，经济问题是安全问题的重要根源之一。

一、安全投资

投资安全活动的一切人力、物力和财力的总和称为安全投资，也称为安全资源。

安全对企业的生产和经济效益的获得具有确定的作用，安全活动应被看成一种有创造价值意义的活动，一种能带来经济效益的活动。所以，把安全的投入也称为一种投资，也就有了现实的基础。当然，安全投资的本质与一般经济活动投资的本质是有区别的。例如，不能单纯地考察安全经济效果，不能简单地用市场经济杠杆调控安全活动等，应更多地用投资的理论和技术来指导安全经济活动。

1. 安全投资的分类

在安全活动实践中，安全专职人员的配备，安全与卫生技术措施的投入，安全设施维护、保养及改造的投入，安全教育及培训的花费，个体劳动防护及保健费用，事故援救及预防，事故伤亡人员的救治花费等，都是安全投资。而事故导致的财产损失、劳动力的工作日损失、事故赔偿等，是非目的性（提高安全活动效益的目的）的被动和无益的消耗，则不属于安全投资的范畴。

根据不同的目的和用途，安全投资可进行如下划分。按投资的作用划分，可分为预防性投资与控制性投资。预防性投资，包括安全措施费、防护用品费、保健费、安全奖金等超前预防性投入；控制性投资，包括事故营救、职业病诊治、设备（或设施）修复等。按投资的时序划分，可分为事前投资、事中投资和事后投资。事前投资，指在事故发生前所进行的安全投入；事中投资，指事故发生中的安全消费，如灾害抢险、伤亡营救等事故发生中的投入费用；事后投资，指事故发生后的处理、赔偿、治疗、修复等费用。按投资所形成的技术产品划分，可分为硬件投资和软件投资。按安全工作的专业类型划分，可分为安全技术投资、工业卫生技术投资、辅助设施投资、宣传教育投资（含奖励经费）、防护用品投资、职业病诊治费、保健投资、事故处理费用、修复投资等。按用途划分，可分为科学研究投资、工程技术投资、人员业务投资等。安全投资分类如图 7-1 所示。

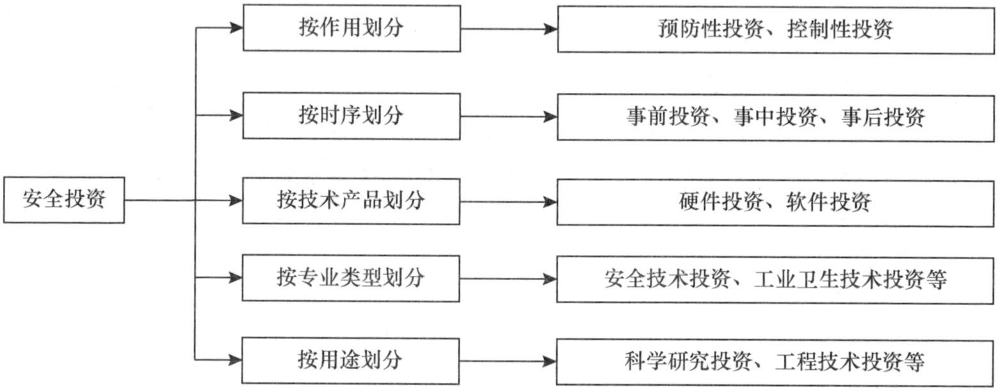

图 7-1　安全投资分类

科学地进行安全投资，以及进行安全投资技术的研究是提高社会或企业安全投入效益的重要方面。要研究不同时期、不同行业和不同安全生产水平企业的安全投资强度和结构问题，如研究国家或行业的安全投资指数，预防性投资与事故投资的结构，技措经费与个人防护品费用的比例结构，安全技术投资与工业卫生技术投资的比例结构等。

2. 影响安全投资的因素分析

（1）经济发展水平是影响安全投入绝对量和相对量的主要因素。一个国家、地区、行业或部门，能将多少资源投入人们的安全保障，归根到底是受社会经济发展水平制约的。在经济比较落后的地区，人们只能顾及基本的生理需要，因而把资金主要考虑用于满足生活的基本需求，而安全、健康被放在次要的地位。随着经济的发展，人民生活水平的逐步提高，一方面科学技术和经济条件为安全投入提供了基础保证，另一方面人们的心理和生理对安全与健康的要求也随之提高，这使得对安全的投入随之增大。

（2）政治因素对安全投资的制约。一定社会条件下的安全是受该社会的政治制度和经济制度制约的。一个国家或地区的安全投资规模，也受政治制度、政治形势乃至政治决策人对安全的重视程度等因素的制约。

（3）科学技术对安全投资的制约。科学技术对安全投资的制约，一方面，由于科学技术的发展，使安全的经济基础受到控制；另一方面，科学技术水平决定了安全科学技术的水平。如果客观上安全科学技术的发展对经济的消耗是有限的，则安全的投资应符合这一客观的需求，否则，过大的投入将会造成社会经济的浪费。

（4）生产技术对安全投资的制约。生产的客观需要决定了安全的发展状况和水平。在不同的生产技术条件下，对安全的要求不一样，这就决定了安全投资必须符合生产技术的客观需要。安全经济的重要任务之一是寻求安全经济资源的最有效利用，因此，根据不同的生产技术要求，执行不同的安全投资政策，这是安全经济学应探讨和解决的问题。

3. 安全投资的主要来源

安全投资的性质是和国家的经济体制相联系的，不同的经济体制条件下，安全投资的性质是有区别的。在我国计划经济时期，安全投资带有明显的计划性，如主要靠执行国家的更新改造费比例提取等。然而，随着我国经济体制向市场经济运行机制的转变，安全投资的政策、方式和渠道、管理和控制等运行模式，也要求相应地转变。如何使安全投资的运行机制既适应和符合社会经济体制的要求，又能满足安全活动的需要，这有待于进一步研究和探讨。

安全资源的投入是发展安全事业，提高人类生产、生活安全水平的物质保证。投资太少会影响安全事业的发展，投资太多、分配不合理就会造成社会资源的浪费。

一个国家、行业或部门，其安全资源投入量的大小，投资比例增长速度的快慢，安全资源分配和投入的方向是否合理，直接关系着安全事业发展的规模和速度以及安全水平的提高，关系着安全经济效能的发挥，从而影响着国家和企业的经济结构、技术结构和财政收支等能否合理、协调、稳定地发展和增长，关系着生产、生活的安全状态和活动是否能有效地运行。

安全投入的来源是企业安全投入的根本保证。目前，我国企业安全投入的来源主要有以下几个方面。

（1）国家在工程项目中的预算安排，包括安全设备、设施等内容的预算费用。

（2）国家政府部门根据各行业或部门的需要，根据项目管理办法，给企业下拨的安全技术专项措施费。

（3）企业按年度、按比例提取的安全措施经费，不同的行业有不同的提取比例。

（4）作为生产性费用的投入，支付从事安全或劳动保护活动的费用，如劳保防护用品的费用，必需的事故破坏维修、防火防汛等费用。

（5）企业从利润留成或福利费中提取的保健、职业工伤保险费用。

（6）企业缴纳的安全生产风险抵押金。目前，我国风险抵押金缴纳范围是交通运输、建筑施工、危险化学品、烟花爆竹等行业或领域从事生产经营活动的企业。

在以上安全投入来源项目中，最主要的投入来源有两项，一项是工程项目中的预算安排，另一项是企业按年度、按比例提取的安全措施经费。

二、生产投资

生产投资是指投入到生产、建设等物质生产领域中的投资，其最终成果是各种生产资产。企业的生产性质分为固定资产和流动资产，因此生产投资又分为固定资产投资和流动资产投资。在经济建设中，固定资产投资与流动资产投资必须保持适当的比例，这样生产和投资才能正常进行。生产投资通过循环和周转可以回流，并且可以实现增值和积累。

生产投资可分为固定资产投资、无形资产投资、其他资产投资和流动资产投资，前三种属于垫支资本投资，第四种属于周转资本投资。生产投资一般具有以下特点。

（1）生产投资效益的表现形式主要是显性的。生产投资的产出是各种生产性资产，如机器设备、人员设备等。

（2）生产投资数额大，周期长。生产投资的周期一般比较长，大部分在 5 年以上。缩短周期可以通过提高科学技术水平来实现。

（3）生产投资一般需要专门机构和资质人员评估其资产多少和可靠性。

（4）生产投资的普遍性。生产投资是企业活动的重要组成部分，任何企业无论何时何地都需要生产投资。

三、安全投资与生产投资的关系

安全投资服务于生产投资，生产投资需要安全投资，两者的基本目的相同，都是追求经济效益。安全投资和生产投资的周期相对于其他投资的周期，都很长。一般安全投资的费用大小取决于生产投资的费用大小，其比例因各行业具体情况而不同。

安全投资与生产投资的区别在于：一是投资的目的不同，安全投资主要是止损，起预防损失作用；生产投资主要是扩大产出规模，起增收的作用。二是评价方式不同，生产投资侧重于净现值分析，安全投资侧重于效益分析。三是描述对象不同，生产投资是针对物质生产领域，而安全投资是针对安全活动。四是投资的程度不同，安全投资具有相对意义，而生产投资具有绝对意义。五是投资的效果不同，生产投资效果是显性的，容易衡量；安全投资的效果是隐形的，难以直接衡量。六是投资的行为不同，生产投资是一种自动自发行为，而安全投资则是强制约束行为。

四、安全效益

1. 基本概念和函数关系

安全投入具有两大功能：一是直接减轻或免除事故或危害事件给人、社会和自然造成的损伤，实现保护人类财富，减少无益消耗和损失的功能；二是保障劳动条件和维持经济增值过程，实现其间接为社会增值的功能。

（1）安全损失与增值函数

第一种功能为“拾遗补缺”，可用损失函数 $L(S)$ 表示：

$$L(S)=L\exp(l/S)+L_0(l>0,\ L>0,\ L_0>0) \quad (7\text{-}4)$$

第二种功能为“本质增益”，可用增值函数 $I(S)$ 表示：

$$I(S)=I\exp(-i/S)(I>0,\ i>0) \quad (7\text{-}5)$$

式中，L、l、I、i、L_0 均为统计常数，S 为安全水平。

安全损失函数与增值函数的关系如图 7-2 所示。增值函数随安全性 S 的增大而增大，但 $I(S)$ 值的增加是有限的，最大值取决于技术系统本身功能。损失函数 $L(S)$ 随安全性的增大而减小。当系统无任何安全性（$S=0$）时，从理论上讲损失趋于无穷大，具体值取决于机会因素；当 S 趋于 100%时，损失趋于零。

（2）安全功能与成本函数

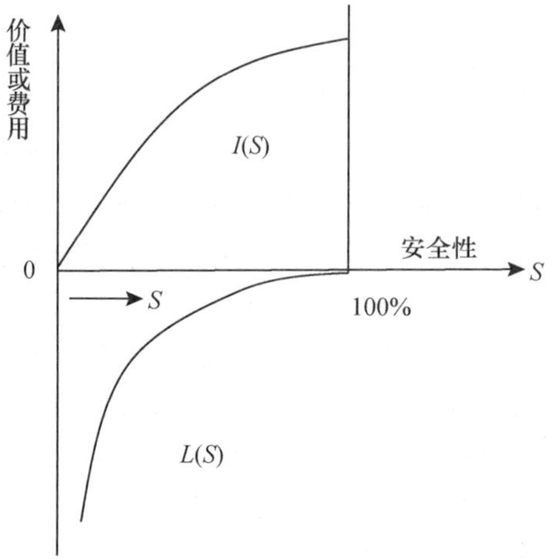

图 7-2　安全损失函数 $L(S)$ 与增值函数 $I(S)$

无论是“拾遗补缺”（安全减少负效益），还是“本质增益”（安全创造正效益），都表明安全创造了价值。后一种可称为“负负得正”或“减负为正”。这两种基本功能构成安全的总体经济功能，可用安全功能函数 $F(S)$ 表示：

$$F(S)=I(S)+[-L(S)]=I(S)-L(S) \tag{7-6}$$

图 7-3 是安全功能函数图。由图 7-3 中可知，当安全性趋于零，即技术系统

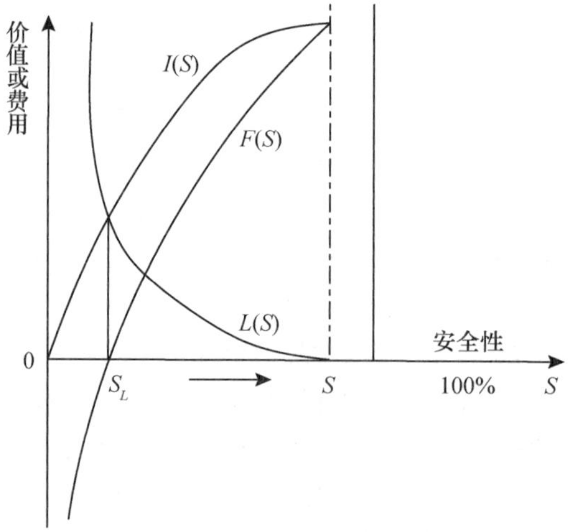

图 7-3　安全功能函数 $F(S)$

毫无保障，则系统不但毫无利益可言，还将出现趋于无穷大的负利益（损失）；当安全性到达 S_L 点，由于正负功能抵消，系统功能为零，因而 S_L 是安全性的基本下限；当 $S>S_L$ 后，系统出现正功能，并随着 S 的增大，功能递增；当 S 值趋近 100% 时，功能增加的速率逐渐降低，并最终局限于技术系统本身的功能水平。安全不能改变系统本身价值创造水平，但保障和维护了系统价值创造功能，从而体现了安全自身价值。

安全功能函数反映了安全系统输出状况。显然，提高或改变安全性，需要投入（输入），即付出代价或成本。安全性要求越高，需要成本越大。从理论上来讲，要达到 100% 的安全，所需投入趋于无穷大。由此可推出安全成本函数 $C(S)$：

$$C(S)=C\exp[c/(1-S)]+C_0(C>0,\ c>0,\ C_0<0) \tag{7-7}$$

安全功能函数与效益函数的关系如图 7-4 所示。由图 7-4 中可知，实现系统的初步安全所需成本是较小的，随 S 的提高，成本增大，递增率也越来越大；当 S 趋于 100% 时，成本趋向无穷大；当 S 达到接近 100% 的某一点 S_u 时，安全的功能与成本相抵消，系统毫无效益。S_L 和 S_u 是安全的经济盈亏点，它们决定了 S 的理论上下限。从图 7-4 中可以看出，在 S_0 点附近，能取得最佳安全效益。由于 S 从 $S_0-\Delta S$ 增至 S_0 时，成本增值 C_1 小于功能增值 F_1，因而当 $S<S_0$ 时，提高 S 是值得的；当 S 从 S_0 增至 $S_0+\Delta S$ 时，成本增值 C_2 却大于功能增值 F_2，因而 $S>S_0$ 后，增

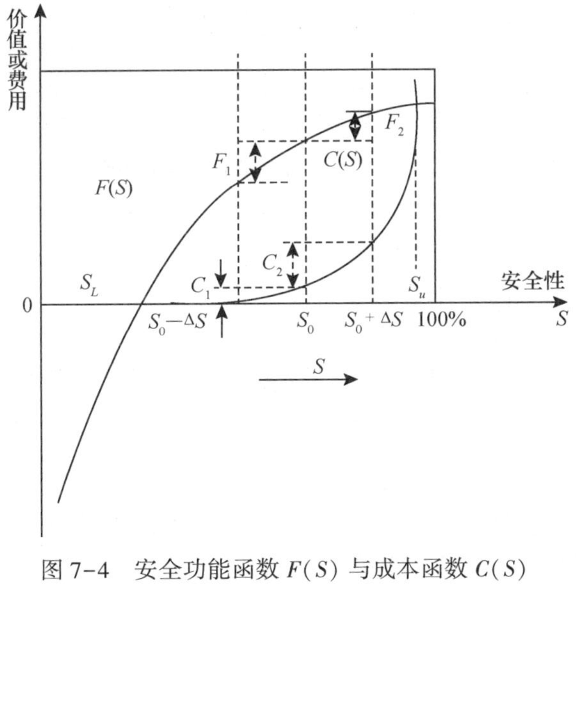

图 7-4　安全功能函数 $F(S)$ 与成本函数 $C(S)$

加 S 就显得不合算了。

（3）安全效益函数

$F(S)$ 函数与 $C(S)$ 函数之差就是安全效益函数。安全效益函数 $E(S)$ 表示为：

$$E(S)=F(S)-C(S) \tag{7-8}$$

安全效益、安全功能与成本函数关系如图 7-5 所示。由图 7-5 可知，在 $S<S_0$ 的区间内，$E(S)$ 增加；在 $S_0<S<S_2$ 的区间内，$E(S)$ 减少；在 $S=S_0$ 时，$E(S)$ 取得最大值 E_{max}。并且当 $F(S)=C(S)$ 时，$E(S)=0$；$I(S)=C(S)$ 时，$F(S)=-L(S)$。所以，从实际出发，在安全水平未到达 S_0 前应该加大安全投资力度，使安全效益接近于最大值 E_{max}，在安全水平达到 S_0 后，从经济学的角度来说，不应该继续增加安全投资，因为安全整体效益会下降。但是从社会伦理方面考虑，在可能的情况下应该继续增加安全投入，防止因安全水平不够高而造成人员伤亡。

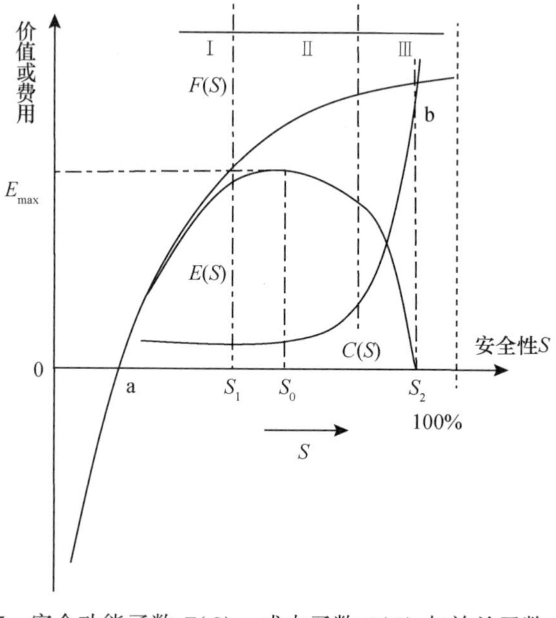

图 7-5　安全功能函数 $F(S)$、成本函数 $C(S)$ 与效益函数 $E(S)$

2. 安全效益的特性

安全效益具有间接性、滞后性、长效性、多效性、潜在性与复杂性等特性。

（1）间接性。安全效益的间接性表现在安全不是直接的物质生产活动。安全的经济效益是通过减少事故造成的人员伤亡和财产损失来体现其价值的。这种客观后果，一方面，使社会、企业或个人遭受的无益的浪费（损失）得以减轻，实现了间接增值的作用；另一方面，由于保护了生产的人和生产的技术或工具，间接地促进了生产的增值。因此，安全的效益是从物质资料生产或非物质资料生产的过程中间接地产生。某些安全的费用不是直接投入物质生产资料的生产过程，而是投入安全保障过程。如消防、治安、保险、交通等社会生活领域的安全活动，其投资的直接目的不是为了物质的生产，但是，这种过程的结果能起到间接地为社会节约经济的作用，以及促进经济生产的作用。

（2）滞后性。安全效益的滞后性表现在安全的减损（伤亡和财产损失）作用，不是在安全措施运行中就能体现出来，而是在事故发生时才表现出其价值和作用。但是安全投入活动不能等到事故发生之后才“亡羊补牢”，而应超前预防，防患于未然。据国外的研究表明，一般物力投资获得的效益为投资的3.5倍，而安全投资能获得的效益是其投入的6.7倍。因而必须承认安全效益的滞后性和安全投资具有较迟的回收期。

（3）长效性。安全措施的作用和效果往往是长效的，不仅在措施的功能寿命期内有效，在措施失去功能之后其效果仍会持续或间接发挥作用。如采取的核污染对策，其作用不仅是措施本身当时所产生的效能，而是具有造福人类子孙的长久效益；安全教育措施的功效，不是当时当事的作用，如受安全教育者获得的知识、技能和意识，将会使受安全教育者受益终身。

（4）多效性。安全的多效性表现在安全保障了技术功能的正常发挥，使生产得以顺利进行，从而直接促进生产和经济的发展；安全保护了生产者（人员）的健康和身心，从而提高了劳动生产率，起到促使经济增长的作用。安全的措施使人员伤亡和财产的损失得以避免或减少，减“负”为“正”，直接起到为社会经济增值的作用。

（5）潜在性。安全措施的经济效果更多的不是直接从其本身的功能中表现出来，而是潜在于安全过程和目的的背后。安全的目的主要是指人的安全与健康，而人的生命与健康是很难直接用货币来衡量的，这样从形式上来看，安全直接所体现的意义并不是经济的。但是安全的实现需要经济的支持，安全实质上是人类经济发展的产物，特定的经济发展水平决定了特定的安全水平；而且安全保护人的目的，与发展经济是为了发展人类的目标是一致的，所以，在保护人的安全的同时，也就保护了人类的经济条件和资源。

（6）复杂性。安全的效益具有多样性和复杂性的特点，既有直接的，又有间接的；既有经济的，又有非经济的；既有能用价值直接测量的内容，又有不能直接用货币来衡量的方面。因而，安全效益是类型多样、成分复杂的研究对象。正因为具有这种特性，使安全经济学的研究更加困难，也表明了其更有价值和意义。

3. 安全的正、负效益

从商品经济的观点看，有投入就要有产出。但安全只有投入，却没有生产出自己的“安全产品”，没有直观的经济效益。安全生产的经济效益，是从企业综合经济效益中体现出来的。这是因为，各种安全防护措施不能直接制造出产品，而只是一种保障生产过程正常运行的手段。因此，安全生产成本作为生产总成本的一部分，其创造的效益也就包含在企业的生产效益之中。这是安全投入与产出、成本与效益关系的特殊表现形式，安全生产按其性质可划分为正效益与负效益两个方面。

（1）安全生产的正效益。安全生产的正效益，体现在生产经济效益得到稳定提高的部分。当人们考察安全对企业经济效益的影响作用时，可将影响企业经济效益的其他因素作为不变量，而仅把安全作为变量来加以分析，就不难看出安全对提高企业经济效益的巨大作用。

1）在其他条件不变的情况下，当生产得到安全保障时，生产过程就能正常运行，从而获得良好的经济效益。如果事故频发，生产过程被迫中断，或造成人员伤亡和财产损失，无疑会增加生产成本，降低效益。如一个年产 3 万吨合成氨的氮肥厂，每发生一次故障停车，到重新恢复正常生产，造成的直接经济损失为 58 万元，加上停产期间的产量损失（即间接损失），必将严重影响企业的经济效益。为此，安全、稳定、长周期运转是化工生产管理的首要目标。

2）在安全生产条件下，职工的安全、健康得到了保障，这对职工队伍的思想稳定、调动人的积极性和创造性、提高劳动生产率、增加企业的经济效益具有十分重要的意义。

3）一些安全防护装置，不仅起到安全保障作用，而且可通过回收物料而增加企业经济效益。如某磷肥厂投资 12 万元，为成品球磨机放空尾气安装了一套脉冲除尘装置，不仅改善了劳动条件，而且每年可回收成品磷肥 300 多吨，仅用一年时间就可收回投资。由此可见，企业的安全生产状况与经济效益是成正比关系的。

（2）安全生产负效益。安全生产负效益，指从企业获得的效益中扣除的事故损失部分，一旦发生事故，无疑会直接增加生产总成本，导致利润的减少。因其在数值上表现为负数，故称为安全生产负效益，它从反面体现了安全生产的经济效益。

4. 提高安全效益的基本途径

提高安全效益无非是两个途径，一是提高安全水平，二是节约安全投资。也就是说，通过发展安全科学技术，提高安全生产、安全生活的水平，并使安全的消耗得到有效的降低和减少，可以从以下几个方面进行考虑。

（1）合理分配安全投资。

（2）在保证应有安全水平的条件下降低安全劳动力消耗。

（3）降低安全生产的物化劳动消耗。

同时，提高安全效益还要从各个领域和各个方面入手：重视安全的科学技术研究；提高安全技术实施的科学设计水平；严格遵守安全技术的建造和运作程序；加强安全教育和管理。

五、安全效益评价

安全效益分为经济效益和非经济效益（习惯上称为社会效益）。无益消耗和经济损失的减轻，以及对经济生产的增值作用是安全的经济效益。生命与健康、自然环境和社会环境的安全与安定，是安全的非经济效益，它是通过安全技术、管理、教育的手段，杜绝或减少事故、危害事件发生来实现的。对安全效益的评价，不仅要重视经济效益，也要重视非经济效益。如图 7-6 所示为安全效益的相关性。

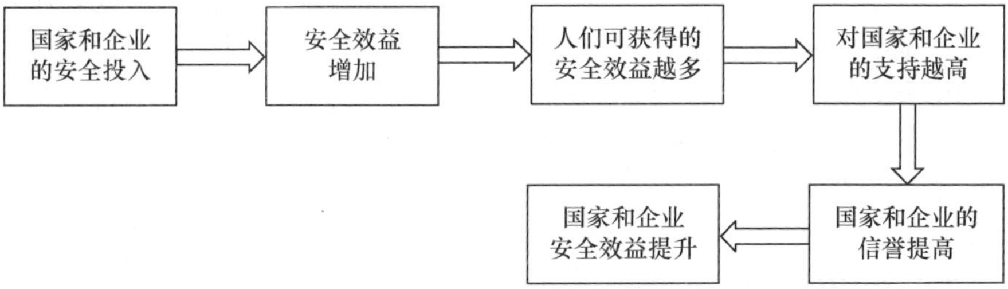

图 7-6　安全效益的相关性

安全经济效益的体现在于“减损”和“增值”，为达到这两个目的，首先要保证事故或灾害得以有效控制和减少，实现“高效安全”。也就是说，通过合理的安全设计，采取优化的技术或措施达到可接受的安全水平。以此为目标，其安全经济效益的实现过程包括安全性目标（标准）的科学确定和安全措施方案的优选。为此，要以超前性预防作为主要的和根本的对策，采用以治标为辅、治本为主的基本策略，落实系统性、综合性的治理。

安全效益评价是安全经济学原理的重要组成部分，通过对事故伤亡、事故损失、安全投资及消耗等数量状况的统计及经济效益的评价，可为研究和分析安全问题、认识事故发生规律提供客观的信息，从而为安全活动的组织、管理和控制等进行科学决策，提供可行的保证和依据。

1. 安全经济指标体系

安全经济指标体系是由各种与安全因素相关的经济特征指标构成的，能够全面、科学地反映安全的任务、安全的状态、安全的效果等许多安全经济质量和数量特征的指标总和，对安全活动既有质的规定又有量的规定，并且包含有反映安全活动与经济活动相结合的综合性指标。

（1）安全经济指标体系建立的原则。指标是对事物质和量的规定。一套科学、完整的安全经济质量与数量指标构成的体系，应能够把安全系统的状态、安全经济活动的效果、安全工作的优劣、安全与经济的协调状况等客观、准确地反映出来。因此，建立安全经济指标体系应遵循以下原则。

1）客观性和科学性原则。安全经济指标必须科学地反映安全经济现象的质和量。对于安全经济活动所具有的质和量的特征，其指标体系都应准确地反映出来。

2）客观性和可操作性原则。安全经济指标的设定具有明确的实际应用性，故对其指标的定义，必须考虑实际数据的可统计和可测算性，指标应是安全经济实践活动中需要且有实际意义的质和量的规定。

3）宏观性和微观性相结合的原则。安全经济指标不仅能反映安全经济系统的宏观特征，也能反映安全经济的微观特征，即宏观性与微观性相结合的原则。

4）必须能反映安全经济效益特征的原则。安全经济指标体系必须包括经济核算、降低消耗、系统安全性能与成本比等综合性指标，从而反映出以最小的成本获得最大的安全与经济效益。

5）体现同国民经济其他部门经济指标相容的原则。即安全经济指标体系能与其他专业的经济指标相协调和综合比较。

6）从安全经济活动规律的要求出发的原则。安全经济指标体系应从安全经济活动规律的要求出发，性质应能反映安全活动的目标、任务和要求，在宏观和微观上都能把事故的后果和影响、安全活动的成本和效益反映出来。

7）既适应于计划又适应于统计的原则。安全经济的具体指标既要适应于计划，也要适应于统计。其指标体系既包括计划指标体系，也包括统计指标体系。

（2）安全经济指标体系的结构。安全经济指标体系从系统工程的观点和原理来看（安全经济系统运行模式如图 7-7 所示），包括安全投资指标、安全后果指标和安全效益指标，根据其范围特征又可分为宏观综合指标和微观指标，称为安全经济指标的两个层次；从定性和定量分析角度来看，包括相对指标和绝对指标，相对指标是相对于某种背景状况来考察绝对指标的特征量。安全经济的相对指标主要以如下背景来考察问题，如产量、产值、利税、职工人数等，安全效益常用相对指标来反映。安全经济绝对指标如图 7-8 所示。

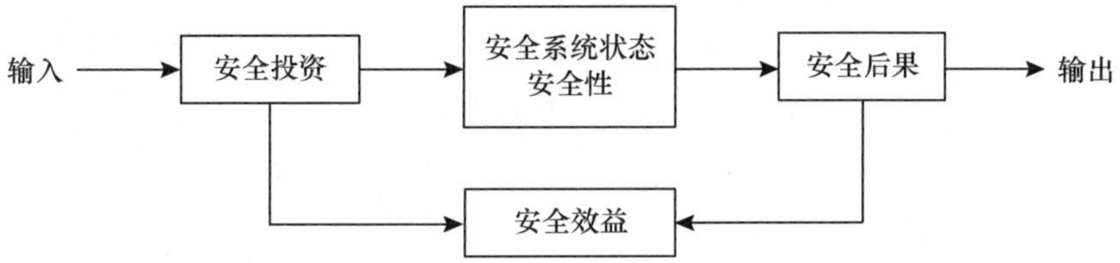

图 7-7　安全经济系统运行模式

- 绝对指标
  - 投资方面
    - 主动投资——技措费、劳保用品费、安全奖金等
    - 被动投资——职业病诊治费、赔偿费、事故处理费、维修费等
  - 后果及效果方面
    - 负效果——经济损失量、工日损失量、环境污染量、伤亡数等
    - 正效果——生产增值、利税增值、损失（含经济和工日等）减少量、伤亡减少量等

图 7-8　安全经济绝对指标

2. 安全经济评价指标

（1）安全投资指标。安全投资分宏观综合指标和微观指标，其内容和结构如图 7-9 所示。

（2）安全效果（后果）指标。安全效果指标的内容和结构如图 7-10 所示。

（3）安全效益指标。安全效益指标的内容和结构如图 7-11 所示。

3. 安全经济效益的计量方法

（1）宏观经济效益的计量方法。安全经济效益（E）等于安全产出量（B）与安全投资量（C）之比，或安全经济效益（E）等于安全产出量（B）与安全投资量（C）之差。而安全产出量（B）等于减损产出（B_1）与增值产出（B_2）之和。所以，安全的产出应考虑“减损产出”和“增值产出”两部分。

安全的“减损产出”，即安全损失减少的增量之和，其表达式可写为：

$$B_1 = K_1 J_1 + K_2 J_2 + K_3 J_3 + K_4 J_4 = \sum K_j J_j \tag{7-9}$$

其中，J_1 为计算期内伤亡损失减少量，就是计算期内假如没有投资情况下的预测（或实际）事故损失与进行投资后的实际事故伤亡损失之差。其表达式为：

$$J_1 = (R_{10} - R_1) NV_3 + (R_{20} - R_2) NV_4 \tag{7-10}$$

式中，R_{10} 为投资前的死亡率；R_1 为投资后的死亡率；R_{20} 为投资前的受伤率；

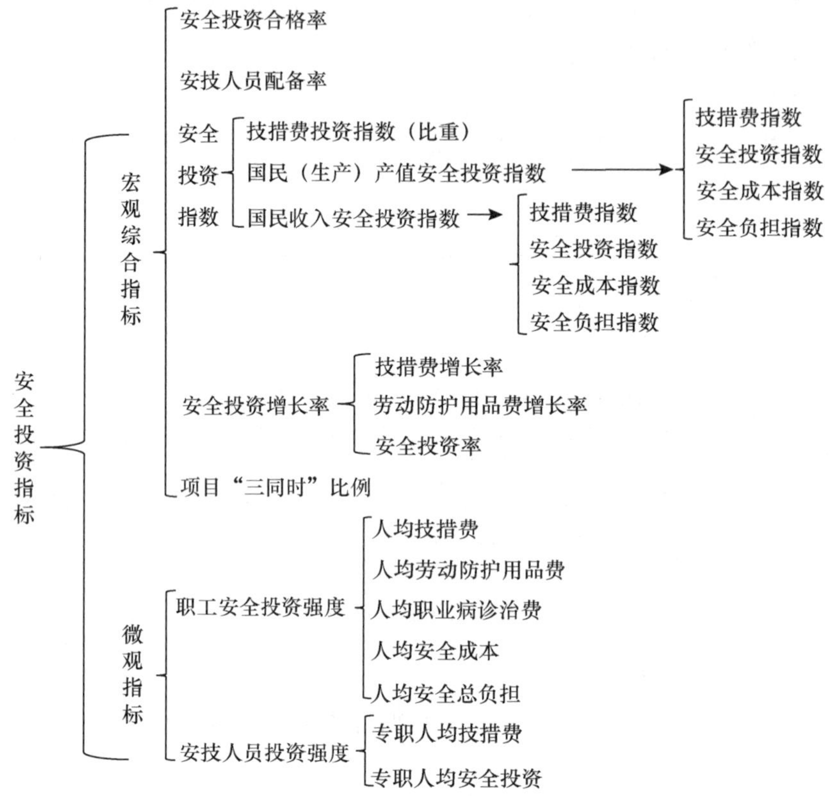

图 7-9　安全投资指标的内容及结构

R_2 为投资后的受伤率；N 为考察期内的总体，量纲取决于 R（职工数或工时数）；V_3 为人的生命价值；V_4 为人的健康价值。加入未统计投资后的事故率（死亡率和受伤率），计算时可以把前一时期的事故发生率作为基础，结合计算期内的生命危险性质和规模，用外推预测法等方法加以确定。

J_2 为计算期内职业病直接损失减少量，可用下式表示：

$$J_2 = 职业病下降率 \times 接尘总人数 \times 单位人职业病消费期望值 \tag{7-11}$$

J_3 为计算期内事故财产直接损失减少量，可用下式表示：

$$J_3 = \sum 各类财产直接损失减少量 \tag{7-12}$$

J_4 为计算期内危害事件直接损失减少量，可参考有关环境损失测算的相关方法计算。间接损失与直接损失的比例倍数 K_j，通常在 3 到 10 之间取定。

安全的“增值产出”是安全对生产产值的贡献，目前对安全的这一经济作用

- 安全效果（后果）指标
  - 宏观综合指标
    - 危险源整改率
    - 安全达标率
      - 伤亡达标率
      - 经济损失达标率
      - 损失工日达标率
      - 环境污染达标率
    - 危险源（隐患）现存率
  - 微观指标
    - 损失值间比
    - 损失严重度（经济损失严重度、工日损失严重度）
    - 损失重要度（经济损失重要度、工日损失重要度）
    - 工日损失率
    - 人均损失（人均经济损失、人均工日损失）

图 7-10　安全效果指标的内容及结构

- 安全效益指标
  - 宏观综合指标
    - 安全投资率
      - 万元安措费保护职工人数
      - 万元安全投资保护职工人数
      - 人均伤亡投资（赔偿）强度
      - 万元损失投资强度
    - 安全人员劳动效率
      - 人均保护职工数
      - 人均安全生产率
  - 微观指标
    - 安全生产代价率
      - 百万产值损失（伤亡）率
      - 单位产量损失（伤亡）率
      - 百万利税损失（伤亡）率
    - 安全代价降低率
      - 事故伤亡减少率
      - 事故损失降低率
      - 安全成本下降率
      - 安全总负担下降率
    - 安全项目投资效率
      - 投资回收期
      - 投资收益率
      - 投资效果系数

图 7-11　安全效益指标的内容及结构

在定量方面的探讨还较少，其计算理论和方法还未有公认的结果。在本节介绍一种估算方法，即：

$$安全增值产出（B_2）=安全的贡献率\times生产总值 \tag{7-13}$$

安全的贡献率可由下述方法来确定：

1）根据投资比重来确定贡献率，称为“投资比重法”。如安全投资占生产投资的比重，或安措经费占更新改造费的比例，以其占用比重指数作为安全增值的贡献率系数取值的依据。

2）采用对安措经费比例系数放大的方法，来计算安全的贡献率。其思路是：从更新改造活动的经济增长作用中根据安措费所占比例划分出安全贡献的份额，作为安全的增值量。由于安全投资不只是安措投资，因此还需要考虑其他方面的投资，其计算则是在更新改造费占用比例的基础上，根据其他安全投资的规模或数量，用一放大系数对更新改造费确定的系数进行适当的放大修正，作为安全总的贡献率。

3）采用统计学的方法进行实际统计测算，即对事故的经济影响和安全促进经济发展的规律进行统计学的研究，在掌握其正作用和负作用本质特性的基础上，对安全增值贡献率作出较为精确的确定。

（2）安全微观经济效益的计量方法。安全微观经济效益是指对于具体的一种安全活动、一个个体、一个项目、一个企业等小范围、小规模的安全活动效益。

1）各类安全投资活动经济效益的计算。安全投资活动主要表现为五种类型：安全技术投资、工业卫生投资、辅助设施投资、宣传教育投资、防护用品投资。从安全“减损效益”和“增值效益”角度又可分为以下几个方面。

①降低事故发生率和损失严重度，从而减少事故本身的直接损失和赔偿损失。

②降低伤亡人数或频率，从而减少工作日停产损失。

③通过创造良好的工作条件，提高劳动生产速率，从而增加产值与利税。

④通过安全、舒适的劳动和生存环境，满足人们对安全的特殊需求，实现良好的社会环境，从而创造社会效益。

计算各类安全投资的经济效益，其总体思路可参照安全宏观效益的计算方法进行，只是把各种效果分别进行具体考核，然后计入各类安全投资活动中。可以看出，①和②的安全效果是“减损产出”，③和④的效果是“增值产出”。

2）项目的安全效益计算。一项工程项目的安全效益可用下式计算：

$$E=\frac{\int_0^h\{[L_0(t)-L(t)]+I(t)\}e^{it}dt}{\int_0^h[C_0+C(t)]e^{it}dt} \tag{7-14}$$

式中，E 为安全项目的安全效益；h 为安全系数的寿命后期（单位为年）；$L(t)$ 为安全措施实施后的事故损失函数；$L_0(t)$ 为安全措施实施前的事故损失函数；$I(t)$ 为安全措施实施后的生产增值函数；e^{it} 为连续贴现函数；t 为系统服务时间；i 为贴现率(期内利息率)；$C(t)$ 为安全工程项目的运行成本函数；C_0 为安全工程设施的建造投资（成本）。

根据工业事故概率的泊松分布特性，认为在一般工程项目的寿命期内（十年左右的短时期内），事故损失 L、安全运行成本 C 以及安全的增值效果 I 均与时间呈线性关系，其关系式为：

$$L(t)=\lambda tV_L \tag{7-15}$$

$$I(t)=KtV_1 \tag{7-16}$$

$$C(t)=rtC_0 \tag{7-17}$$

式 7-15、式 7-16 和式 7-17 中，λ 为系统服务期内的事故发生率（次/年）；V_L 为系统服务期内一次事故的平均损失价值（万元）；K 为系统服务期内的安全生产增值贡献率（%）；V_1 为系统服务期内单位时间平均生产产值（万元/年）；r 为系统服务期内安全设施运行费相对于设施建造成本的年投资率（%）。

这样，式 7-14 可写为：

$$E=\frac{\int_0^h[(\lambda_0tV_L-\lambda_1tV_L)+KtV_1]e^{-it}dt}{\int_0^h(C_0+rtC_0)e^{-it}dt} \tag{7-18}$$

对式 7-18 进行积分，得：

$$E=\frac{[(\lambda_0hV_L-\lambda_1hV_L)+KhV_1]\{[1-(1+hi)e^{-hi}]/i^2\}}{C_0[(1-e^{-hi})/i]+rhC_0\{[1-(1+hi)e^{-hi}]/i^2\}} \tag{7-19}$$

分析可知，λh 是安全系统服务期内的事故发生总量；hV_1 是系统服务期内的生产增值总量；rh 是系统服务期内安全设施运行费用相对于建造成本的总比例。

六、最优化安全投资确定方法

1. 最优化安全投资的基本原理

追求利润最大化是企业的本性，无论其具体目标是追求既定效益水平的成本最小化还是追求既定成本条件下的效益最大化（或净效益的最大化），都必须依据边际决策规则，采用最优化技术方法来进行战略决策，才能实现资源配置的帕累托最优（指这样一种状态，即在不减少任何一个人福利水平的情况下，不可能增加另一个人的福利水平），从而实现最优目标。为了决定有效率的资源配置，需要对安全程度水平变化的边际效益和此变化需要的边际成本进行比较，以找到最优的安全投入。

一般来说，在一定范围内，应该是安全投资越大，安全效益越大，但是随着安全投资的越来越大，安全效益则不一定也保持着同样比例或速度的增长。显然，企业如果不进行合理的安全投资，可能在安全方面的投入比理论上应该投入得多，多了在某种程度上也是一定的浪费，也可能比理论上应该投入得少，少了可能就不能够保证所需要的安全水平。这就需要从理论及实践上了解企业合理的安全投资。因此应该从投资与效益两者之间的关系作为经济准则，这就要用到边际基本理论。

边际在经济学里是一个增量的概念。边际投入或边际成本是指生产中安全度每增加一个单位时，安全投资的增量，用 MC 来表示。边际收益是指生产中安全度每增加一个单位时，安全效益的增量，用 MR 来表示。

$$MC=\frac{dC}{dS}，MR=\frac{dR}{dS} \tag{7-20}$$

由于安全投入 C 与安全度 S 之间呈正相关关系，事故损失 R 与安全度 S 之间呈负相关关系，则可以得到安全投入与事故损失呈负相关关系。所以当安全度增加一个单位量时，可以将安全投入的增加额与事故损失的减少额，近似地看作边际收益与边际成本。边际投入与边际效益之间的关系如图 7-12 所示。

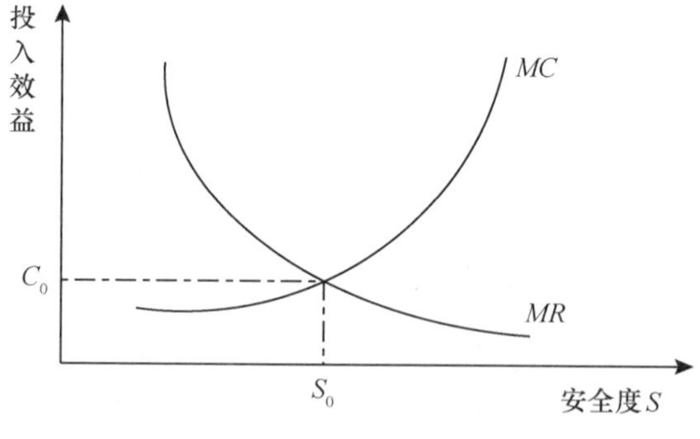

图 7-12　边际投入与边际效益的关系

通常的规律是在最佳投资量时，应该使边际投入等于边际效益，即安全投资的增加量等于安全效益的增加量。用经济理论来解释就是，当边际收益等于边际成本时，企业获得的利润最大，即 $MC=MR$。

如果 $MC<MR$，提高安全度所获得的边际损失大于边际收益，说明减损的增量大于安全成本的增量，此阶段，有必要改善劳动条件，提高安全度。

如果 $MC>MR$，提高安全度所花费的边际投入大于边际损失，如果所超过的数量在考虑了安全的非经济效益后还不能补偿时，则意味着安全投入没有效益。通常是当安全度超过 S_0 时，安全的投入增量要大于损失的减少量，即可以理解为对事故的控制过于严格了。所以说安全投入并不是越大越好，它应该有个最优点。安全边际投入等于安全边际效益的点为 C_0。

2. 最佳安全投入点的动态分析

在企业日常的安全生产中，各种因素不断变化，因此，对于最佳安全投入点的确定应全面考虑。

（1）考虑到安全投入带来的巨大的社会效益，安全总体效益就会增加，因此，边际效益曲线应上移至 MR'，新的最佳安全投入点就应该适当地增大，如图 7-13 所示。

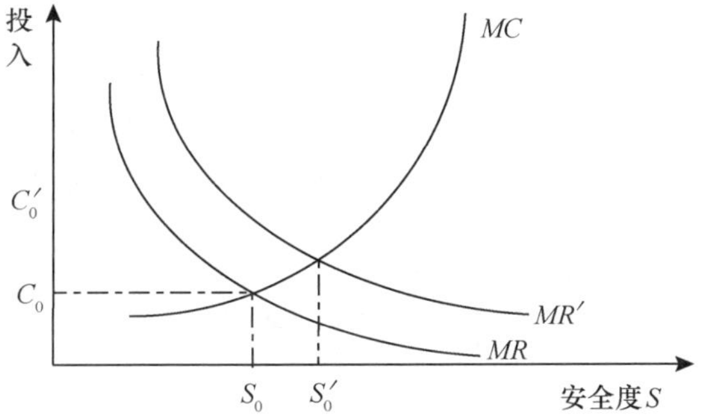

图 7-13　边际收益曲线上移，安全度增大

（2）新的科学技术、先进的管理方法，以及职工安全意识和安全素质的提高，使得安全投入利用率提高，边际投入曲线下移至 MC'，即在边际投入较少的情况下，可以得到较大的安全度，如图 7-14 所示。

（3）综合上述两种情况，在不增加或少量增加边际投入的情况下，可以提高安全效益。从另一角度，在保证安全度不变的情况下，则可以降低安全投入。如图 7-15 所示。

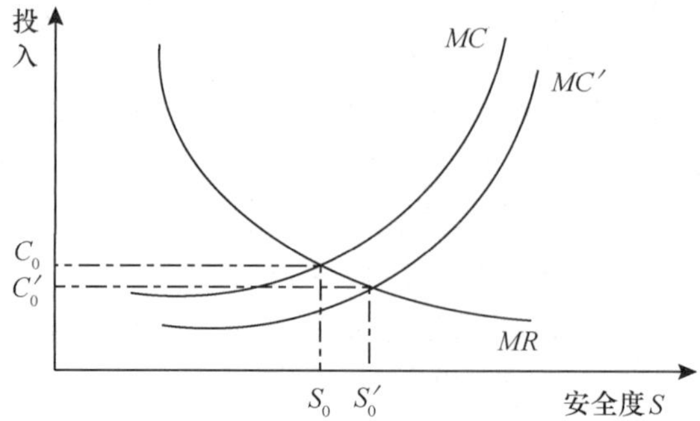

图 7-14　边际收益曲线下移，安全度增大

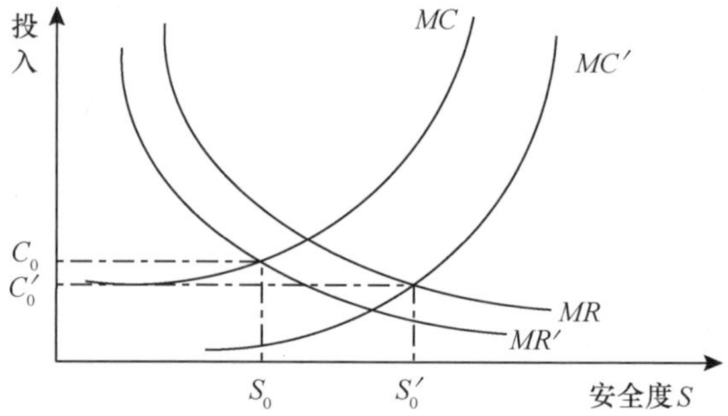

图 7-15　边际收益曲线上移和边际投入曲线下移，安全度增大

第三节　安全经济管理

现代安全管理是现代社会和现代企业实现现代安全生产和安全生活的必由之路。一个具有现代技术的生产企业必然需要与其相适应的现代安全管理工程。因此，现代安全管理是安全管理工程中最活跃、最前沿的研究领域。

安全寓于生产之中，安全性是工业生产系统的主要特性之一。安全经济的管理与组织中其他各项管理工作密切关联，对保障安全生产、提高安全效益有重要作用。

企业为了获得更大的经济效益，不仅要生产社会需要的产品，而且要按计划完成任务，这是企业发展的重要前提。为了满足这个前提，其基本条件之一就是不发生事故。所以，防止事故是企业生产活动的基础，而安全管理是防止事故必不可少的手段。在所有发生的事故中，有些是不可抗拒的，但绝大多数有避免的可能性。把现代科学技术中的重要成果，如系统工程、人机工程、行为科学等运用到安全管理中，已成为安全工程的重要内容和提高安全活动效果的重要手段。因此，企业安全经济的管理在安全管理工作中有着重要的实际意义。

一、安全经济管理的特点

安全经济学以及管理科学的性质和任务，决定了安全经济管理具有综合性、整体性、群众性的特点。

1. 综合性

安全经济管理涉及经济、管理、技术乃至社会生活、社会道德、伦理等诸多因素，安全经济分析、论证的对象往往是多目标、多因素的集合体。这里面既有经济分析的问题，又有技术论证的要求；既要注意安全管理对象的特点，又要考虑社会经济、科学技术水平、人员素质现状等背景对这些方法是否提供了可行性的条件。显然，它需要进行综合的分析与思考，采用系统的、综合的方法进行处理和解决。否则，以狭义的、片面的思维方式不但得不到正确的结果，还会产生不良的负效应，给企业和社会带来不利的影响。

2. 整体性

尽管安全经济管理是上述众多因素的集合体，但它又同样具有一般管理的五个步骤，即计划（预测）、组织、指挥、协调、控制，并且总是围绕着安全与经济而进行。它反映的是经济规律、价值规律在安全管理中的作用和过程，制定的是有关安全管理的经济性规范、条例和法规，分析、研究的是安全经济活动的原理、原则、优化计算。总之，它突出了“安全与经济”这样一个整体。支离的思维、破碎的方法是安全经济管理所不可取的。

3. 群众性

在我国，广大职工群众既是国家的主人，又是社会物质财富和精神文明的直接创造者。我国的安全工作是在群众的督促下进行的，群众有权监督各级领导机构职能部门贯彻、执行安全方针、政策和法规，协助安全经费的筹集，监督以及管理安全经费的使用。工人是事故的直接受害者，也是事故的直接控制者，因而工人既是预防事故、减少损失的执行者，也是安全的直接受益者。显然工人会自觉地为促进安全活动、降低和杜绝事故而努力。并且，人人都有自身防卫的本能，管理过程中也需要这种“本能”得以极大地发挥和发展。因此，安全活动、安全经济的管理必须发动群众参与，体现出群众性的特点。

二、安全经济管理的分类

根据安全经济管理的任务和特点，安全经济管理大致分为以下四类：法律管理、财务管理、行政管理、全员管理。

1. 安全经济的法律管理

劳动安全法律是各级劳动部门实行安全生产监督管理的依据。其任务是督促各级部门和企业，用法律规范约束人们在生产中的行为，有效地预防事故，保障人民生命财产安全和生产的顺利进行。安全经济也需要法律规范来进行指导。

事故发生后，与事故有关的人员最关心的问题是责任谁来承担（包括刑事责任和经济责任）。在实际工作中，往往事故的责任处理由于经济方面的问题，迟迟难以迅速完成。安全的有关法律明确规定出事故经济责任的处理办法和意见，使事故经济责任对象以及责任大小的处理有明确的依据，并最终使事故经济责任的处理公平合理，这是安全经济管理的重要内容。因此，加强安全经济立法和法律管理，明确事故发生后经济责任人和责任大小的处理准绳，是改善安全管理的重要方面。除了安全经济责任处理的法律之外，事故保险、人身伤害保险的法律也是安全经济管理的内容。

2. 安全经济的财务管理

安全经济的财务管理是指对安全技措费、工伤保险费、防尘防毒、防暑、防寒、防护用品费、医疗和保健费、承包抵押金、安全奖罚金的筹集、管理和使用。对安全活动所涉及的经费，按有关财务政策和制度进行管理，是安全经济管理必不可少的方面。特别是把安全的经济消耗如何纳入生产的成本之中，是安全经济财务管理应该探讨的问题。

3. 安全经济的行政管理

安全经济的行政管理是指根据安全的专业特征，采用必要的行政手段进行安全的经济管理。安全经济管理除了立法保证、财务管理的方面外，还必须通过从国家到地方、从行业到企业各阶层的安全经济的行政业务进行协调、合作，从而得以补充和完善。在满足安全专业的业务要求的前提下，通过行政手段的补充，使安全经济的法律管理、财务管理的作用得以充分发挥，促成最终安全经济管理目的圆满实现。行政管理机构是各级安全管理的职能部门。完成安全经济的专业投向和强度的规划是安全经济行政管理的目的。

4. 安全经济的全员管理

由于安全经济管理有群众性这一特点，而且安全活动是全员参与的活动，只有企业全体职工共同努力和参与，安全生产的保障才能得以实现。因此，安全经济作为一种物质条件，需要充分地提供给安全活动参与的每一个人，使安全经济的物质条件作用得以充分发挥，因而安全经济的管理需要全员的参与。安全经济全员管理的目的是：使职工能利用经济的手段，充分发挥主观能动性、积极性和创造性；使职工建立安全经济的观念，有效地进行安全生产活动；使全员都能参与安全经济的管理和监督，保障安全经济资源的合理利用。

三、安全经济管理手段

从心理学的角度来看，人们普遍会用“行为的代价和利益”的思想作为工作的指导。这种情况使人们在处理问题时，代价和利益成为行动的重要决策依据。因此，在管理工作中，利用这种因素进行正确的信息反馈和作用成为有效的方法之一。对于安全工作做得好的部门、单位或个人，要及时进行表扬，施以重奖（包括精神奖和物质奖），进行正强化。对于安全工作做得不好，经常出事故或险象重重、隐患累累的集体或个人，要及时指出，批评教育，施以重罚（包括罚款、行政或刑事处罚），进行负强化。不能以动机“好”与“差”作为信息反馈的根据。通过重奖重罚，强化安全信息的作用，利用不同方向的强化手段，破坏旧的、不良的平衡方式，建立新的良性平衡，这是强化手段的目的。

安全承包是实施安全经济强化手段的具体方式之一。它是把安全生产的各项指标进行层层分解，列为经济承包合同中必不可少的考核项目，有奖有罚，强化安全，使安全与经济挂钩，防止只顾抓生产，不顾职工生命安全，国家财产蒙受损失现象的产生和恶性循环，使企业在安全生产的低风险水平下经营。这样须由企业全部承担改为由企业和承包集体或个人共同承担，避免集中风险，具体做法有以下三点。

1. 完善经济承包合同

把安全生产指标逐条落实到经济承包合同中，规定具体，奖惩明确，杜绝以往经济承包合同中仅以“保证安全生产”之类的口号式辞令敷衍塞责、一带而过的现象，使经济承包合同完善、全面、具体，有可操作的条件。

2. 缴纳安全抵押金

根据承包项目的大小、风险程度的不同，承包单位或个人向企业（或项目一方）缴纳一定数额的安全抵押金（相当于风险金）。承包项目全面完成后，抵押金退还缴纳者；若出了责任事故，则根据责任大小在抵押金中扣除罚款部分（抵押金不够罚款则另做处理）。这种做法一方面可以促使承包集体或个人把本单位或个人的利益与企业安全状况连在一起，同企业共盛衰，充分发挥自主性和创造性；另一方面可以使企业减少一些不必要的中间监督环节，利于宏观控制，同时还为避免风险集中提供了保障。

3. 制定考核办法

为保证承包合同的全面、正确实施，需相应制定必要的配套措施。如《百分考核计奖方法》《系数计奖考核办法》等，分解项目，计分考核。用数理统计分析和趋势控制图计算出各单位事故经济损失中心线，给出各单位一年（或一段时间）的事故经济损失控制目标，一年（或一段时间）内事故经济损失低于控制目标的集体或个人，给予奖励；超过控制线的集体或个人则予以罚款。对于具体的奖罚强度，不同的部门和企业可依照有关政策和经验自行制定。

本 章 小 结

本章从阐述安全经济学的研究对象、内涵和特点入手，介绍了安全投资和生产投资的基本原则，分析了安全投资与生产投资的关系，给出了安全经济评价指标体系、计量方法以及安全效益最大化投资方法，阐述了安全经济管理的特点、分类和管理手段。

复习思考题

1. 安全经济学的研究对象是什么？
2. 简述安全经济学的内涵。
3. 何谓安全投资？安全投资的主要来源有哪些？
4. 何谓生产投资？安全投资与生产投资的关系是什么？
5. 安全投资和安全效益应遵循的基本原则是什么？
6. 何谓安全效益？安全效益的函数关系是什么？
7. 提高安全效益的基本途径有哪些？应当从哪些方面和领域入手？
8. 现行的安全经济指标体系由哪几个部分组成？是否合理？
9. 安全投资最优化确定的原理是什么？如何分析最佳安全投入点？
10. 现行的安全技术措施费是如何筹集的？
11. 简述安全经济管理的特点及分类。
12. 安全经济管理的手段有哪些？

第八章 安全动力学

本章学习目标

1. 基于安全系统特性，理解和掌握安全系统建模和预测，着重掌握灰色动态模型和 BP 神经网络模型的建模和应用。

2. 理解安全系统形成的必要条件。

3. 了解安全系统耗散结构的演变过程，掌握安全系统耗散结构的破坏机制和原因。

4. 理解安全熵的含义，掌握安全系统数学模型的建立，分析安全熵和灰熵的关系。

安全动力学，是研究安全的动态特性及其发展趋势的一门学科。现代科学技术的发展和各门各类学科的建立，为研究安全、安全系统提供了各种科学手段和方法。本章对现在比较通用的两种模型进行探讨。一种是把安全系统当作灰色系统进行分析，并建立相应的灰色模型进行研究和预测。另一种是现在用得比较广泛的 BP 神经网络模型，本章把它引入安全动力学领域来，并对它进行多方面的探讨，试图在安全领域里建立相应的安全神经网络模型并进行预测分析。

前面的两种模型均具有一定的局限性，只能对安全系统的某些特性，如灰色特性、非线性特性等，以及对过去收集的一些数据建立相应的模型，进行外部的、符合过去的预测，不可能对安全系统内部运行情况进行探讨和预测。因此，在本章的最后一部分，对安全系统内部运行机制进行了探讨。

安全系统内部运行机制，是基于安全系统是一个以耗散结构存在的系统进行探讨的。本文提出并论证了安全系统以耗散结构形式存在、如何通过自组织形成耗散结构以及维持耗散结构的条件。在此基础上，通过对安全系统的熵变、非线性特性、动态特性等方面的探讨、分析，阐述了安全系统从低级的耗散结构向高级的耗散结构转化，以及耗散结构的破坏必然产生的灾害和事故等过程和机理。

因此，本章以上述思路进行阐述，希望对理解安全动力学有一个总体的思路。

第一节　安全系统建模与预测

模型仿真是根据客观事物表现出来的特性，以及对过去表现出来一些外在的数据进行模仿，具有客观实在性，仿真的结果具有一定的可信度。这是因为客观事物的发展变化具有连续性，根据过去的一些数据规律是能够判断出事物的现状以及将来的发展趋势的。因此不能因为仿真模型不能完完全全地表达事物模型，而否定模型仿真的可信性、存在性。

建立仿真模型的主要目的是预测仿真对象的发展态势，但主要的工作在于建模。同样，安全系统的模型仿真的目的，就是预测安全系统的发展趋势，但工作重点也同样是安全系统的建模过程。

安全系统一般具有动态性、非线性、灰色性等特性。至于安全为什么可以以系统的角度来研究以及为何具有上述这些特性，我们会在相关的章节加以论证。

正是由于安全系统具有上述的特性，我们对安全系统的建模首选是灰色建模。灰色理论本身具有动态性、非线性、灰色性等特性，因此，用灰色建模模仿安全系统是可行的。安全系统的灰色建模是最近几年才兴起的，而且建立起来的安全系统的灰色模型的确具有现实性，经得起实践的检验。

但同时，由于灰色理论本身具有局限性，特别是当相关因素急剧增多，相关因素的关联性复杂，输出输入具有多个参数时，由灰色理论建立起来的灰色模型的阶数较高，涉及的因素也多，即 GM（n，h）中的 n，h 都很大，不利于求解计算，更不用说预测。虽然灰色理论本身可以把高阶变为低阶，但是在变化的同时，模型数跟着增多。因此，在上述那些条件下，灰色系统的确是具有它的局限性的。在这种情况下，我们还需要引进其他仿真模型到安全系统中来。

BP 神经网络模型具有高度的非线性映射、自组织结构、高度并行处理能力，已被广泛应用于复杂系统领域内。具有非线性、自组织结构的复杂安全系统，是否可以应用 BP 神经网络模型来建模呢？这就是我们后面要讨论的内容。

一、灰色动态模型

灰色动态模型，即 Grey Dynamic Model，简称为 GM，是基于灰色系统理论建立起来的一种模型，用于对灰色系统进行分析、建模、求解、预测。灰色系统建模思想是直接将时间序列转化为微分方程，从而建立的是抽象系统发展变化的动态模型。

在介绍灰色动态模型以及在安全系统中的应用之前，我们先来探讨一下灰色的本质。在探讨灰色的本质的过程中，我们将会从中引出灰熵的概念，并探讨灰熵在安全系统中的应用。

1. 灰色的本质

灰色的本质就是人们对客观事物认识的模糊，由此才会产生思维的混乱，从而具有灰色特性。人的认识的模糊具体表现在对客观事物规律性认识的不足；或者获取客观事物的信息的缺乏；或者客观事物本身在发展过程中表现出来不确定性；或者客观事物展现在人们面前是一个过程，要把整个过程展示完全需要一段时间，如果人们在这段时间以前，对其进行认识也会出现思维的过程性和不断修正性，从而导致不确定性。

引起人们认识的模糊、思维的混乱，具有客观方面的因素，也同样具有主观方面的因素，但归根到底还是体现在人们思维的模糊性、不确定性，从而使人们的认识具有灰色性。

从哲学的角度来看，客观事物是通过偶然性反映出其必然性，人们在认识客观事物规律性时，必须先掌握客观事物表现出来的偶然性，从而进一步抓住其本质的规律性、必然性。因此，在人们认识的过程中，必然要经过一些表面的、片面的、零碎的、偶然的、灰色的认识，从而达到本质的、全面的、完全的、必然的、白色的认识。进一步说，就是人们的认识总是通过灰色的到达白色的，即白色的认识总是通过灰色的认识为自己开辟道路。

灰色的产生、发展、结束都始终围绕着人们的认识过程，而人们的认识过程实质上就是思维的过程。既然人们的认识过程是从灰色到白色，那么人们的思维过程也就是从不确定性到确定性的过程，从混乱到清晰的过程。而思维要从不确定性到确定性、从混乱到清晰的过程必须与外界信息输入息息相关。信息的输入有利于减少思维的不确定性、混乱度，即人们接收、利用、处理信息的过程实质上就是思维确定性的过程。

那么思维的混乱度如何来衡量，即灰色的程度如何来衡量，这是同一个问题。有人提出，既然信息可以使思维的不确定性减少，即灰度的减小，那么人们接收信息量的大小就是思维混乱度的减少量。

申农提出，用不确定性的减少量来表达信息量，即

信息量=先验不确定性-后验不确定性

而不确定性的量化，则用某一变量出现的概率来表示。如果该变量出现的概率大，说明不确定性就小，反之不确定性就大。因此，不确定性定义为：

$$I(x_k)=\log\frac{1}{P(x_k)}=-\log P(x_k),\ k=1,\ 2,\ \cdots,\ K \tag{8-1}$$

当我们接收到一个信号 Y，那么定义：在信号 Y 之前，该变量的不确定性为先验不确定性，表示为 $I(x_k)=-\log P(x_k)$；在信号 Y 之后，该变量的不确定性为后验不确定性，表示为 $I(x_k \mid Y)=-\log P(x_k \mid Y)$。因此，在信号 Y 出现之后，该变量提供给我们的信息量应该为 $I(x_k;\ Y)=-\log P(x_k)+\log P(x_k \mid Y)$。从而得出，人们思维的混乱度的减少量，即灰度的减少量就应该为信息量 $I(x_k;\ Y)$。

上面是从人们接收信息量来衡量思维的混乱度，即灰度的减少量。那么如何来衡量思维本身的混乱度，即认识本身的灰色程度呢?

当我们面对一个事件，它具有多种状态出现的可能性。人们在考察这一事件时，就会有思维的混乱，即它到底会以哪种状态出现？当这几种状态出现的概率都相等，这时的思维混乱度是最大的；但这几种状态中某一种状态出现的概率很高，这时的思维混乱度相应来说就低得多，特别是这一事件以某一状态确实发生，即这一状态出现的概率为 1，其他状态就为 0，那么这时的思维混乱度就为零，即人们对这一事件是完全了解的，没有思维的混乱，不存在灰色性，这种认识是灰度为零的认识，即白色认识。

2. 灰熵

在物理学上，熵是衡量混乱度的一种度量。而对于人们思维的混乱度和人们认识的灰色程度，我们提出用灰熵这一概念来对其进行衡量。灰熵就是人们对某一事件认识程度的衡量，由于认识是从灰色到白色的过程，人的思维的混乱度、灰度也会从大到小。因此，人的思维混乱度越大，认识的灰色程度越大，灰熵也就越大，反之就越小，特别是在认识完全时，人的思维不再混乱，认识的灰色也不存在，这时的灰熵就为零。

（1）灰熵的定义。对于一个事件 X，它的出现具有 n 种可能性，这 n 种状态各自出现的概率为$(x_1,\ x_2,\ \cdots,\ x_n)$，且 $\sum_{i=1}^{n}x_i=1$，这 n 种状态组成该事件的完整事件。对于其中的一个状态，它出现的不确定度，根据式 8-1 可得：

$$I(x_i)=\log\frac{1}{P(x_i)}=-\log P(x_i),\ i=1,\ 2,\ \cdots,\ n$$

衡量该事件的灰熵，只考虑该事件某一状态的不确定度是不够的，要把所有状态的不确定度全部考虑进去，才能完整地表达出来。为此，可对所有状态的不确定度进行统计平均，从而得出平均不确定度，即灰熵 $H(X)$ ：

$$H(X) = \sum_{i=1}^{n} x_i I(x_i) = -\sum_{i=1}^{n} x_i \log x_i \tag{8-2}$$

这里值得注意的一个问题是，灰熵公式中若某个 x_i 很小，即 x_i 趋于0，则公式中会出现 0log0 的项，由于在数学上，$\lim_{x \to 0} x\log x = 0$，因此，规定 $0\log 0 = 0$。也就是说，在灰熵的定义中忽略了零概率，或者极小概率事件。

式 8-2 给出灰熵的公式，是从某一事件可能出现的不确定性，而造成人的思维的混乱，从而定义为思维混乱度的一种数学表达式。虽说是从这一方面出发来定义的，但它具有一定共性，我们今后应该对具体的情况加以充实和修订。

（2）灰熵的数学延伸。若撇开灰熵的实际意义，先看灰熵公式的数学意义，即等价于有限离散序列 X 的数学性质。设有限离散序列 $X = \{x_i \mid i = 1, 2, \cdots, n\}$ ，$\forall i$，$x_i \geqslant 0$，且 $\sum_{i=1}^{n} x_i = 1$，则

$$H(X) = -\sum_{i=1}^{n} x_i \log x_i \qquad (\text{其中 } 0\log 0 = 0)$$

为序列 X 的灰熵。

1）极值性。对于 $H(X) = -\sum_{i=1}^{n} x_i \log x_i$ ，它在数学上具有极值性。当离散序列 X 中 x_i 都相等时，即 $x_i = \frac{1}{n}$，这时 $H(X)$ 取得最大值，$H(X) = \log n$。这种极值性，在数学上已经严格给予证明了。

2）灰熵增。正因为 $H(X)$ 具有极值性，下面就给出关于序列 X 的灰熵增原理。设有限离散序列 $X = \{x_i \mid i = 1, 2, \cdots, n\}$ ，$\forall i$，$x_i \geqslant 0$，且 $\sum_{i=1}^{n} x_i = 1$，$H(X)$ 为序列 X 的灰熵，则任何趋于使 x_1，x_2，…，x_n 均等的变动，即使序列 X 趋于常数列的变动都会使熵增加。

3）差异性。如果序列 X 中各个元素的数值，差异越大，则对应的灰熵则越小。因此，可以得出若序列 X 差异性越大，则该序列越白；若序列 X 差异性越小，则该序列越黑。

（3）灰熵在安全系统中的应用。由于灰熵是思维混乱度的衡量，即人们对某

一事物认识的灰性、不确定性，因此，在安全系统中的灰熵也应该表现在对安全系统的认识方面的混乱度。

1）安全系统的评价灰熵。人们对安全系统的认识，一般侧重于对安全系统的评价，从而断定安全系统是否满足人们的安全要求。然而，由于安全系统本身具有一定的灰度，而且有时人为的、主观的因素等造成灰度，都不可避免地导致对安全系统认识的灰度，从而导致评价的灰度。

当然，对安全系统的认识，不仅仅表现在评价方面，其他认识方面也有，但目前最典型、最迫切的还在于安全系统的评价。因此，本文就针对安全系统评价的灰熵进行讨论。

当一个安全系统摆在我们面前时，我们要判定该系统是否安全。在我们还没有做出任何评价时，我们一般会认为该系统出现安全与危险的概率相同，这时根据灰熵增原理，任何对该系统做出的评价，该评价的灰熵是最大的。这时的评价灰熵是由于人们对安全系统的认识缺乏信息造成的。

如果人们严格按照各个安全评价指标对安全系统进行评价，而且认为该评价是接近安全系统的真实情况，具有客观性的。那么这时做出的安全评价的灰熵，是由于安全系统本身不确定性造成人们对安全系统认识的不确定性。如果灰熵很大，则说明该评价的说服力欠缺；如果灰熵很小，则说明该评价具有很强的说服力；如果灰熵为 0，则该评价具有硬性的结论。

2）灰色定权聚类的评价。对安全系统的评价方法至今存在很多不同的评价体系，在这里引进灰色系统中的灰色定权聚类来对安全系统进行评价。作为一种尝试，同时也结合该评价，对该评价灰熵做进一步讨论。

设有一个安全系统，n 个聚类安全指标，m 个不同安全等级灰类。通过对安全系统进行 n 个安全指标采样，得出指标样本值 x_i（$i=1, 2, \cdots, n$）。现要求对安全系统进行灰色定权聚类评价，将安全系统归入高安全、中等安全、低等安全等 m 个不同安全等级灰类的其中一类（$j=1, 2, \cdots, m$）。

首先，根据实际情况，需要在 j 类中对 i 指标进行白化权处理，得出白化权函数记为：$f_i^j(x)$，（$i=1, 2, \cdots, n; j=1, 2, \cdots, m$）。再根据实际要求，对各指标赋予不同的权重 η_i，且 $\sum_{i=1}^{n} \eta_i = 1$。再根据 $\sigma_j = \sum_{i=1}^{n} f_i^j(x_i) \cdot \eta_i$，得出 j 灰类的灰色定权聚类系数。最后得出灰色定权聚类系数序列 $\sigma = \{\sigma_j \mid j = 1, 2, \cdots, m\}$ 。

对于序列 $\sigma=\{\sigma_j \mid j=1, 2, \cdots, m\}$，若 $\sigma_k = \max_{1 \leqslant j \leqslant m}\{\sigma_j\}$，则称安全系统属于灰类 k。也就是说，通过对序列 $\sigma=\{\sigma_j \mid j=1, 2, \cdots, m\}$ 中的各个值进行比较，挑

选出最大的值，最大值的下标就是安全系统所属的安全等级的灰类。

通过灰色定权聚类法对安全系统进行评价，并把该安全系统规划入相应的等级，那么该灰色评估的结论灰度如何，就表现在序列 $\sigma=\{\sigma_j \mid j=1, 2, \cdots, m\}$ 的差异性。若差异性越大，则灰度就越低；若差异性很小，特别是当序列中各个分量趋于均衡时，根据灰熵增原理，这时序列的灰熵最大。

为了便于说明评估结论的灰度，计算出该序列 $\sigma=\{\sigma_j \mid j=1, 2, \cdots, m\}$ 的灰熵，必须将其总结为：$\sigma^*=\{\sigma_j^* \mid j=1, 2, \cdots, m\}$，其中 $\sum_{j=1}^{m}\sigma_j^*=1$。根据式 8-2 求出该序列的灰熵 $H(\sigma^*)$。

当 $H(\sigma^*)=0$ 时，对安全系统的灰色评估的结论是硬性结论，对于该结论没有任何思维的不确定，结论的灰度为 0；当 $H(\sigma^*)$ 较小时，则说明该灰色评估的结论具有较强的说服力，结论的漂移性较小；当 $H(\sigma^*)$ 很大时，接近于 $\log m$ 时，此时所做出的评价结论的说服力相当小；当 $H(\sigma^*)=\log m$ 时，这时的灰熵最大，得出评价结论的漂移性是最大的，使人对该安全系统的认识处于很模糊的状态，思维混乱度最大，灰度处于最大。

3. 安全系统的灰色建模

安全系统的灰色建模是一个复杂的建模过程，首先要对安全系统进行系统分析，分析清楚安全系统到底以怎么样的形式存在，以及有几个安全因素在起影响作用，并对这些因素进行灰色关联分析，看看哪些因素是主要影响因素，哪些是次要的，最后有选择地进行安全系统的灰色建模。因此，以下主要从灰色建模简介、安全系统灰色关联度分析以及安全系统的灰色建模这几个方面来分别讨论。

（1）灰色建模简介。所谓模型，就是通过适当的数学方程、图像表格、程序语言以及物理形式等，来说明与表达系统的构成和行为的一种抽象的科学方法。根据各种不同的目的，可选择不同类型的模型。在安全系统分析时，人们最感兴趣的是研究安全因素之间的数量关系，因此，数学模型应用得较为普遍。但无论采用何种模型，都应具有现实性、简洁性和适应性。

对一个系统，要建立其模型，一般都需要经历五个建模阶段，即语言模型阶段、网络模型阶段、量化模型阶段、动态模型阶段、优化模型阶段。下面就对五步建模思想与方法进行介绍。

第一步，建立语言模型。

通过思想开发，形成概念，明确系统的目的、目标、方向、途径、条件等，然后用准确简练的语言表达出来，便构成了语言模型。

第二步，建立网络模型。

根据语言模型，进行因素分析、对比，找出影响系统发展的前因与后果，并用框图将这些关系表示出来。一般将前因作为输入，后果作为输出。有时系统是多因素间相互关联的整体，就需要许多框图相互表示出来。

第三步，建立量化模型。

将网络模型中各个环节的前因与后果加以量化，明确它们之间的数量关系。

第四步，建立动态模型。

在复杂系统中，各个环节的输入与输出都是一组时间序列数据。因此，应找出它们之间随时间发展而变化的关系，需要建立 GM 模型。

第五步，建立优化模型。

动态模型只反映系统现实的结构机制与动态特征，但是不一定令人满意，系统功能也不一定最佳。因此，需要采取适当措施，按 GM 模型系统分析动态品质，并逐步调整与修改系统结构与参数，使系统功能尽可能达到最佳。

总之，五步建模的过程，是一个信息不断补充、系统因素及其关联不断明确、量化及其判断逐步完善的过程。五步建模能较好地体现灰色系统不断白化的过程。

（2）安全系统灰色关联度分析。前面我们可以看出，安全系统是由许许多多的安全因素（或者安全子系统）组成的。这些安全子系统之间、安全因素之间的相互关系是非常复杂的。特别是表面现象及其变化的随机性，更容易混淆人们的直觉，掩盖事物的本质，使人们在观察、分析、预测、决策时，得不到真实、准确和足够的信息，难以形成明确的概念，找不到主要矛盾，抓不住主要特征，一时分不清楚哪些安全因素关系密切，哪些安全因素关系不密切。为此，必须在安全系统中提出安全系统灰色关联度分析，其目的就是通过一定的方法，寻求安全系统中各因素（或子系统）之间的主要关系，找出影响目标值的重要因素，从而促进与引导安全系统迅速、高效、和谐的发展。

灰色关联度分析包括系统因素分析和系统行为分析。对影响系统主行为的作用因素进行分析称为系统因素分析；对系统的不同行为进行量化对比，则称为系统行为分析。如对人—机—环境系统来说，影响其安全性的因素包括人的生理与心理特征、操作技能、健康状况等，也包括机器的可靠性、维修保养情况、新旧程度等，还包括温度与湿度、噪声与振动等环境因素。

安全系统灰色关联度分析包括以下步骤。

1）原始数据的变换。安全系统中各因素的物理意义不同，数据的量纲也不一定相同，如大气能见度、安全投资、煤矿百万吨死亡率、月均千人负伤率、事故伤亡率等的单位不尽相同，而且数据大小的数量级相差悬殊，几何曲线比例也不同。这样，在进行比较时就难以得到正确的结果。因此，对原始数据需要消除量纲，并变换为可比较的数据列。

原始数据的变换有两种，一种是均值化变换，另一种则是初值化变换。一般情况下，对于较稳定的安全系统进行发展态势的关联度的分析时，多采用初值化变换，因为这样的数列多数呈增长的趋势。

2）计算关联系数。灰色关联度分析方法是根据系统各因素间或系统行为间发展态势的相似或者相异程度，来衡量关联程度的方法。计算关联系数是计算关联度的前提，因此，下面就先来求关联系数。

若安全系统包含 m 个安全因素，则要计算各安全因素对安全系统主行为的关联系数如下：记经过数据变换的安全系统主行为序列为 $x_0(t)$，第 i 个安全因素的序列 $x_i(t)$，$i=1$，2，…，m，则在 $t=k$ 时，关联系数 $e_{0i}(k)$ 为：

$$e_{0i}(k)=\frac{\Delta\min+\rho\Delta\max}{\Delta_{0i}(k)+\rho\Delta\max}$$

式中，$\Delta_{0i}(k)$ 为 k 时刻两个比较序列的绝对差，即 $\Delta_{0i}(k)=|x_0(k)-x_i(k)|$，$1\leqslant i\leqslant m$；$\Delta\max$，$\Delta\min$ 分别为所有比较序列在各个时刻的绝对差中的最大值与最小值，因比较序列变换后为同一起点(或相交)，故一般取 $\Delta\min=0$；ρ 称为分辨系数，用来削弱 $\Delta\max$ 数值过大而失真的影响，提高关联系数之间的差异显著性，$\rho\in(0,1)$，一般情况下取 0.1~0.5 为宜。

3）求关联度。关联度分析，实际上是时间序列数据进行几何关系的比较。若两比较序列在各个时刻都重合在一起，即关联系数处处为 1，则关联度也为 1；对于两个时间序列来说，在任何时刻都不会垂直相交，关联系数均大于 0，故关联度也大于 0。因此，两比较序列的关联度可以用这两个序列各个时刻的关联系数的平均值来定量表示，其计算公式为：

$$r_{0i}=\frac{1}{N}\sum_{k=1}^{n}L_{0i}(k)$$

式中，r_{0i} 为安全因素序列 x_i 对安全系统主行为序列 x_0 的关联度；N 为两比较序列的长度（即数据个数）。

通过上述几个步骤，就可以定量地分析出哪些因素对安全系统主行为的影响是主要的，哪些因素是次要的，这就是安全系统灰色关联度分析。

（3）安全系统的灰色建模。有了安全系统灰色关联度分析，就可以有选择地对某些主要安全因素与安全系统的主行为建立灰色动态模型。

在建模之前，必须要对原始数据进行累加生成，因为累加生成数据的方法可以弱化原始数据的随机性。原始数列是摆动的，没有明显的规律，而累加生成后就有明显的规律性，这主要是基于大多数系统都是广义的能量系统，而指数规律便是能量变化的一种规律。因此，将许多原始数列做累加处理后有可能呈现出指数规律，这种规律性就特别有利于我们建模的需要。

安全系统的灰色预测模型一般选用的是数学模型，以定量表达安全系统因素之间以及因素与安全系统主行为之间的数学关系。但用一般方法只能建立差分方程模型，这种模型难以做解析处理，难以描述全过程。后来，灰色系统提出了生成数、离散函数的收敛、极限与光滑度、灰导数、灰微分方程等新观点、新方法，解决了微分方程建模问题。其动态微分方程模型的一般式为：

$$\sum_{i=0}^{n} a_i \frac{d^{n-i} x_1^{(1)}}{dt^{n-i}} = \sum_{i=1}^{h-1} b_i x_{i+1}^{(1)}$$

记作 GM（n，h），其中的 n 表示微分方程的阶数，h 表示变量的个数。不同的 n，h 表示不同的系统因素关系，其描述功能是相当强的。常用的灰色模型为 GM（1，1）、GM（2，1）、GM（0，2）、GM（1，2）、GM（2，2）、GM（1，h）等。

对于用微分方程来描述动态的情况，其拥有相应的建模机理及方法，对微分方程系数的求解进行推导以及论证。

给定下述时间数据序列：

$$\{x_k^{(0)}(i)\} \quad k=1,\ 2,\ \cdots,\ h \qquad i=1,\ 2,\ \cdots,\ N$$

有相应的 1 阶累加序列：

$$\{x_k^{(1)}(i)\} \quad k=1,\ 2,\ \cdots,\ h \qquad i=1,\ 2,\ \cdots,\ N$$

$$x_k^{(1)}(i) = \sum_{s=1}^{i} x_k^{(0)}(s)$$

有相应的多次累减序列：

$$\{a^{(j)}(x_k,\ j)\}$$

$$i=1,\ 2,\ \cdots,\ N$$

$$j=3,\ 4,\ \cdots,\ n$$

$$k=1,\ 2,\ \cdots,\ h$$

$$a^{(1)}(x,\ i) = x^{(0)}(t_i)$$

$$a^{(2)}(x,\ i) = x^{(0)}(t_i) - x^{(0)}(t_{i-1})$$

$$a^{(j)}(x_k,\ i)=a^{(j-1)}(x_k,\ i)-a^{(j-1)}(x_k,\ i-1)$$

则做如下的数据处理

$$A=\begin{bmatrix} -a^{(n-1)}(x_1^{(1)},\ 2) & -a^{(n-2)}(x_1^{(1)},\ 2)\cdots & -a^{(1)}(x_1^{(1)},\ 2) \\ -a^{(n-1)}(x_1^{(1)},\ 3) & -a^{(n-2)}(x_1^{(1)},\ 3)\cdots & -a^{(1)}(x_1^{(1)},\ 3) \\ \vdots & \vdots & \vdots \\ -a^{(n-1)}(x_1^{(1)},\ N) & -a^{(n-2)}(x_1^{(1)},\ N)\cdots & -a^{(1)}(x_1^{(1)},\ N) \end{bmatrix}$$

$$B=\begin{bmatrix} -\frac{1}{2}[x_1^{(1)}(2)+x_1^{(1)}(1)] & x_2^{(1)}(2)\cdots x_h^{(1)}(2) \\ -\frac{1}{2}[x_1^{(1)}(3)+x_1^{(1)}(2)] & x_2^{(1)}(3)\cdots x_h^{(1)}(3) \\ \vdots & \vdots \quad\quad \vdots \\ -\frac{1}{2}[x_1^{(1)}(N)+x_1^{(1)}(N-1)] & x_2^{(1)}(N)\cdots x_h^{(1)}(N) \end{bmatrix}$$

$$\hat{a}=(a_1,\ a_2,\ \cdots,\ a_n\ \vdots\ b_1,\ b_2,\ \cdots,\ b_{h-1})^T$$

$$Y_N=[a^{(n)}(x_1^{(1)},\ 2),\ a^{(n)}(x_1^{(1)},\ 3),\ \cdots,\ a^{(n)}(x_1^{(1)},\ N)]^T$$

便有：

$$\hat{a}=[(A\ \vdots\ B)^T(A\ \vdots\ B)]^{-1}(A\ \vdots\ B)^TY_N$$

$\hat{a}$ 中的元素，就是下述微分方程的系数：

$$\sum_{i=0}^{n}a_i\frac{d^{n-i}x_1^{(1)}}{dt^{n-i}}=\sum_{i=1}^{h-1}b_ix_{i+1}^{(1)}$$

$$a_0=1,\ x_1^{(0)}=x_1$$

对上述微分方程的系数给予证明：

微分方程增量化后，有：

$$\sum_{i=0}^{n}a_i\frac{\Delta^{n-i}x_1^{(1)}(t)}{\Delta t}=\sum_{i=1}^{h-1}b_ix_{i+1}^{(1)}$$

作为非负序列，令 $\Delta t=1=\text{const}$，有：

$$\sum_{i=0}^{n}a_ia^{(n-i)}(x_1^{(1)},\ k)=\sum_{i=1}^{h-1}b_ix_{i+1}^{(1)}(k)$$

令 $k=2,\ \cdots,\ N$ 有：

$$\begin{bmatrix} a^{(n)}(x_1^{(1)},\ 2) \\ \vdots \\ a^{(n)}(x_1^{(1)},\ N) \end{bmatrix}=-\begin{bmatrix} a^{(n-1)}(x_1^{(1)},\ 2),\ \cdots,\ a^{(1)}(x_1^{(1)},\ 2) \\ \vdots \quad\quad\quad\quad \vdots \\ a^{(n-1)}(x_1^{(1)},\ N),\ \cdots,\ a^{(1)}(x_1^{(1)},\ N) \end{bmatrix}\begin{bmatrix} a_1 \\ \vdots \\ a_{n-1} \end{bmatrix}$$

$$+\begin{bmatrix} -a^{(0)}(x_1^{(1)},\ 2),\ x_2^{(1)}(2),\ \cdots,\ x_h^{(1)}(2) \\ \vdots \quad\quad \vdots \quad\quad \vdots \\ -a^{(0)}(x_1^{(1)},\ N),\ x_2^{(1)}(N),\ \cdots,\ x_h^{(1)}(N) \end{bmatrix}\begin{bmatrix} a_n \\ \vdots \\ b_{h-1} \end{bmatrix}$$

应用灰数生成理论按最小二乘法对 $\hat{a}$ 求解，可得：

$$\hat{a}=[(A \vdots B)^T(A \vdots B)]^{-1}(A \vdots B)^T Y_N$$

下面对几个比较常用的灰色具体模型简单介绍一下。

GM（1，1）的动态模型为：

$$\frac{\mathrm{d}x^{(1)}}{\mathrm{d}t}+ax^{(1)}=b$$

响应函数为：

$$x^{\hat{(1)}}(t)=\left[x^{(1)}(0)-\frac{b}{a}\right]e^{-at}+\frac{b}{a}$$

GM（2，1）的动态模型为：

$$\frac{\mathrm{d}^2x^{(1)}}{\mathrm{d}t^2}+a_1\frac{\mathrm{d}x^{(1)}}{\mathrm{d}t}+a_2x^{(1)}=a_3$$

GM（0，2）的动态模型为：

$$x^{(1)}(t)=a_1+a_2x_2^{(1)}(t)$$

GM（1，2）的动态模型为：

$$\frac{\mathrm{d}x_1^{(1)}}{\mathrm{d}t}+a_1x_1^{(1)}=a_2x_2^{(1)}$$

GM（2，2）的动态模型为：

$$\frac{\mathrm{d}^2x_1^{(1)}}{\mathrm{d}t^2}+a_1\frac{\mathrm{d}x_1^{(1)}}{\mathrm{d}t}+a_2x_1^{(1)}=a_3x_2^{(1)}$$

上述不同的模型能表达许多不同的函数关系。但模型得出的是一阶累加量，建模运算后须做逆生成，即：

$$x^{(0)}(k)=x^{(1)}(k)-x^{(1)}(k-1)$$

上述就是对整个安全系统灰色建模的数学建模的表述形式，其实任何建模形式都是借助数学手段进行建模，这对于安全系统的灰色建模也不例外。

所谓的安全系统灰色模型就是把安全系统中各因素所表现出来的行为和特性，进行量化处理以得到数学形式，再利用根据安全系统的特性建立起来的数学模型进行预测。而预测得到的结果，同样也是以数学形式给出，这就需要对这些数学形式赋予安全系统各因素原有的物理意义，才能反映出安全系统的发展趋势及其动态特性。

4. 安全系统的灰色预测

所谓预测，就是根据客观事物的过去和现在的发展规律，借助科学的方法和先进的技术手段，对其未来的发展趋势和状况进行描述和分析，并形成科学的假设和判断。

对于一个处于连续变化动态的安全系统，它显示给我们的信息，既有过去已知的信息，又有现在或将来未确定的信息，我们要对它的发展趋势进行预测，在本质上是个灰色预测。

基于灰色动态 GM 模型的预测，称为灰色预测。它不仅是指系统中含有灰元、灰数的预测，更重要的是指从灰色系统理论的建模思想出发，所获得的关于预测的概念、观点和方法。它可以揭示和描述事物发展的联系的动态过程的本质特征。而动态是世界上万物的基本特征，也是安全系统的基本特征。

（1）灰色预测的特点

1）灰色预测需要数据量较少。一般情况下，不需要大量的历史数据，而是根据实际情况选择适量的数据，进行累加生成，将杂乱无章的数据整理出一定规律来，甚至只用四个数据就可以建模，进行预测，且能得到较满意的结果。

2）灰色预测方法计算简单。虽然 GM 模型建立在较深奥的高等数学基础上，但它的计算步骤是不烦琐的，特别是借助于现代的计算机技术更是方便许多。

3）一般情况下，灰色预测不需要太多的关联因素，因而资料比较容易取得，且工作量大幅减少。

4）灰色预测既可以用于近期、短期预测，也可以用于中长期预测。

5）灰色预测精度较高，比其他方法模型计算误差较小。

（2）灰色预测的基本方法

灰色预测的基本方法可归纳为数列预测、灾变预测、系统预测三类。

1）数列预测是指对系统行为特征量发展变化的大小所作的预测。它具体分为序列移动预测、等维灰数递补动态预测、残差辨识叠加预测三种。系统的发展变化，在时间上是连续的，在空间上是有序的。数列预测利用系统的时间序列或空间序列对系统进行定时或定空预测。行为特征值的采取既可以是等间隔的，也可以是非等间隔的。实际上，数列预测研究的是行为特征量随时间或空间的变化。

2）灾变预测是指对系统行为特征量将在何时超过某个域值的异常值的预测。它具体分为时序灾变预测、季节灾变预测、拓扑预测三种。灾变预测的特点是预测灾变发生的时间，或异常数据出现的时间。而异常值的大小常常是一个给定了上限与下限的灰数，如某地区涝灾预测、旱灾预测等。

3）系统预测是指将系统中包含的几个量一起预测，预测变量（因素）之间发展变化的关系，预测系统中主导因素的作用。

上面三类灰色预测方法是比较常用的，在安全方面具有理论指导意义。在安全系统中，应用数列预测，可对硅肺病人数、事故伤亡率、事故与职业危害的经济损失等进行预测，还可以对矿井通风参数在空间上的分布进行预测。前者是安全领域的时间系列预测，后者是空间序列预测。应用灾变预测能研究事故高峰期出现的规律。应用季节性灾变预测则可预测职业灾害在某个特定时间出现的规律。拓扑预测可用于系统安全特征值的波形变化预测，如在事故控制图中，可进行职工伤亡频率、事故次数等的预测，以掌握企业的安全生产状况，及时发现并消除事故的失控现象。还可以应用系统预测，来研究人—机—环境系统中安全主行为的发展变化，以及影响系统安全的因素之间的相互作用与关系。

安全系统的灰色预测主要是基于安全系统的灰色建模上的预测，根据安全系统过去表现出来的数据，选择适当的灰色模型，再利用建立起来的灰色模型进行预测，最终为决策和控制提供参考。安全系统的灰色预测的前提是建立灰色动态模型，主要的工作还在于安全系统的灰色模型的建立。建立起来的灰色模型的好坏直接影响灰色预测的准确度和可信度，因此，必须给予安全系统的灰色动态建模足够的重视。

5. 灰色建模的实例

通过建立 GM（1，1）动态预测模型，对矿井瓦斯涌出量进行灰色动态预测，以便对灰色动态模型在安全系统中的应用有进一步的认识。

科学、准确地预测矿井瓦斯涌出量的大小是直接影响矿井通风方案设计和安全技术措施实施的一个重要参数。那么下面就以矿井瓦斯涌出量进行分析，建立灰色动态模型，并进行预测。

实例：矿井瓦斯涌出量检测数据见表 8-1。

表 8-1　　矿井不同采深相对瓦斯涌出量

序号	1	2	3	4	5	6	7	8
矿井开采标高（m）	+208	+155	+105	+50	0	−45	−102	−160
瓦斯涌出量（m^3/t）	2.17	4.37	6.52	8.50	10.40	12.35	14.30	16.60

（1）原始数列的处理。应用灰色理论预测所选用的原始数据序列应该是等间

距数列，即如果预测不同深度的瓦斯涌出量，数据列中的采深间隔应该相等。在表 8-1 中的数据采深间隔并不相等，在应用灰色理论建模时，必须对原始数据进行处理。以垂深 50 m 为间距，利用插值法求取不同垂深的瓦斯涌出量，其数据见表 8-2。

表 8-2　　据表 8-1 利用插值法得出的数据数列

序号	1	2	3	4	5	6	7	8
矿井开采标高（m）	+200	+150	+100	+50	0	-50	-100	-150
瓦斯涌出量（m^3/t）	2.50	4.58	6.74	8.50	10.40	12.57	14.23	16.20

（2）求解 a，b 并求出模型值

1）对各原始序列进行一阶累加（即 AGO）：

$X^{(1)}(8) = \{2.50, 7.08, 13.82, 22.32, 32.72, 45.29, 59.52, 75.72\}$

2）构造数据矩阵 B 及数据向量 Y_N：

$$B = \begin{vmatrix} -4.79 & 1 \\ -10.45 & 1 \\ -18.07 & 1 \\ -27.52 & 1 \\ -39.01 & 1 \\ -52.41 & 1 \\ -67.62 & 1 \end{vmatrix}$$

$$Y_N = (4.58, 6.74, 8.50, 10.40, 12.57, 14.23, 16.20)^T$$

$$\hat{a} = \begin{vmatrix} a \\ b \end{vmatrix} = (B^T B)^{-1} B^T Y_N = \begin{vmatrix} -0.1790 \\ 4.8385 \end{vmatrix}$$

GM（1，1）模型为：

$$\frac{dx^{(1)}}{dt} - 0.179x^{(1)} = 4.8385$$

其时间响应函数为：

$$\hat{x}^{(1)}(k+1) = 29.53e^{0.179k} - 27.03$$

3）分别将 $k=0, 1, 2, \cdots, 7$ 代入模型得到模型计算值与实际值的比较，见表 8-3。其中预测数列为：

$$\hat{x}^{(0)}(k) = \hat{x}^{(1)}(k) - \hat{x}^{(1)}(k-1),\ \hat{x}^{(0)}(1) = \hat{x}^{(1)}(1)$$

$$\varepsilon^{(0)}(k)=x^{(0)}(k)-\hat{x}^{(0)}(k) \qquad k=1,\ 2,\ \cdots,\ 8$$

表 8-3　　模型计算结果与实际值比较

模型值	实际值	误差
$\hat{x}^{(0)}(1)=2.50$	$x^{(0)}(1)=2.50$	$\varepsilon^{(0)}(1)=0$
$\hat{x}^{(0)}(2)=4.79$	$x^{(0)}(2)=4.58$	$\varepsilon^{(0)}(2)=-0.21$
$\hat{x}^{(0)}(3)=6.92$	$x^{(0)}(3)=6.74$	$\varepsilon^{(0)}(3)=-0.18$
$\hat{x}^{(0)}(4)=8.28$	$x^{(0)}(4)=8.50$	$\varepsilon^{(0)}(4)=0.22$
$\hat{x}^{(0)}(5)=10.21$	$x^{(0)}(5)=10.40$	$\varepsilon^{(0)}(5)=0.19$
$\hat{x}^{(0)}(6)=12.34$	$x^{(0)}(6)=12.57$	$\varepsilon^{(0)}(6)=0.23$
$\hat{x}^{(0)}(7)=14.17$	$x^{(0)}(7)=14.23$	$\varepsilon^{(0)}(7)=0.06$
$\hat{x}^{(0)}(8)=16.94$	$x^{(0)}(8)=16.20$	$\varepsilon^{(0)}(8)=-0.74$

6. 对灰色动态模型的评价

作为安全系统 GM（n，h）灰色动态模型来说，具有预测意义的数据仅仅是近期几个数据，而对于更远期的预测数据其精度较小。因此，为了增强 GM（n，h）远期预测数据的精确度，使其更具有实际意义，要不断将新得到的数据加入已知原始数列中，从而使预测模型能够跟踪安全系统的动态变化，提高精确度，不至于失真。

虽然安全系统的灰色动态系统能比较准确地预测安全系统的发展趋势，而且也经得起实践的考验，但是灰色动态模型也有其本身不能解决的局限。对于一个比较复杂的安全系统的建模，需要建立很高阶数、许多因素的 GM（n，h）灰色模型，即 n，h 都很大，这种计算的工作量是非常繁重的。虽然可以采取转化为 n 个 GM（1，2）简单的模型，但还是比较繁杂。

还有另一个缺陷，就是利用灰色理论建立起来的灰色模型只能是多个子因素对一个母因素的数学模型，而不能是多个子因素对多个母因素的数学模型。对于安全系统这个复杂的系统，有时需要多个子因素对多个母因素的数学模型进行描述，即多个输入与多个输出关系的预测模型。

基于灰色预测模型的两个基本缺陷，我们再进一步引进 BP 神经网络模型到安全系统中，希望能克服和弥补灰色预测模型在安全系统中的不足。

二、BP 神经网络模型

BP（back propagation）神经网络模型具有高度的非线性映射、自组织结构、学习和适应、函数逼近和高度并行处理能力等特点，与安全系统的非线性、自组织性等特点相匹配。因此，用 BP 神经网络模型来模拟安全系统，并预测安全系统的发展趋势是具有可行性的。

利用 BP 神经网络模型来解决安全系统中存在的多因素之间的复杂关系是具有其合理性和必然性的，因为 BP 神经网络模型的建立正是模仿人脑神经细胞元的作用机理，具有处理多输入和多输出的复杂关系的能力，而这种能力正是其他模型所不能及的。

BP 神经网络模型是一种由一堆复杂的数学关系有机组成的纯数学网络模型，通过特定的学习训练，可以以较高的精度模仿安全系统过去运行的情况，以及预测安全系统的发展趋势。

1. BP 神经网络模型的简介

BP 神经网络模型是一种采用误差反向传播法的神经网络模型，是神经网络模型中应用最广泛的一类。

BP 神经网络模型实现了多层网络学习的设想，当给定网络一个输入模式时，它由输入层单元传到隐含层单元，经隐含层单元处理后再传到输出层单元，由输出层单元处理后产生一种输出模式。这是一个逐层状态更新过程，称为前向传播。如果输出响应与期望输出模式有误差，不满足要求，那么就转入误差后向传播，将误差值沿连通路逐层传播，并修改各层连接权值。对于给定的一组训练模式，不断用一个个训练模式训练网络，重复前向传播和误差后向传播，当各个训练模式都满足要求时 BP 神经网络模型就学习好了。

（1）人工神经网络研究的起源。1943 年，McCulloch 和 Pitts 提出一种叫作“似脑机器”（mindlike machine）的思想，这种机器可由基于生物神经元特性的互联模型来制造，这就是神经学网络的概念。他们构造了一个表示大脑基本组分的神经元模型，对逻辑操作系统表现出通用性。随着大脑和计算机研究的进展，研究目标已从“似脑机器”变为“学习机器”，为此一直关心神经系统适应律的 Hebb 提出了学习模型。

到了 20 世纪 70 年代，Grossberg 和 Kohonen 对神经网络研究作出重要贡献。以生物学和心理学证据为基础，Grossberg 提出几种具有新颖特性的非线性动态系统结构。该系统的网络动力学由一阶微分方程建模，而网络结构为模式聚集算法的自组织神经实现。基于神经元组织自己来调整各种各样模式的思想，Kohonen 发展了他在自组织映射方面的研究工作。Werbos 在 20 世纪 70 年代开发出一种反向传播算法。Hopfield 在神经元交互作用的基础上引入一种递归型神经网络，这种网络就是有名的 Hopfield 网络。20 世纪 80 年代中叶，作为一种前馈神经网络的学习算法，Parker 和 Rumelhart 等重新发现了返回传播算法。

（2）人工神经网络的特性。神经网络的最大特性是仅借助于样本数据，就可以实现由 R^n 空间（n 为输入层节点数）到 R^m 空间（m 为输出层节点数）的高度非线性映射，而且这种结果可以由足够的训练样本来保证。除了具有上述的特性外，还有以下几个特点。

1）并行分布处理。神经网络具有高度的并行结构和并行实现能力，因而能够有较好的耐故障能力和较快的总体处理能力。这特别适于实时控制和动态控制。

2）非线性映射。神经网络具有固有的非线性特性，这源于其近似任意非线性映射（变换）能力。这一特性给非线性控制问题带来新的希望。

3）通过训练进行学习。神经网络是通过所研究系统过去的数据记录进行训练的。一个经过适当训练的神经网络具有归纳全部数据的能力。因此，神经网络能够解决那些由数学模型或描述规则难以处理的控制过程问题。

4）适应与集成。神经网络能够适应在线运行，并能同时进行定量和定性操作。神经网络的强适应和信息融合能力使得网络过程可以同时输入大量不同的控制信号，解决输入信息间的互补和冗余问题，并实现信息集成和融合处理。这些特性特别适于复杂、大规模和多变量系统的控制。

5）硬件实现。神经网络不仅能够通过软件而且可借助硬件实现并行处理。近年来，一些超大规模集成电路实现硬件已经问世，而且可从市场上购买到。这使得神经网络具有了快速和大规模处理的能力。

2. BP 神经网络在安全系统中的建模

BP 神经网络的安全建模就是根据安全系统的需要，建立适当的 BP 神经网络模型，通过把安全系统各个因素的行为和特性量化，得到一定量的数学形式的数据对 BP 神经网络模型进行训练与学习，使得 BP 神经网络模型与安全系统相模仿，从而进行预测。因此，本节重在阐述 BP 神经网络的模型及其训练与学习。

（1）神经元及其特性。BP 神经网络的模型是由基本处理单元及其互连方法决定的。连接机制结构的基本处理单元与神经生理学类比往往称为神经元。每个构造起网络的神经元模型模拟一个生物神经元。其结构如图 8-1 所示。

该神经元单元由多个输入，$i=1, 2, \cdots, n$ 和一个输出 y 组成。中间状态由输入信号的权和表示，而输出为：

$$y_j(t)=f_j\left(\sum_{i=1}^{n} w_{ji}x_i - \theta_j\right)$$

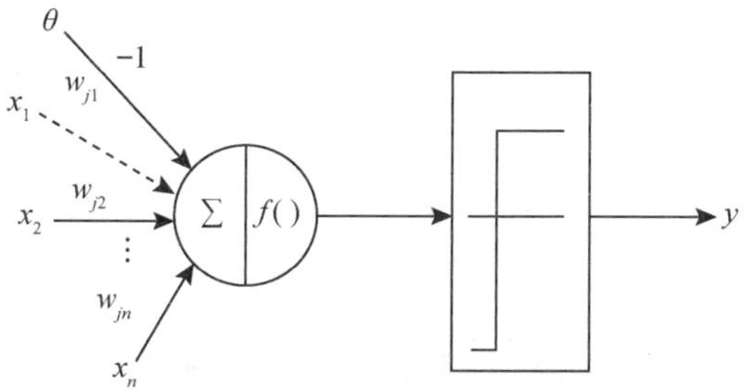

图 8-1　神经元结构图

式中，θ_j 为神经元单元的偏置（阈值），w_{ji} 为连接权系数（对于激发状态，w_{ji} 取正值，对于抑制状态，w_{ji} 取负值），n 为输入信号数目，y_j 为神经元输出，t 为时间，f_j（x_i，w_{ji}，θ_j）为输出变换函数，有时称为激发或激励函数，往往采用 0 和 1 二值函数或 S 形函数，这几种函数都是连续和非线性的。

一种二值函数可由下式表示：

$$f(x)=\begin{cases}1, & x \geqslant x_0 \\ 0, & x < x_0\end{cases}$$

一种常规的 S 形函数可由下式表示：

$$f(x)=\frac{1}{1+e^{-ax}}, \quad 0 < f(x) < 1$$

常用双曲正切函数来取代常规 S 形函数，因为 S 形函数的输出均为正值，而双曲正切函数的输出值可为正或负。双曲正切函数如下式所示：

$$f(x)=\frac{1-e^{-ax}}{1+e^{-ax}}, \quad -1 < f(x) < 1$$

以上三种函数对应的图像如图 8-2 所示。

（2）BP 神经网络模型的结构。BP 神经网络模型由神经元模型构成。这种由许多神经元组成的信息处理网络具有并行分布结构。每个神经元具有单一输出，并且能够与其他神经元连接；存在许多（多重）输出连接方法，每种连接方法对应一个连接权系数。严格地说，人工神经网络是一种具有下列特性的有向图：

1）对于每个节点 i 存在一个状态变量 x_i；

2）从节点 j 至节点 i，存在一个连接权系统数 w_{ji}；

3）对于每个节点 j，存在一个阈值 θ_j；

4）对于每个节点 j，定义一个变换函数 $f_j(x_i, w_{ji}, \theta_j)$，$i \neq j$；对于最一般的情

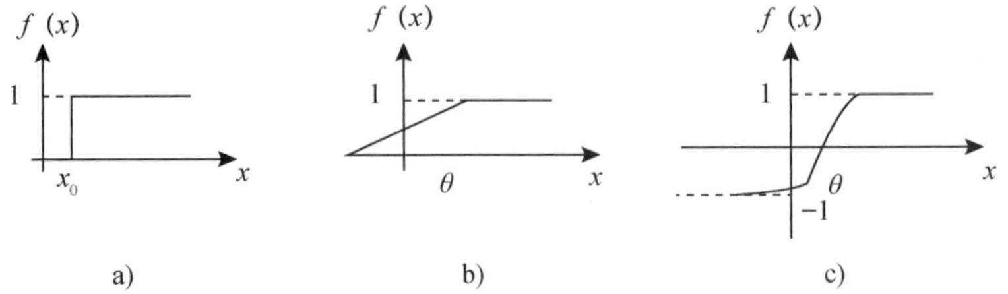

图 8-2　神经元输出函数对应图像

a）二值函数　b）常规的 S 形函数　c）双曲正切函数

况，此函数取$f_j\left(\sum_{i=1}^{n} w_{ji}x_i - \theta_j\right)$。

BP 神经网络模型的基本结构本质上就是前馈网络。前馈网络具有递阶分层结构，由一些同层神经元间不存在互连的层级组成。从输入层至输出层的信号通过单向连接流通；神经元从一层连接至下一层，不存在同层神经元间的连接，如图 8-3 所示。

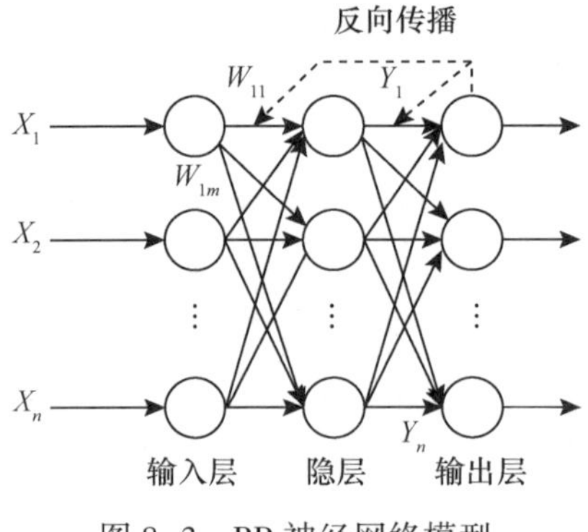

图 8-3　BP 神经网络模型

图 8-3 中，实线指明实际信号流通，而虚线表示反向传播。前馈网络的例子有多层感知器（MLP）、学习矢量量化（LVQ）网络、小脑模型连接控制（CMAC）网络和数据处理方法（GMDH）网络等。

从前馈网络的构造图中可以很清楚地看出，BP 神经网络是多点输入与多点输出的数学网络关系，适用于安全系统中多个影响因素与多个主行为因素的关系。这样就可以比较轻松地克服灰色系统模型的多输入与单输出的关系。

（3）BP 神经网络模型的主要学习算法。BP 神经网络模型主要通过两种学习算法进行训练，即指导式（有师）学习算法和非指导式（无师）学习算法。

1）有师学习。有师学习算法能够根据期望的和实际的网络输出（对应于给定输入）间的差来调整神经元间连接的强度或权。因此，有师学习需要有个老师或导师来提供期望或目标输出信号。

2）无师学习。无师学习算法不需要知道期望输出。在训练过程中，只要向神经网络提供输入模式，神经网络就能够自动适应连接权，以便按相似特征把输入模式分组聚集。

（4）BP 神经网络模型的训练算法。BP 神经网络模型的算法是采用误差反向传播法，最初由 Werbos 开发的反向传播训练算法是一种叠代梯度算法，用于求解前馈网络的实际输出与期望输出间的最小均方差值。BP 网是一种反向传递并能修正误差的多层映射网络。当参数适当时，此网络能够收敛到较小的均方差，是目前应用最广的网络之一。BP 网的短处是训练时间较长，且易陷于局部极小。

前面提到的前馈网络的例子很多，但应用最广泛的应属于多层感知器（MLP）。多层感知器可能是最著名的前馈网络。前馈网络结构图给出一个三层 MLP，即输入层、中间（隐含）层和输出层。输入层的神经元只起到缓冲器的作用，把输入信号 x_i 分配至隐含层的神经元。隐含层的每个神经元 j 在对输入信号加权 w_{ji} 之后，进行求和，并计算出输出作为该和的 f 函数，即：

$$y_j = f\left(\sum w_{ji}x_i\right)$$

式中，f 可为一简单的阈值函数或 S 型函数、双曲正切函数或径向基函数。

在输出层神经元的输出量也可用类似方法计算。反向传播算法是一种最常采用的 MLP 训练算法，它给出神经元 i 和 j 间连接权的变化 Δw_{ji}，如下式所示：

$$\Delta w_{ji} = \eta\delta_j x_i$$

式中，η 为一称为学习速率的参数，δ_j 为一取决于神经元 j 是否为一输出神经元或隐含神经元的系数。

对于输出神经元：

$$\delta_j = \left(\frac{\partial f}{\partial net_j}\right)\left(y_j^{(t)} - y_j\right)$$

对于隐含神经元：

$$\delta_j = \left(\frac{\partial f}{\partial net_j}\right)\sum_q w_{qj}\delta_q$$

在上述两式中，net_j 表示所有输入信号对神经元 j 的加权总和，$y_j^{(t)}$ 为神经元 j 的目标输出。

对于所有问题（多数平凡问题除外），为了适当地训练 MLP，需要几个信号出现时间，一种加速训练的方法就是在原来的基础上再加上一个“动量”项，以便使前面的权变化有效影响新的权值变化，即：

$$\Delta w_{ji}(k+1) = \eta\delta_j x_i + \mu\Delta w_{ji}(k)$$

式中，$\Delta w_{ji}(k+1)$ 和 $\Delta w_{ji}(k)$ 分别为信号出现时间（$k+1$）和 k 的权值变化，μ 为“动量”系数。

这就是一整套 BP 神经网络模型的建模过程及其数学表达关系。在构造神经网络模型时，的确是参考了人体神经网络的作用机理建立起来的，是有其实际意义的。但是对于后面的学习与训练算法，却纯属是数学的误差修正，如果不是借助于今天计算机的运算能力，神经网络是不可能发展起来的。

3. BP 神经网络在安全系统中的应用

BP 神经网络模型一旦建立起来，我们就要对它进行学习和训练，使之符合安全系统的特性。就像一个普遍的模型具体化，让它熟悉具体情况后，根据具体的情况调整内部关系，使之适应这种情况，进而才能够进行其他工作。

在进行预测之前，需要对安全系统的各个影响因素加以分析。先根据经验，定性地对安全系统的影响因素进行主次分析，剔除一些次要的、无关紧要的因素，因为对于安全系统，它的影响因素是极其复杂的，我们不可能完全考虑每个影响因素，只能对一些主要的、紧密相关的因素考虑建模。对于一些无法判断是否主要的、紧密相关的因素，我们可以借助灰色理论中的关联度分析，来定量地判断其主次。

在分析安全系统各因素的基础上，进一步确定输入层、隐藏层、输出层各自的节点数。输入层的节点数取决于安全系统影响因素的个数，有几个影响因素就应设几个输入节点，如全员培训率、岗位变化率、安全机构业务能力、安全投资等影响安全系统安全性的因素。虽然，输入层的节点可以设置很多，但在考虑安全影响因素的时候，有必要对一些次要的因素加以剔除，不然会增加神经网络的复杂性。对于输出层的节点数也比较容易确定，主要取决于安全系统的主行为数，如硅肺病人数、月均千人负伤率、事故伤亡率等。

确定了输入层和输出层的节点数，就可以根据具体情况，确定隐藏层的节点数。对于一个多层网络来讲，选用几个隐藏层，其节点如何确定，Hecht-Nielsen 已经证明对于在任何闭区间内的一个连续函数，可用一个隐藏层的网络来逼近，因而基于一个 3 层的 BP 算法可完成任意的 n 维到 m 维的映射，且 Hecht-Nielsen 隐藏层节点数为 $2n+1$，其中 n 为输入节点。

前面的步骤就是根据具体的安全系统的情况，确立具体 BP 神经网络模型，紧接着就是对模型进行具体的学习和训练。前面已经给出 BP 神经网络学习和训练通用数学关系的程序，但具体的模型还需具体的训练。BP 神经网络模型由于其内部的结构，具有智能学习的功能。因此，只要给予一定的训练样本，BP 神经网络模型就可以自动地学习和熟悉安全系统的具体情况。

具体的训练需要训练样本，而所谓的训练样本的来源就是对安全系统长时间各因素行为特征的数据收集。但我们收集的数据参数的取值范围不同，为了使各参数所起的作用大致相同，必须对数据进行标准化处理。在这些标准化数据的基础上，根据安全系统模仿精度的要求，把这些数据输入 BP 神经网络模型中进行训练，让神经网络的模型具体安全化，使之更加符合安全系统过去的行为特性。这就是使 BP 神经网络模型具体安全化的训练过程。

经过训练合格的 BP 神经网络就可以进行安全系统发展态势的预测。在预测过程中，要不断收集新数据，并不断地对 BP 神经网络进行实时的训练，这样的 BP 神经网络模型才具有活力，才能更加贴近要仿真的安全系统，这样的预测结果更能跟得上安全系统的变化。安全系统是个动态的系统，会随时间而变化，过去的系统不能代替将来的系统，过去建立的模型总是停留在过去，而应该及时地更新模型。如果以过时的、不符合客观实际的模型去预测变化的安全系统必然会出错。

三、两种预测模型的评价

前面提出的两种安全动力学的预测模型，即灰色动态模型和 BP 神经网络模型，在安全系统中的预测是互补的。BP 神经网络模型弥补灰色动态模型在安全系统中预测的不足。从在安全系统中的建模来看，BP 神经网络模型是极其复杂的，而灰色动态模型相对来说要简单得多。简单的模型具有方便的特点，用途较广，但本身也是由于简单而具有缺陷；而复杂的模型具有功能完整的特点，可以弥补简单的不足，但同时也由于其复杂而不能方便地使用，以致限制其应用的广度。从这个方面来说，灰色动态模型和 BP 神经网络模型具有简单和复杂的辩证关系，具有互补性。

灰色动态模型和 BP 神经网络模型两者的本质，都是通过对安全系统过去的行为数据进行有效的整理，找出它们的规律，并根据这些规律进行预测。这些数据规律，实际上就是安全系统内部客观规律的外在反映。从这个层面上说，掌握外在规律基本上可以反映事物内部规律。

灰色理论的应用主要集中在灰色系统中的预测，即对灰色数据建立数学模型，一般是微分方程的模型。之所以是微分方程模型，主要是基于模拟的安全系统的非线性。

在安全系统中，几个因素变量随时间的非线性变化关系在数学模型上就表现为GM（n，h）动态模型。其中，n 表示阶数，h 表示因素的个数。但对于多因素，极高非线性的系统，用数学模型建立起来的 GM（n，h）是相当复杂的，处理起来也不方便。虽然可以把高阶、高因素的 GM（n，h）模型转化为 n 个简单的GM（1，2）模型进行处理，但处理量也是比较大的。

基于这种复杂性的考虑及多点输入和单点输出局限的考虑，可采用 BP 神经网络模型进行仿真和预测。神经网络的优点在于解决了多点输入和多点输出的关系，即可以允许多个因素相互作用而得出多个输出结果来。

一个初始的 BP 神经网络模型，是一个纯粹的数学模型，但由于它具有自动学习和训练的智能特点，只要进行学习和训练就可以进行精确的模仿。对于一个多种输入并同时要求有多种不同目标输出的安全系统，可以允许它的内部运行情况是灰色的，甚至是黑色的，只要得到过去的时间序列的数据，对其进行训练就可以得到精确的模型模仿过去数据列的生成过程，即模仿过去状态的系统。这样再进一步利用这一仿真模型进行预测，就可以得到预测值，即安全系统的动态发展趋势。

在预测过程中，对新数据要不断收集的同时，要不断地对预测模型进行实时的更新，这样才不会脱离实际情况。虽然过去的事物状态，可以成为预测将来的参考依据，但毕竟过去的事物状态并不能完完全全地预测出将来的情况。因此，在预测过程中必须时时以客观实际为准，而不能只根据对过去事物的掌握，就自以为已经掌握了事物全部的发展过程，这样很容易导致只依靠模型而不顾实际的后果。

第二节　安全系统的运行机制

前面提到的两种安全动力学的预测模型，是根据安全系统的外部特征来模仿并预测安全系统的发展趋势，即安全动力学的预测模型是从安全动力学的外部特征来进行阐述的。这只是安全动力学的现象，要抓住其本质特征，还得从内部着手，即安全系统的运行机制。

所谓安全系统的运行机制就是研究安全系统是以何种形式存在，并如何随外界条件的变化，由于其内部特性而进行演化的。因此，本节主要从以下几个方面对安全系统的运行机制进行描述。

一、安全系统是以耗散结构形式存在的

在探讨安全系统的运行机制时，必须首先研究清楚安全系统是以什么样的结构方式存在的，不然就无法进一步探讨机制的运行问题。本文通过对安全系统的理解和对耗散结构理论的研究，提出安全系统是以耗散结构形式存在的，并加以证明。

1. 安全系统形成耗散结构的必要条件

安全系统若以耗散结构形式存在，根据耗散结构理论，安全系统必须符合以下几个条件：开放的、动态的系统，非线性系统，远离原始态的系统。因此，要证明安全系统符合耗散结构的条件，就从以下三个方面加以论证。

（1）安全系统是开放的、动态的系统。前面已经提到，安全系统是建立在安全功能构件的物质基础之上的，即寄生在某一个客体系统之上。因此，要证明安全系统是具有开放性、动态性的系统，必须从安全系统寄生的物质系统进行考虑。

根据系统与外界进行物质、能量、信息的交换情况，将系统分为孤立系统、封闭系统、开放系统。孤立系统是指与外界不进行物质、能量、信息交换，即与外界一点联系都没有；封闭系统是指只与外界进行能量、信息交换，而不进行物质交换；开放系统是指与外界进行物质、能量、信息交换。

安全系统的开放性就取决于安全系统所寄托的那个客观的物质系统是孤立的、封闭的还是开放的系统。如果从安全的角度来研究孤立系统，安全系统也必然是孤立系统。因为安全系统以客体系统为载体，如果客体系统是孤立的，就没有客体的物质流、能量流、信息流通过客体系统，安全系统也就没有与环境交换任何有关安全的物质流、能量流、信息流的机会。

即使客体系统是封闭的、开放的系统，也未必能保证安全系统就是封闭的、开放的系统。因为对于一个客体的系统来说，它与环境的交换，可能是客体需要的，但对于安全系统本身来说，如果没有一点点安全因素在里面，也不能认为安全系统就是封闭的、开放的。

因此，在论证安全系统是否是孤立的、封闭的、开放的系统时，不能仅仅证明客体是什么系统，安全系统就是什么系统。那么如何证明，安全系统是具有开放性、动态性的系统呢？只能从安全系统的构成因素以及安全系统的自身属性出发，来分析安全系统是否是开放的、动态的系统。

安全系统是由人、机、环境三大部分组成的系统。其中人的因素，作为安全系统能动的主体因素，必然要与外界发生物质、能量、信息的交换。而且在安全属性中，曾经证明过，安全需要是人的本性。因此，人类在与外界进行物质、能量、信

息交换的过程中，必然要把安全因素放在重要位置来考虑，这就决定了安全系统具有开放性。

那么安全系统的动态性如何证明呢？一方面，从安全的自然属性和社会属性来看，人类对安全需求是动态的、不断提高的，这是从人类的安全需求来考察安全系统的动态性。另一方面，从唯物发展史观看，任何系统都具有动态的特性，一成不变的系统是不存在的。这是从系统普遍的动态性来考察安全系统的动态性。从这两方面，可以看出安全系统是具有动态特性的。

（2）安全系统是非线性系统。长期以来，线性观念一直主导人们思想观念。但随着研究非线性现象的深入，人们才发现原来非线性现象比线性现象更加普遍，甚至线性现象只是非线性现象的一种特殊的现象，从而促使人们观念的更换，即非线性观才是符合客观事物发展的科学观。

安全系统的非线性具体表现在什么地方呢？一方面，如果安全系统是单纯的线性系统，就不会出现突变，没有突变也就不会有事故或灾害的发生，这就从反面论证了安全系统具有非线性特征。另一方面，当构成安全系统的各种因素变化时，并非与系统运行结果线性对应。例如，安全投入的多少，并非可直观地立即反映出系统安全状态的变化。

安全系统的非线性是安全的社会属性和自然属性的体现。安全系统有两种发展方向。一种是朝着更高一级的安全系统结构发展，这时的非线性就体现在安全的社会属性和自然属性的主动因素占主导地位。另一种是朝着低一级的安全系统结构发展，即所谓的事故的发生，这时的非线性就体现在安全的社会属性和自然属性的被动因素占主导地位。

（3）安全系统是远离原始态的系统。要证明安全系统是远离原始态的系统，必须得对安全系统的原始态进行探讨和加以定义，以利于后面的进一步证明。

安全系统的原始态是指安全系统中安全因素处于熵、自由度、无序度最大的无组织、无结构的状态。具体表现为人、机、环境三部分的混乱状态，即安全系统中人的安全意识薄弱、安全教育程度低下、安全管理薄弱等，人的不安全行为、物的不安全状态、两者相互作用潜在的危险性都暴露无遗，安全防护缺乏，环境对人的不利影响和人对环境的破坏都非常严重等。在这种原始态下，安全系统的危险性是相当大的，发生事故的概率是最大的，处于事故频发状态。

长期处于原始态，即事故的高发期，由于人们自身的安全需要和社会进步的需要，人们就会不断地从中改善自己的不安全行为、物的不安全状态，加强安全管理和自身的安全教育以便提高安全意识、注意自身的防护、改善与环境的关系等。这些自发的、零碎的措施使事故的发生减少，人们受到的危害也相应减少。这使得人们被动摆脱那种事故高发期的状态，即安全系统被动摆脱原始态的具体表现。

但是这一种状态，只是安全系统的各因素自发地、零碎地改善自身的安全状况，没有系统加以解决，没有形成具有特定的结构、不具备特定功能的安全系统，只能算是被动摆脱原始态的安全系统。只有当人们应用系统工程的理论和方法，建立以安全学为理论基础的安全系统来分析处理复杂的安全问题时，才能达到或建立远离原始态的安全系统。

安全系统之所以会远离原始态主要是基于安全系统本身的属性决定的，即安全的自然属性和社会属性决定的。由于安全的自然属性和社会属性的推动，特别是社会属性中主动因素的推动，使安全系统远离原始态。从哲学上说，即事物的内因是推动事物发展的动力。安全属性就是安全系统的内因，没有安全属性，安全系统就失去动力来源，也就不会有安全系统远离原始态的现象。

2. 安全系统向耗散结构的转变

前面已经对安全系统是个开放的、动态的系统，非线性系统，远离原始态的系统进行了论证，从而证明了安全系统具备了形成耗散结构的必要条件。既然是必要条件，还不能说明安全系统就是以耗散结构的形式存在的。因此，接下来将继续证明安全系统是如何向耗散结构转变的，以致形成耗散结构。

（1）安全系统剩余熵的减少。安全系统的开放性确保了安全系统能够与外界进行物质、能量、信息的交换，更进一步确保了安全系统有机会流入负熵流和排出正熵流，使得安全系统剩余熵减少。

代表混乱度的宏观量——熵的提出，主要是基于安全系统是个动态的系统。动态的系统本身因为动态，必须进行物质、能量和信息的消耗，而消耗就是把有序的、功能结构完整的物质、能量和信息转化为无序的、功能结构散失的多余物。从熵的角度看，有序的、功能结构完整的消费物转化为无序的、功能结构散失的多余物，这时多余物的熵增加了。由于熵是个广度量，如果系统不把这些多余物排出去，那系统的熵也就相应增加了。

安全系统如果不与外界进行物质、能量、信息的交换，安全系统的熵就会慢慢地积累并增大。对于安全系统来说，熵增大意味着安全系统混乱度增加，这时就蕴含、孕育着事故隐患。当条件成熟时，安全系统中的事故隐患就必然会转化为事故。

安全系统与外界进行物质、能量、信息的交换，实际上就是从外界吸收有序的、功能结构完整的物质流、能量流、信息流，而这些流的进入，必然使安全系统的熵减少。因此，从熵的角度，我们称这些有序的、结构功能完整的物质流、能量流、信息流为负熵流。

安全系统在与外界进行交换的同时，不仅从外界吸收负熵流，而且也向外界排出自身的多余物，即无序的、功能结构散失的多余物。这些多余物也同样给予命名为正熵流。因此，安全系统在与外界进行交换的过程，就是吸进负熵流而排出正熵流的过程。

吸进负熵流和排出正熵流，对安全系统熵的贡献是等效的，都是使安全系统的熵减少。但对于一个封闭的、动态的系统，它本身就是一个熵增的系统，这是由热力学第二定律推导出来的，任何系统都必不可免，何况是动态的系统。因此，动态的安全系统本身就在不断制造熵增，使安全系统的熵不断增加。

这样，封闭的、动态的安全系统在使系统的熵增加，而开放的安全系统则在使系统的熵减少。为了衡量开放的、动态的安全系统整体熵的变化，引进剩余熵的概念，剩余熵就是衡量安全系统的整体熵的多少，如果流进的负熵流和排出的正熵流之熵和大于安全系统的熵增，则剩余熵减少；反之，剩余熵则增加。

因此，负熵是物质系统有序化、组织化、复杂化状态的一种量度。用负熵流和正熵流来考察安全系统与外界进行物质、能量、信息的交换情况，而开放的、动态的安全系统可以通过引进负熵流和排出正熵流来维持整个安全系统的有序。用剩余熵作为判断安全系统体系失稳与否的判据，具有其合理性。

剩余熵本质上就是负熵流、正熵流和熵增三者之间相互作用的结果，决定着安全系统的发展方向。即剩余熵的增大，意味着安全系统的不稳定，有向着低一级的安全系统结构转化的趋势；剩余熵的减少，意味着安全系统的稳定性增强，有向着高一级的安全系统结构转化的趋势。但剩余熵只能是安全系统量的积累，不能达到安全系统质的飞跃，即不能只通过剩余熵的增减，来实现安全系统结构的转化，这里还需要另外一个条件，就是突变，即非线性的作用。

（2）安全系统的扰动。在安全系统中，所谓安全系统的扰动，是指安全系统各个影响因素在各自稳定态的微小波动，即以稳定态为中心，左右上下微小的偏离。这里的偏离，指的是量的微小变化。

安全系统的扰动具体分为安全的扰动和危险的扰动两种。危险的扰动具体表现为：人的不安全行为的随机发生，即由于人的安全意识一时淡化、人的心情气急败坏等导致相应不安全行为，物的不安全状态的随机发生，人与物相互作用的不匹配，人、机、环的局部不协调等。安全的扰动具体表现为：人的积极的安全行为的发生，个别机器安全性能的更新和提高，个别生产部门安全管理体系的改善，人的安全意识、受教育水平的提高等导致出现更理智、更符合安全规律的安全行为。

由于安全系统剩余熵的极大减少，安全系统处于远离原始态，但不管剩余熵减少得多厉害，安全系统也不能够从结构上、功能上实现转变。要实现这一转变，安全系统必须具有非线性和安全系统本身的扰动作用，通过安全系统的自组织，转化为耗散结构。

当安全系统达到耗散结构理论所要求的条件，安全系统如何实现从远离原始态向耗散结构转化的这一飞跃呢？安全系统需要通过一个微小的扰动来激发，激发其处于远离原始态的非线性区，使得这种非线性的相互作用能够使安全系统的各安全要素之间产生协调动作和相干效应，从而使安全系统从杂乱无章变为井然有序。如果安全系统中各安全要素的相互作用仅仅呈线性关系，那么安全系统只有量上的增减，不可能有任何质上的飞跃。

在正常情况下，安全系统中的扰动，不会对安全系统造成多大的影响。只有在安全系统处于远离原始态，而且这种扰动又是在非线性区的情况下，这种微小的扰动，将造成安全系统质的变化，即质的飞跃，层次结构的更换。这种现象就是“蝴蝶效应”所表现出来的现象。

因此，安全系统中的扰动和远离原始态的非线性的相互作用，是安全系统从远离原始态向耗散结构转变的决定性作用。

（3）安全系统耗散结构的形成。上面论述了安全系统是如何从原始态到远离原始态，再到最终飞跃到耗散结构。为了对这一过程从理论上加以论证和说明，下面把这一过程具体化，以便能更形象有力地说明这一过程的变化。

在原始的、生产力水平低下的时期，人们在进行生产、生存和生活的过程中，遇到的安全问题比较简单，解决起来也比较快。在这种情况下，人们形成的安全意识是薄弱的，人的不安全行为、物的不安全状态时时处处发生着，至于安全管理、安全规章制度的建立就更谈不上了。总体来说，人们对安全极不重视，没有一点安全观念，这也是由当时的情况决定的。有什么样的社会形态，就有什么样的社会意识。同样，有什么样的安全状态，就应该有与它相对应的安全意识、安全观念甚至安全行为。这种安全状态，我们在理论上称为安全系统的原始态。

随着生产力的提高，生产规模的不断扩大，许多高技术得到应用，新材料、新工艺、新设备不断涌现。与此同时，人们的生活与生存环境也产生巨大的变化，对人类的安全构成新的威胁。如果人们再以以前的安全系统的原始态相对应的安全意识、安全行为来生产、生存、生活，人们就将面临事故频发的被动局面，被众多事故隐患的危险氛围所困扰。

在这种情况下，由于安全系统的安全自然属性和社会属性的推动，即人们自身的安全需要和社会文明进步的安全需要的推动下，人们就开始要求改变这种不安全的状态。但刚开始，人们只是自发的、零碎地管理、改善各自的安全状态，没有系统、统一的安全行动，即没有社会性的安全行动、安全管理、安全法规的建立。

随着这种自发的、初步的管理、安全状态的改善程度不断增加，各因素的安全状态已经脱离各自原始态的安全程度，达到一种安全程度较高的安全状态。这时安全系统对应的剩余熵也在相应地不断减少，甚至已经达到非常低的剩余熵，事故的频发率大大降低，但人们还是无法从根本上改变这种事故高发期的状态。这种状态在理论上称为远离原始态的安全系统。

处于脱离原始态的安全系统，却不能完全脱离这种原始态的影响，这种激烈的矛盾是激发甚至催动安全系统的耗散结构形成的根本动力。在这种情况下，各个生产部门、各个生产单位正在积极地寻求好的安全管理体系、好的安全法规在各自部门的应用。当某个部门提出一套好的安全管理体系、好的安全法规在各自的部门成功地改善安全状况时，由于安全的社会属性的作用，这种好的安全管理体系和好的安全法规就会被推广使用，使整个社会的各个生产部门都采用这种安全管理体系和安全法规，并上升为社会的安全规章制度，提高全民的安全意识，加强安全教育，规范人们的安全行为，规范物的不安全状态，改善人与环境的和谐关系，加强安全防护等，并将这些安全行为和状态以法律的形式确定下来。

这些好的安全管理体系和好的规章制度一旦得到全社会的认可，并通过国家法律加以实施，人们的安全意识和安全自觉性将得到普遍提高，这种安全状态就具有自组织性、功能性、结构性。我们称为安全系统的耗散结构。

可以假设，如果这种安全管理体系和法规不是在这种情况下提出来的，而是在人们没有这么强烈改变现状的情况下提出来的，这种安全管理体系和法规根本不会得到全社会这么广泛的注意和认可，也就不会对安全系统有如此大的作用。

如果没有安全社会属性体现出来的这一非线性的作用，即安全社会属性具有自动组织、自动学习、智能性相当高的非线性特性，这种安全管理体系和法规就不可能在全社会得到广泛的应用，也就不会通过国家法律加以制定和稳定。

因此，非线性是安全系统产生自组织行为的内因，没有这个内因，所谓的扰动对安全系统形成耗散结构将不起作用，无序到有序的过程也就不会发生。安全系统通过自身的扰动、非线性、远离原始态，在没有外界的特定干预下，形成在空间、时间或功能上有序的耗散结构，这种行为称为自组织行为，这种结构称为自组织结构。

以上从各个方面对安全系统本身具有的特性进行了论证，特别是以安全的自然属性和社会属性为理论依据论证了安全系统是个耗散结构，即安全系统是以耗散结构的形式存在的。

二、安全系统耗散结构的演变

在论证了安全系统是以耗散结构形式存在的基础上，以下通过安全系统耗散结构的演变，推导出安全系统是如何走向新的、更高级的、更有序的安全系统，以及如何走向低级的、无序的、结构混乱的安全系统，并推导出走向低级的安全系统往往伴随事故、灾害的发生。

1. 安全系统耗散结构的维持

安全系统耗散结构的特点是具有系统性、协调性、整体性和组织性。但安全系统的这些有序性全都建立在耗散结构基础上，而耗散结构最本质的特性就是消耗外界有序的物质、能量和信息，没有消耗，耗散结构将不复存在。这也就决定了安全系统耗散结构维持的条件。

要与外界进行有序的物质、能量和信息的交换，安全系统必须是开放的。如果安全系统处于封闭的、孤立的状态，不能与外界进行交换，安全系统负熵流的来源将被切断，即没有负熵流的流入，同时安全系统本身的正熵流也不能及时排出。没有负熵流的流入和正熵流的排出，安全系统的剩余熵将没有减少的可能。由于安全系统本身的动态特性，决定了安全系统自身产生熵增，即安全系统的熵将自动增加。

这就表明处于封闭、孤立状态的安全系统剩余熵必然要增加，剩余熵的增加必然导致安全系统从有序向无序方向发展，而无序度增加的直接后果就是安全系统混乱度的增加。对于安全系统来说，混乱度的增加意味着事故隐患的孕育。安全系统具有非线性，一旦有危险的涨落，将会导致灾害事故的发生。灾害事故发生的直接后果反过来破坏安全系统的耗散结构，耗散结构一旦破坏，安全系统将会回到原来的原始态或者近原始态。

从上面的分析中，我们可以看出，要维持安全系统的耗散结构，开放性是安全系统耗散结构存在的必需条件，没有开放性就没有耗散结构的存在。保证了安全系统的开放性，就可以保证安全系统有机会让负熵流流入和正熵流排出。这只是从定性上考虑安全系统耗散结构可能维持的条件。

如果要从定量上判断安全系统耗散结构维持的必要条件，还得看安全系统剩余熵的数量大小及其变化。安全系统剩余熵的大小由负熵流、正熵流和系统自身产生的熵增之间的数量关系决定。一般来说，熵本身数值的大小并没有什么实际意义，而熵的变化量却能反映出安全系统混乱度的变化情况，它们之间具有以下数学关系：

$$\Delta \text{剩余熵} = \Delta \text{熵增} - \Delta \text{负熵流} - \Delta \text{正熵流}$$

如果Δ剩余熵为正数，则表示安全系统混乱度的增加；如果Δ剩余熵为负数，则表示安全系统有序度的增加；如果Δ剩余熵为零，则表示安全系统处于稳定状态。所以，在安全系统耗散结构的维持中，Δ剩余熵不能为正数。

2. 安全系统耗散结构向高一级转化

安全系统耗散结构的转化是安全系统发展的必然，也是自然界一切事物发展的规律。安全系统耗散结构的转化有两种发展趋势，一种是向着更新、更高级的安全系统耗散结构转变，另一种是向着更低级、更无序的安全系统耗散结构转变，甚至向原始态转变。这里先介绍前一种趋势，即向着高一级方向发展的安全系统耗散结构。

安全系统耗散结构向高一级转化，是人类对于自身安全需要不断追求的必然，也是人类社会文明进步的体现，即体现了安全的自然属性和社会属性相互作用的结果。

（1）转化机制。在维持原有耗散结构的情况下，即有负熵流的流入和正熵流的排出、剩余熵的变化不大于零、保证安全系统的有序度不减的情况下，进入安全系统的负熵流的数量进一步增大，剩余熵进一步降低，安全系统的有序度进一步增加。这时的安全系统可以看作正在远离旧耗散结构的稳定态。

随着负熵流的进一步流入及剩余熵的进一步降低，安全系统的旧耗散结构已经不能满足日益增长的安全系统向更高有序度方向发展的需要。旧的耗散结构不但不能满足安全系统发展的要求，而且阻碍和破坏局部新形成的更高一级的有序结构，与新形成的更有序结构格格不入。这时的安全系统可以看作已经远离旧耗散结构这一稳定态。

由于安全系统本身具有非线性和安全系统的涨落，主要是安全涨落，只要这一涨落发生在远离旧耗散结构的非线性区，安全系统就从旧的耗散结构自组织突变为具有新结构、新功能、新特点的，更高级的耗散结构，从而实现安全系统耗散结构向高一级的飞跃。

上述安全系统的涨落，特别是危险的涨落，对于急于向更高级转变的安全系统是不起作用的，只有与这时安全系统状态相对应的安全涨落才能起到根本性的作用。从这个方面，也验证了这句“逆历史潮流，必然失败”的哲理。

下面对上述安全系统耗散结构向高一级转化的机制加以形象化、具体化。由于上述的转化机制是从耗散结构相关的理论进行表述的，如果不从安全系统的各个组成因素，特别是人的因素加以表述，就显得有点空洞。

随着经济的发展、科学技术的进步，人们受安全教育的水平提高，相应的安全意识、安全需要也在不断提高。在这种推动下，人们已渐渐地感觉到，现有的安全法制、安全管理、安全设施已经不能满足人们日益增长的安全需要，所以人们自发地进一步改变各自安全状态，包括提高安全管理、更新安全设备等。伴随着这种安全改革的推进，花了大量的人力、物力、财力得到的安全效果并不明显，主要是社会上的整体安全状态没有根本性改变，即所谓的安全系统的旧耗散结构，这种状态可以认为是远离旧耗散结构的稳定态。

在这种强烈的社会安全需求下，只要安全系统中的某一部分发生微小变化，即某一部门提出新的安全管理体系，或者安全设备进一步提高，则在安全的社会属性的推动下，即非线性的放大作用，社会开始普遍使用这一管理体系或更新这一安全设备，并上升为国家的安全法规而得以稳定下来。这样，社会的安全法规、安全管理、安全设施比以前更上一级，社会的安全结构、安全功能更上一层楼。这就是安全系统从旧耗散结构向新耗散结构转变的具体表现。

（2）转化的动力。如果从哲学上来看，任何事物的发展动力都是事物内部矛盾所推动的，那么安全系统从旧耗散结构向新耗散结构转变的动力是不是也是安全系统中内在矛盾所推动的？回答是肯定的，但具体到安全系统中，具体的矛盾到底是什么？这就是下面要谈论的问题。

在安全系统从旧耗散结构向新耗散结构转化过程中，必然要经历不稳定的阶段。如果没有不稳定，也就不会有新的耗散结构代替旧的耗散结构。那么不稳定是由什么原因引起的？安全系统不稳定的原因主要是在原有的、旧的耗散结构基础上，由于人们的安全需要进一步提高，而旧的安全耗散结构，即旧的安全法规、旧的安全管理体系和旧的安全设施等已经不能满足人们的安全需要，这就产生日益增长的安全需求与落后的安全状态的矛盾，而这一基本矛盾则贯穿于整个安全系统的发展史。

安全系统的基本动力也是安全系统自身的安全社会属性和自然属性共同作用的表现。没有安全社会属性和自然属性也就不会有安全需求，更不会有安全的基本动力。

（3）向高级耗散结构转化的无止境。自从人类有组织活动以来，社会安定、有序、进步始终是各社会阶段追求的目标，而这一目标实现的重要标志之一就是安全。人类社会文明在不断进步，作为人类社会文明标志之一的安全也在不断进步，即表现在人们对安全的需求是在不断提高的。另一个方面，即从安全自然属性来讲，因为人们的需求是无止境的，反映在安全领域内，则人们对安全的需求也同样是无止境的。

前面论证过，绝对安全是不存在的，或者绝对安全作为一种极限的安全状态，各个阶段的相对安全只能无限接近，但永远也达不到。如果能达到绝对安全，人们就不再需求安全，安全的观念将消失。

因此，对安全需求的无止境和绝对安全的极限性两个方面，决定了安全系统从旧的耗散结构向新的耗散结构转化的无止境。

3. 安全系统耗散结构向低级转化

前面介绍了安全系统耗散结构向高一级转化的情况，接下来介绍另外一种情况，即安全系统耗散结构向着更低级、更无序的安全系统耗散结构转变，甚至向原始态转变。

一般情况下，安全系统耗散结构向更低级、更无序的安全系统耗散结构转变时，其转变的结果可能有两种状态。一种是比原来的安全系统耗散结构更低级，但它本身还是耗散结构，只是层次更低、无序度更大些；而另一种则是达到安全系统的原始态，我们称这种转化为安全系统耗散结构的破坏。

安全系统耗散结构的破坏，往往伴随着事故灾害的发生，与一般的安全系统耗散结构向低级转化有本质区别。因此，将另外对其进行详尽阐述，在这里将不会对其做重复性说明。

（1）转化机制。正常情况下，安全系统由于其内部矛盾的推动作用，向着更高级的安全系统耗散结构转化，这是安全系统的转化规律。然而，规律本身也会通过其偶然性表现出来，这种偶然性就包括向低级的耗散结构转化的现象，因此，有必要对其进行探讨。

安全系统耗散结构向低级的耗散结构转化的机制，跟安全系统结构向高一级的耗散结构转化的机制相类似，这里就对其本质的差别进行探讨。

安全系统耗散结构的维持，是需要开放性作为保证的。当其开放性达不到保障时，就有可能使安全系统远离耗散结构，并向低级转化。促使安全系统远离耗散结构的稳定态的方式很多，归根到底取决于安全系统剩余熵的变化。当安全系统与外界进行物质、能量和信息交换时，吸收负熵流和排出正熵流都只是安全系统改变剩余熵的实现方式。安全系统的混乱度、有序度都是以安全系统的剩余熵为基准的。

当安全系统的剩余熵增大时，意味着安全系统的混乱度增大，安全系统则处于比较混乱的状态，各个安全因素将不会像以前那么有序地执行自己的安全职能。如果不对这种安全状况加以制止，安全系统的剩余熵将会越增越大，导致安全系统严重偏离原来的有序结构，即耗散结构。

处于远离耗散结构稳定态的安全系统，只要存在安全系统的涨落，主要是危险涨落出现在远离耗散结构的非线性区，安全系统就会由原来的耗散结构突变为低级的耗散结构，即完成安全系统耗散结构向低级的耗散结构转化的飞跃。

（2）事故的伴随。安全系统的耗散结构从某种意义上说，是用来约束安全系统各个因素的无形结构，使各个安全因素执行各自的安全职能，从而使安全系统的安全性得到保障。不同等级的耗散结构，约束安全各个因素的能力不同其能达到的安全性也不一样。在安全系统中，高级的耗散结构所能达到的安全目标比低级的耗散结构要高很多，否则耗散结构在安全系统中就没有高低级的差别，也不会存在转化的关系，更不会有转化的必要了。

安全系统耗散结构约束各自安全因素的能力，不能从安全系统各自因素的混乱度来判断，而是从各自完成安全任务的角度来考虑。高级的耗散结构约束力比低级的耗散结构的约束力强，主要是基于约束各自安全因素完成各自安全任务的好坏进行判断。对于低级的耗散结构，各个安全因素完成的安全任务相对来说比较差，相应约束这些安全因素的能力就差；而对于高级的耗散结构，各个安全因素完成各自的安全任务就比较好，需要的约束力就比较强。

当安全系统的剩余熵增大时，安全系统的混乱度随着增大，安全系统各个安全因素的混乱度也随之增加。安全系统耗散结构约束各个安全因素的能力相对来说有所下降，这些安全因素执行安全任务就不会确切到位，这时安全系统就可能孕育着事故隐患。而这种事故隐患在这种安全系统耗散结构下是不应该存在的，因为不同等级的耗散结构应该有相应的事故隐患。因绝对安全的安全系统是不可能存在的，因此，事故隐患在安全系统的耗散结构中必然长期存在，只是随着耗散结构等级的提高，事故隐患相应减少，但不会完全消失。

对于远离耗散结构的安全系统来说，这种远离偏向低级的耗散结构，安全系统孕育着大量的、不属于这一等级耗散结构的事故隐患。如果安全系统按照原来的耗散结构运行，而没有考虑到这种事故隐患的存在，引发事故的可能性就会增加。

当安全系统的涨落，主要是危险涨落，即人的小小失误、物的意外性不可靠等，出现在远离耗散结构的非线性区内，由于安全系统的非线性，会把危险涨落进行放大，即激发事故隐患，启动事故的发生。这就是安全系统耗散结构向低级转化时，伴随事故发生的过程。

事故根据发生过程的快慢一般分为两种，一种是急性的，另一种是慢性的。急性事故是指常见灾害事故的启动，致灾物质和能量的突然释放，造成对人体、生命财产的损害；而慢性事故是指职业病、慢性病的积累，一时人们观察不出来，只有当积累到一定程度时，才会显现出对人的身心造成的危害。

从安全系统耗散结构的演化角度看，事故的严重程度由耗散结构演化程度来决定。当安全系统在两个耗散结构等级相差较大之间发生转化时，对应的事故也相应较大；转化规模较大时，对应的事故也较大；转化的激烈程度决定事故是急性的还是慢性的。

（3）能量的降低。一个系统自发的发展趋势，总是从能量高的状态向能量低的方向转化，总是向着熵增大的方向转化的。安全系统耗散结构每次向高一级耗散结构转化时，总是伴随着安全系统剩余熵的降低，即安全系统混乱度的降低。那么安全系统的混乱度降低的机理是什么，这里涉及安全系统的能量问题。

安全系统的剩余熵，本质上指的是安全系统各个安全因素的混乱度。安全系统的剩余熵会降低，主要是系统的能量增大。如果没有足够的、相应的能量来约束安全系统各个安全因素的混乱度，安全系统的混乱度就不会降低。

那么，安全系统的能量来源于何处呢？主要来源于外界的物质流、能量流、信息流。当安全系统与外界进行物质、能量、信息交换时，主要是吸收负熵流和排出正熵流。对于负熵的流入，安全系统则是把有序的物质、能量、信息转化为无序的多余物，而这种转化则说明安全系统正是吸收那种能制约无序的能量。

因此，当安全系统的剩余熵变小时，正是系统获取能量时，即安全系统的能量增大。从另一方面来说，就是随着安全系统的耗散结构向高级的耗散结构转化时，剩余熵在减少，安全系统的能量在增大。

当安全系统耗散结构向低级的耗散结构转化时，安全系统的能量必然要减少，那么减少的能量将伴随着事故的发生而释放出来。因为当安全系统发生事故时，安全系统总要释放大量的能量。如果没有能量的释放，事故将不会对人体等造成伤害。因此，当安全系统耗散结构向低级转化时，安全系统的能量是降低的。

三、安全系统耗散结构的破坏——非线性灾害学

安全系统耗散结构由于维持条件的不满足，或者其他原因，导致耗散结构的破坏。安全系统耗散结构的破坏程度，比耗散结构向低级转化的破坏程度大得多，从而产生的非线性灾害也比通常的事故厉害得多。因为，耗散结构破坏的直接后果是耗散结构的消失，安全系统回到原始态。另外，这里所指的事故和灾害，只是从安

全系统耗散结构的角度来考虑的。

安全系统耗散结构的破坏机制，本质上就是非线性灾害学所研究的内容，因此就把非线性灾害学放在这里跟安全系统耗散结构的破坏一起讨论。

1. 破坏机制

安全系统耗散结构的破坏机制与安全系统耗散结构向低级转化机制类似，只是安全系统耗散结构破坏的直接后果就是安全系统原始态。

一般来说，正常的安全系统要进行物质、能量和信息的交换，安全系统的耗散结构也相应地能够长久维持。虽然安全系统具有非线性，但一般的涨落对耗散结构来说不会无缘无故通过非线性起作用。耗散结构本身具有稳定的结构，它对一般的涨落都有能力承受，使安全系统保持在稳定状态。

当安全系统剩余熵急剧增大，处于远离耗散结构的安全系统，由于危险涨落在远离耗散结构的稳定态非线性区起作用，激发安全系统内在的非线性，使得涨落得以放大，导致耗散结构的局部破坏。如果局部破坏耗散结构有能力阻止这种破坏的进一步进行，那么安全系统的耗散结构则可以保留，只是等级相对来说变低了。如果局部破坏的耗散结构没有能力阻止破坏的进一步进行，就可能导致非线性放大作用的进一步破坏，破损更严重的耗散结构更没有能力阻止逐步放大的非线性更强的破坏作用，这样的恶性循环会导致安全系统的耗散结构完全瘫痪。

当然，由于耗散结构的破坏导致回到原始态的安全系统，要让这样的安全系统再重新转化到原来的耗散结构应该比一般没有经历过这种状态的安全系统更容易。虽然这时的安全系统总体状态处于原始态，但安全系统的各个因素本身还具备原有耗散结构的特性，只是整体的安全状态处于原始态而已。

2. 破坏的原因

从熵的角度考虑，最本质的原因就是安全系统剩余熵的增大，导致安全系统的混乱度增加。安全系统混乱度的增加，导致安全系统整个体系都很混乱，只要出现危险涨落，就完全有可能使整个安全系统耗散结构瘫痪。

对于正常的安全系统，即不混乱的安全系统来说，安全系统是允许各个因素出现波动的，即人的不安全行为或者物的不安全状态等，这类安全系统是完全有能力克服这种危险涨落的。只有处于混乱状态的安全系统，才会丧失这种能力。因此，从这个意义上说，安全系统剩余熵的增加，是耗散结构破坏的本质原因。

安全系统的耗散结构是一个自组织结构，即安全系统不需要外界的干预，就可以在时间、空间或功能上自组织成为有序的结构。由于安全系统耗散结构的产生来自组织行为，同样它的维持和运行也需要依靠这种自组织结构。一旦安全系统出现被组织情况，如不可预见的天灾、人为诱发地震、战争、人为纵火、瞎指挥、违规操作等，则会导致安全系统耗散结构遭到破坏。这是安全系统耗散结构破坏的外部原因。

如果被组织的行为符合安全系统自组织的行为规律，这种被组织的行为不仅不会破坏安全系统的耗散结构，而且有利于安全系统耗散结构的稳定。

一般来说，信息被认为是确定的、有序的，从而信息熵被认为是负熵流。对于安全系统来说，如果与外界进行信息交换，即有信息熵流入，安全系统的剩余熵会减少，安全系统的有序结构会增强。

信息具有使安全系统有序的功能，然而，错误的、消极的信息熵的流入，不但不会造成安全系统有序度的增加，反而可能导致安全系统耗散结构的破坏。因为按照错误的信息组建起来的耗散结构，最后会造成安全系统的混乱。这就要取决于安全系统的识别能力、反馈能力和控制能力。

既然信息熵由于具有确定性、有序性而被认为是负熵流，那么能量流、物质流只要具有完整有序的结构，应该也可被认为是负熵流。

因此，安全系统剩余熵的增加，是耗散结构破坏的本质原因，不符合自组织规律的被组织行为是耗散结构破坏的外部原因，错误的信息流是导致安全系统耗散结构破坏的外在转为内在的原因。

3. 非线性灾害学

非线性灾害学是指研究安全系统达到非线性突变点的条件、运动规律，及其对系统造成灾害的学问。这是对非线性灾害学含义的总体概括，非线性灾害学研究的内容、规律与安全系统耗散结构的破坏具有本质共同点。

以耗散结构形式存在的安全系统在发生非线性突变时，有两种转化方向：一种是向着更高、更稳定、结构功能更强大的耗散结构发展；另一种是向着极端不稳定的安全状态发展，造成安全系统远离耗散结构稳定态的混乱状态，当发生非线性突变时，安全系统耗散结构遭到破坏并转化为原始态，同时会伴随着致灾物质和能量的突然释放，从而使安全系统受到损害。从中可以看出，非线性灾害学研究的内容属于第二种情况。

因此，有必要从安全系统耗散结构的角度，对非线性灾害学进行理论上的探讨。当一个正常的安全系统以耗散结构运行时，它要与外界进行物质、能量和信息交换，从而维持自身的耗散结构。当外界情况变化时，安全系统的剩余熵突然急剧增大，对应的安全系统整体混乱度增加，即安全系统处于远离耗散结构稳定态。如果出现上面专门讨论过的安全系统耗散结构破坏的原因，特别是破坏原因出现在远离耗散结构稳定态的非线性区，破坏原因会由于安全系统的非线性被进一步放大，从而导致耗散结构的局部破坏。如果出现恶性循环，则整个安全系统耗散结构将会完全瘫痪。瘫痪的过程就是安全系统非线性灾害的出现过程。

因此，非线性灾害学应该随时注意和把握住安全系统耗散结构破坏的本质原因，即安全系统剩余熵的变化。在把握住安全系统耗散结构破坏本质原因的基础上，还要把握住直接导致耗散结构破坏的内外部原因，如前面提到的，不符合自组织规律的被组织行为因素或错误的信息流。

非线性灾害学的存在主要体现在非线性上。非线性是安全系统产生自组织行为的内因，也是安全系统发生灾害行为的内因。没有非线性这个内因，所谓的事故、灾害将不会出现，更不用说非线性灾害学的存在了。

四、安全熵

前面论证了安全系统是以耗散结构形成存在的，并不断与周围环境进行熵的交换，从而为安全系统耗散结构的维持和演化提供理论基础。那么，安全系统的熵如何来表达，以及如何衡量其大小，就成为这一理论问题的关键所在。

1. 安全熵的定义

描述某一个零部件，在特定条件下，完成其特定功能的能力，一般用可靠性来表示。同样，也可以用安全性来表示安全系统的某一安全因素，在某一等级的耗散结构下，完成其规定的安全功能的能力。而相应的安全度，则是安全性的量化，是指完成其安全功能的概率。

对于一个安全因素 x_i，可以用其安全度 $P(x_i)$ 来表示其完成安全功能的能力。而安全度的大小，又可以从熵的角度来分析，它必然有一个与安全度相对应的安全熵来表示该安全因素的不确定度、混乱度和无序度。当安全度越大时，其本身的不确定度、混乱度和无序度就越小；反之，其本身的混乱度也就越大。

从熵的本质含义出发，熵是一种系统的状态概率 w 的量度 S 。在参考信息熵的定义基础上提出安全熵的概念及其定义。安全熵是安全因素自身状态混乱度的一种量度，用安全度 $P(x_i)$ 来定义其安全熵为：

$$S(x_i) = k\log\frac{1}{P(x_i)} = -k\log P(x_i),\ i = 1,\ 2,\ \cdots,\ n \tag{8-3}$$

其中，k 为待定系数，是为了与其他理论方面相结合而起到桥梁的作用，在这里可假设 $k=1$，这样并不会妨碍研究安全熵进程。因此，安全熵的表达式简化为：

$$S(x_i)=\log\frac{1}{P(x_i)}=-\log P(x_i)，\ i=1，2，\cdots，n \tag{8-4}$$

式 8-4 说明，当安全度 $P(x_i)$ 越大时，对应的安全熵 $S(x_i)$ 就越小，特别是当 $P(x_i)=1$ 时，对应的安全熵达到最小 $S(x_i)=0$，这时认为该安全因素混乱度为零，与实际情况相吻合。同理，当安全度 $P(x_i)$ 越小时，对应的安全熵 $S(x_i)$ 就越大，说明该安全因素混乱度越大，执行该安全功能的能力就越差。

在这里特别说明的是，安全熵是严格利用安全因素本身的安全度来进行定义的，即利用的是安全因素完成其安全功能的状态概率。

2. 安全系统的数学分析

安全系统理论认为，安全系统是由人、机、环境三大因素（子系统）组成。也就是说，安全系统的数学模型应该由人、机、环境这三个集合来组成。那么它们的数学关系如何，则要根据它们的实际情况来定。

由于要讨论安全系统熵的问题，而熵的定义是以安全度即概率为出发点的。因此，建立的数学模型，是以概率作为其基础的，即以集合来表示其概率大小。下面就从安全性的角度来考虑人—机—环境三者的关系。

在特定等级耗散结构的安全系统中，人、机、环境有其相应的安全度。设人的安全度为 P（人），机的安全度为 P（机），环境的安全度为 P（环境）。这里所指的人的安全度、机的安全度都是指在环境处于正常状态下的安全度。当环境处于不正常状态时，人的安全度与机的安全度都会相应降低。这就是环境对人、机安全性的影响，也应该是环境为什么非要作为安全系统一个影响因素而纳入其中的理由。那么在考虑人、机安全性时就不得不考虑到两种情况，即人、机在环境处于正常安全状态时的安全度分别为 P（人 | 环境）、P（机 | 环境）；人、机在环境处于不正常安全状态时的安全度分别为 P（人 | $\overline{环境}$）、P（机 | $\overline{环境}$）。其中，环境，表示环境处于安全状态，或者正常状态；$\overline{环境}$，表示环境处于不安全状态，或者不正常状态。

在考虑了环境对人、机的安全度影响的同时，也应该考虑到人、机对环境的安全度的影响。人的不安全行为、机的不安全状态也同样影响着环境安全度的下降。人、机对环境的影响，不像环境对人、机的影响那么快、那么见效，只是这种影响需要长时间的积累，才能成为环境的固有安全度。可见，环境的安全度相对于人、机的安全度来说是比较稳定的。因此，在考虑安全系统时，可以暂时不考虑人、机对环境安全度的影响。

从上面的讨论中可以看出，环境与人、机之间的关系并不是独立的，而是相互影响的。而且可以进一步推导出，环境在安全系统中的作用，除了影响人、机的安全度外，可以撇开环境其他影响。这一点对于研究安全系统是至关重要的。这不仅是因为撇开环境这一因素，使安全系统的研究变得简单，更重要的是，作为安全系统三大要素的环境，将它与其他两个因素本质地区别开来，将它的地位和作用更进一步明确化。

以前研究安全系统时，总是笼统地提出人、机、环境三大要素，而没有对它们的作用和地位加以区分。虽然，环境被列入安全系统的三大要素之一，本质上仅仅是因为环境对人、机安全度的影响，但除此之外，环境对安全系统的影响可以忽略。环境的作用并不能和人、机对安全系统的作用等同，人、机的相互作用是决定安全系统的发展趋势，而环境只能通过影响人、机，从而间接地影响到安全系统。从这个意义上说，环境与人、机在安全系统中的作用和地位是有本质区别的。

那么，人与机在安全系统中的关系又是如何，它们是如何作用从而决定着安全系统的发展趋势呢？首先可以肯定的是，人与机有其各自的固有安全度，它们的固有安全度是相互独立的，不会相互影响，即不会因为人的不安全行为或物的不安全状态而改变其各自的固有安全度。这一点也为研究安全系统提供理论依据，特别是在数学建模时，就必须把各个因素实际关系转化为数学上的变量关系。

人与机的相互作用关系全部可能性有以下四种情况：人的不安全行为与机的不安全状态，人的不安全行为与机的安全状态，人的安全行为与机的不安全状态，人的安全行为与机的安全状态。表现在集合数学上就是人、机两个独立变量的交集，而对应交集的全部可能情况也有如下四种：$\overline{人}\cap\overline{机}$，$\overline{人}\cap机$，$人\cap\overline{机}$，$人\cap机$。其中，人，表示人的安全行为；$\overline{人}$，表示人的不安全行为；机，表示机的安全状态；$\overline{机}$，表示机的不安全状态。它们的四种组合组成人、机关系的完备事件。

3. 安全系统数学模型的建立

在安全系统数学分析的基础上，就可以建立由人—机—环境组成的安全系统的数学模型，如图 8-4 所示。这里数学建模的主要目的，是为了建立安全系统的系统熵、整体熵、统计熵，建立起安全系统中安全度与系统熵的数学关系。

（1）人、机两因素组成的安全熵。在安全系统中，把环境仅当作影响人、机安全度的因素，因此，在图 8-4 中就只表现出人的安全度和机的安全度的交集。图 8-4 中，人，表示人的安全度；机，表示机的安全度；$\overline{人}\cap\overline{机}$，$\overline{人}\cap机$，$人\cap$

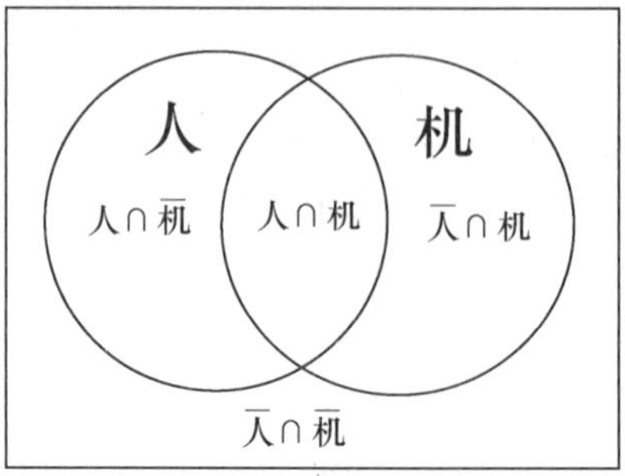

图 8-4　人—机—环境组成的安全系统数学模型

$\overline{机}$，人∩机表示人与机的交集情况。

前面定义了单个安全因素的安全熵，即利用安全因素的安全度来衡量该因素的安全熵。那么对于两个因素以上组成的安全系统，如何来表示系统熵呢？下面先讨论一下，人与机相互关系的四种情况，应该选取哪一种作为衡量系统熵的量度。

从统计学的角度看，$\overline{人}$∩$\overline{机}$，$\overline{人}$∩机，人∩$\overline{机}$，这三种交集状态都含有不安全状态，即要么含有人的不安全行为，要么含有机的不安全状态，要么两者都含有。只有人∩机这一种状态，才是安全系统安全度真正的内涵。那么定义安全系统的熵理应由人∩机这一种概率状态来定义。因此，系统的安全熵 $S(X)$ 定义为：

$$S(X)=\log\frac{1}{P(人\cap机)}=-\log P(人\cap机) \tag{8-5}$$

从熵的本质含义出发，熵是广度量，即两种状态混合后，熵应该为两种状态对应的熵之和，即 $S=S_1+S_2$。因此，人因素与机因素组成的安全熵 $S(人\cap机)$，就应该等于人因素的熵 $S(人)$ 与机因素的熵 $S(机)$ 之和，即 $S(人\cap机)=S(人)+S(机)$。

由于人因素的熵为 $S(人)=\log\frac{1}{P(人)}=-\log P(人)$，机因素的熵为 $S(机)=\log\frac{1}{P(机)}=-\log P(机)$，那么安全熵 $S(人\cap机)$ 为：

$$\begin{aligned}S(人\cap机)&=S(人)+S(机)=[-\log P(人)]+[-\log P(机)]\\&=-\log[P(人)\cdot P(机)]\end{aligned} \tag{8-6}$$

又由于人因素的固有安全度和机因素的固有安全度是两个独立的变量，所以 $P(人\cap机)=P(人)\cdot P(机)$，从而推导出式 8-5 与式 8-6 是等效的。因此，由人、机两因素相互作用的安全熵就为：

$$S(人\cap 机)=-\log[P(人)\cdot P(机)] \quad (8-7)$$

该公式的进一步推广，对于一个安全系统 $X(x_1, x_2, \cdots, x_n)$，即安全系统 X 有 n 个因素组成而相互作用的安全熵就应该为：

$$S(X)=S(x_1\cap x_2\cap\cdots\cap x_n)=-\log[P(x_1)P(x_2)\cdots P(x_n)] \quad (8-8)$$

以上从两个方面进行熵的推导，一方面从统计学角度进行推导，另一方面从熵的本质进行推导。因此，可以看出，本文定义的安全熵概念与广义熵的性质具有一致性，从而为安全系统的安全熵与其他领域的熵提供一种桥梁的作用。

（2）人、机、环境组成的系统安全熵。在讨论由人、机两因素组成的安全熵之后，还得把环境这一因素的影响作用考虑进去，才能完整描述出安全系统的安全熵。

设环境的安全度为 P（环境），那么环境的不安全度就为 $P(\overline{环境})=1-P$（环境）；人、机在环境处于正常的安全状态下的安全度分别为 P（人｜环境）、P（机｜环境）；人、机在环境处于不正常的安全状态下的安全度分别为 $P(人|\overline{环境})$、$P(机|\overline{环境})$。

那么根据式 8-8，可得人、机在环境处于正常的安全状态下的安全熵为：

$$S(人\cap 机|环境)=-\log[P(人|环境)\cdot P(机|环境)]$$

同样可以得出，人、机在环境处于不正常的安全状态下的安全熵为：

$$S(人\cap 机|\overline{环境})=-\log[P(人|\overline{环境})\cdot P(机|\overline{环境})]$$

因此，安全系统的系统安全熵应为：

$$\begin{aligned}S(系统)&=P(环境)\cdot S(人\cap 机|环境)+P(\overline{环境})\cdot S(人\cap 机|\overline{环境})\\&=-P(环境)\log[P(人|环境)\cdot P(机|环境)]-\\&\quad P(\overline{环境})\log P[(人|\overline{环境})\cdot P(机|\overline{环境})]\end{aligned} \quad (8-9)$$

从式 8-9 可以看出，安全系统的系统安全熵是由两部分组成的，一部分是人、机在环境处于正常的安全状态下的安全熵，另一部分是人、机在环境处于不正常的安全状态下的安全熵。又由于环境分为正常和不正常两种状态，因此，环境的正常状态 P（环境）和不正常状态 $P(\overline{环境})$，从概率论来说就组成了完备事件，因此，式 8-9 得出的结论是具有全局性的。

更进一步指出，从式 8-9 中可以看出，一方面环境对安全系统熵的贡献就体现在对人、机安全度的影响，从而影响安全系统熵。另一方面又通过环境自身的安全度，来分配人、机在环境正常和不正常条件下安全熵的分配比例。因此，环境的作用就体现在以上两个方面。

对式 8-9 进一步推广，当环境不仅处于简单的正常安全状态和不正常安全状态，而是处于不同等级的安全状态，如处于优异的环境、良好的环境、中等的环境以及恶劣的环境等，在不同等级的环境下，人、机的安全度是会有所变化的，因此，应该给予考虑。

设环境 H 具有 s 个等级，每个等级对应的概率为 H（h_1，h_2，…，h_s），每个等级对应的人与机相互作用的安全度为 $P(p_1, p_2, \cdots, p_s)$，且 $\sum_{i=1}^{s} h_i = 1$，那么该安全系统的安全熵为：

$$S(\text{系统}) = -\sum_{i=1}^{s} h_i \log p_i \tag{8-10}$$

安全系统的整体安全熵，是根据其各自安全因素之间的内在联系，以概率的手段，将它们各自的安全熵通过一定的数学关系建立起来的。因此，安全系统的安全熵，绝不是将其组成的安全要素进行简单叠加，而是依据它们之间的内在关系而进行计算的。

五、安全熵与灰熵

从哲学的角度看，安全熵是属于物质范畴的，灰熵是属于精神范畴的。物质决定着精神，有什么样的物质必然导致相应的精神状况。由于客观事物自身在发展过程中总是以偶然性的形式表现出来，从而表现出混乱的、不确定的性质。而当这种物质以混乱的、不确定的性质反映在人的思维中，则表现出人的灰色认识及思维的混乱。而人的灰色认识及思维的混乱不仅仅由物质的混乱所决定，还由人的主观因素、认识能力所共同决定。因此，在安全系统中，灰熵的大小不仅仅由安全熵大小所决定，还由人们对安全系统本身的认识能力所共同决定。

安全系统的安全熵、灰熵是衡量混乱度的两个指标，但它们却有本质的区别。一方面，安全熵是衡量安全系统本身所具有的混乱度的指标，而灰熵则是衡量人们对安全系统的灰色认识而产生思维混乱度的指标。另一方面，它们属于两个截然不同范畴的指标，安全熵属于衡量安全系统本身的、客观的、物质的混乱度的范畴，而灰熵属于衡量人们对客观事物认识的模糊，从而产生思维混乱，导致认识的灰度的范畴。

虽然它们是两个不同范畴的指标，但是它们在安全系统的不同方面发挥着各自的作用。对于安全熵，它衡量安全系统整体的混乱度，安全系统的混乱度直接影响着安全系统的稳定性，为判定安全系统稳定性提供重要的衡量指标。特别是对安全系统的运行机制进行探讨时，即探讨安全系统耗散结构时，安全熵就充当着衡量安全系统剩余熵的角色。

在讨论安全系统耗散结构的演化时，可依据剩余熵变化量的计算公式，即根据与外界进行交换的能量流、物质流、信息流所具有的负熵来计算。然而，衡量物质流、能量流、信息流的负熵是很困难的，而利用安全熵自身的变化量是可以解决这一难题的。

衡量人的思维混乱度，认识灰度的灰熵在安全系统中的应用，则表现在对安全系统自身的认识方面所产生的混乱度的衡量，特别是在对安全系统进行评价时所得出结论的灰度分析。

在讨论安全系统与外界进行能量、物质、信息交换时，一般认为，能量流、物质流、信息流都会使安全系统自身的剩余熵减少。如果把安全熵和灰熵进一步应用，应该可以得出，安全熵侧重于衡量能量流、物质流给安全系统所带来的混乱度减小量，而灰熵侧重于衡量信息流给安全系统所带来的混乱度减小量。

本 章 小 结

本章介绍了灰色动态模型和 BP 神经网络模型的本质、建模及应用实例，并对两种预测模型进行了评价；在对安全系统的内部运行机制探讨的基础上，对安全系统的熵变、动态特性等进行了分析，阐述了安全系统耗散结构的转化和破坏与灾害和事故产生的必然关系。

复习思考题

1. 安全动力学是研究什么内容的？
2. 安全系统灰色理论的动态模型建模理论的要点和方法要点是什么？
3. 灰熵代表什么？在安全系统中应用灰熵解决什么问题？
4. BP 神经网络模型在安全系统建模应用中有哪些优点？
5. 如何利用 BP 神经网络在安全系统中建模？
6. 为什么说安全系统是以耗散结构形成存在的？
7. 安全系统耗散结构是如何形成的？
8. 安全系统耗散结构的演变趋势是怎样的？

9. 安全系统耗散结构的破坏机制是怎样的？事故是如何发生的？
10. 什么是安全熵？安全熵与安全度是什么关系？
11. 如何建立人—机—环境三因素安全系统数字模型？
12. 安全熵与灰熵的区别与联系是什么？

参考文献

［1］A. 库尔曼. 安全科学导论［M］. 北京：中国地质大学出版社，1991.

［2］马尚权，王轶波. 安全科学基本理论及其应用［M］. 北京：煤炭工业出版社，2005.

［3］吴超. 安全科学原理［M］. 北京：机械工业出版社，2018.

［4］吴宗之. 中国安全科学技术发展回顾与展望［J］. 中国安全科学学报，2000，10（1）：1-5.

［5］张景林，王晶禹，黄浩. 安全科学研究对象与知识体系［J］. 中国安全科学学报，2007（2）：16-21.

［6］曲方，郑颖君，林伯泉. 安全科学体系建构中的若干问题的探讨［J］. 中国安全科学学报，2003，13（8）：1-6.

［7］张景林，蔡天富. 构思“安全学”［J］. 中国安全科学学报，2004（10）：10-15.

［8］林柏泉. 安全学原理［M］. 3 版. 北京：煤炭工业出版社，2018.

［9］周世宁，林柏泉，沈斐敏. 安全科学与工程导论［M］. 徐州：中国矿业大学出版社，2005.

［10］张景林，王桂吉. 安全的自然属性与社会属性［J］. 中国安全科学学报，2001（5）：9-13+1.

［11］张建，吴超. 安全人机系统原理理论研究［J］. 中国安全科学学报，2013，23（6）：14-19.

［12］张景林，王晶禹，黄浩. 再论科学安全观［J］. 中国安全科学学报，2007（1）：5-9.

［13］房广顺，马强. 树立和坚持以人民为中心的国家安全观——学习习近平总书记总体国家安全观重要讲话精神［C］. 当代中国马克思主义评论（第 1 辑），

2017：5.

［14］严华，朱建纲. 坚持总体国家安全观［M］. 长沙：湖南教育出版社，2017.

［15］王凯，王伯顺. 安全原理［M］. 2版. 徐州：中国矿业大学出版社，2017.

［16］徐德蜀. 安全文化、安全科技与科学安全生产观［J］. 中国安全科学学报，2006（3）：71-82.

［17］邹碧海. 安全学原理［M］. 成都：西南交通大学出版社，2019.

［18］牛国庆，杨明，邓奇根. 安全学原理［M］. 徐州：中国矿业大学出版社，2018.

［19］吴超. 近10年我国安全科学基础理论的研究进展［J］. 中国有色金属学报，2016，26（8）：1675-1692.

［20］郭太生. 我国保安业发展的机遇与条件分析［J］. 公安大学学报，2002（3）：67-73.

［21］郭太生. 美国保安业的职业化途径及对中国保安业发展的启示［J］. 中国人民公安大学学报，2003（3）：75-82.

［22］孙鹏. “生命的价值”——日本死亡损害赔偿的判例与学说［J］. 甘肃政法学院学报，2005（4）：58-68.

［23］林柏泉. 安全学原理［M］. 徐州：中国矿业大学出版社，2002.

［24］何学秋. 安全工程学［M］. 徐州：中国矿业大学出版社，2000.

［25］金磊，徐得蜀. 中国21世纪安全减灾战略［M］. 郑州：河南大学出版社，1998.

［26］王培和. 试论工业企业安全管理［J］. 中国安全科学学报，1991（1）：65-73.

［27］许素睿. 安全系统工程［M］. 上海：上海交通大学出版社，2015.

［28］徐江，吴穹. 安全管理学［M］. 北京：航空工业出版社，1990.

［29］刘东明. 安全人机工程学［M］. 北京：中国劳动出版社，1993.

［30］崔政斌，邱成，徐德蜀. 企业安全管理新编［M］. 北京：化学工业出版社，2004.

［31］崔政斌，徐德蜀，邱成. 安全生产基础新编［M］. 北京：化学工业出版社，2004.

［32］崔国璋. 安全管理［M］. 北京：中国电力出版社，2004.

［33］彭冬芝，郑霞忠. 现代企业安全管理［M］. 北京：中国电力出版社，

2004.
［34］毛海峰．安全管理心理学［M］．北京：化学工业出版社，2004.
［35］景国勋．安全学原理［M］．北京：国防工业出版社，2014.
［36］金龙哲，汪澍．安全学原理［M］．2版．北京：冶金工业出版社，2018.
［37］罗云，田水承．安全经济学［M］．北京：中国劳动社会保障出版社，2007.
［38］梅强．安全经济学［M］．北京：机械工业出版社，2019.
［39］罗云．安全经济学［M］．北京：中国质检出版社，2013.
［40］罗云，樊运晓，马晓春，等．风险分析与安全评价［M］．北京：化学工业出版社，2004.
［41］任继愈．中国哲学发展史［M］．北京：人民出版社，1983.
［42］袁立．易经［M］．武汉：武汉大学出版社，2011.
［43］张景林，蔡天富．对安全系统运行机制的探讨——安全系统本征与结构［J］．中国安全科学学报，2006（5）：16-21.
［44］蔡天富，张景林．对安全系统运行机制的探讨——安全度与安全熵［J］．中国安全科学学报，2006（3）：4-7+16+146.
［45］王学萌．灰色系统模型［M］．武汉：华中理工大学出版社，1989.
［46］邓聚龙．灰色系统社会·经济［M］．北京：国防工业出版社，1985.
［47］罗党，刘思峰．灰色关联决策方法研究［J］．中国管理科学，2005（1）：102-107.
［48］刘思峰．灰色系统理论的产生与发展［J］．南京航空航天大学学报，2004（2）：267-272.
［49］张景林．安全系统工程［M］．北京：煤炭工业出版社，2002.
［50］吕春贵，马云东．矿井瓦斯涌出量预测的灰色建模法［J］．中国安全科学学报，2004（10）：22-24.
［51］杨玉中，吴立云，张强，等．煤矿运输安全性的灰熵综合评价［J］．中国安全科学学报，2005（15）：5.
［52］刘思峰．灰色系统理论及其应用［M］．5版．北京：科学出版社，2010.
［53］吕逢．信息理论与编码［M］．北京：人民邮电出版社，2004.
［54］吴超．安全学科体系构建综述研究［J］．安全，2019，40（1）：7-13.